教学设计

钟启泉　编著

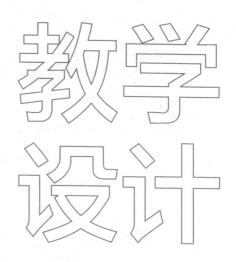

华东师范大学出版社
·上海·

图书在版编目（CIP）数据

教学设计／钟启泉编著. —上海：华东师范大学
出版社，2022
ISBN 978－7－5760－3460－8

Ⅰ．①教… Ⅱ．①钟… Ⅲ．①教学设计 Ⅳ．①G42

中国版本图书馆 CIP 数据核字（2022）第 223661 号

教学设计

编　　著　钟启泉
策划编辑　彭呈军
责任编辑　朱小钗
责任校对　苏　红　时东明
装帧设计　刘怡霖

出版发行　华东师范大学出版社
社　　址　上海市中山北路 3663 号　邮编 200062
网　　址　www.ecnupress.com.cn
电　　话　021－60821666　行政传真 021－62572105
客服电话　021－62865537　门市（邮购）电话 021－62869887
地　　址　上海市中山北路 3663 号华东师范大学校内先锋路口
网　　店　http://hdsdcbs.tmall.com

印刷者　上海龙腾印刷有限公司
开　　本　787 毫米×1092 毫米　1/16
印　　张　18.5
字　　数　287 千字
版　　次　2022 年 12 月第 1 版
印　　次　2024 年 6 月第 4 次
书　　号　ISBN 978－7－5760－3460－8
定　　价　62.00 元

出 版 人　王　焰

（如发现本版图书有印订质量问题,请寄回本社客服中心调换或电话 021－62865537 联系）

目　录

第一编　教学设计的基础

第三编　教学设计的展望

引　言

教学设计魂系何方？

一、"学习"是奠定未来可能性的基石

　　未来是思考力的时代，学习是奠定未来可能性的基石。进入 21 世纪，脑科学为"理想学习"的设计带来了一道新的光束。21 世纪被誉为"脑科学的时代"，相关研究聚焦如下四个目标——理解脑、守护脑、开发脑、培育脑，以阐明儿童大脑的发展，有助于儿童的发展与教育。脑科学与教育的研究，亦即培育脑的研究，既不是单纯的脑科学，也不是单纯的教育学，而是一种全新的跨学科领域——融合了脑科学、教育学、心理学、社会学、行为学、医学、生理学、语言学等学科领域的研究。在脑科学与教育的研究看来，所谓教育是控制与补充脑的神经回路网的建构所必需的外部刺激的过程。这样，同教育密切相关的"学习"被视为"借助来自环境的外部刺激来建构神经回路的过程"。就是说，"通过学习决定了所建构的神经回路的性质或方向，所以教育可以视为有意识、有计划、有组织地控制与补充来自环境的外部刺激的活动"[1]。"脑科学与教育"研究作出的一个论断是，脑既可能促进学习，也可能限制（抑制）学习。因此，倘若能够阐明促进学习、限制学习乃至抑制学习的脑神经的机制，不仅有助于学习障碍儿童的治疗，而且有助于有效的学校课程与教学的开发。

　　儿童发展研究的进展表明，幼儿期是发展智能的适龄期。幼儿期接受优质的刺激，脑的传递细胞（突触）就会增加，促进脑的发展。突触集中形成的时期被称为"临界期"（感受性期）。一旦错过了这种能力的适龄期，即便做出再大的努力也是

效果有限的。所以，日本脑科学家林成之认为"教育即脑育"[2]。脑科学揭示了脑神经细胞具有四种本能：寻求生存、寻求知识、寻求伙伴、寻求沟通。本真的教育一定是从注重培育儿童的"素质"开始的，而非单纯的知识积累。[3]"运动脑"的研究证实，运动不仅在于完善心智的准备，而且在细胞层面上直接影响到学习，提升脑的记录并分析新信息的功能。[4]运动是支撑脑的学习功能的基本要素。决定个体"脑力"（学力）的关键，不是学习时间，而是体力。大脑最重要的特质就在于"神经可塑性"，运动使得35%的脑神经成长因子增加；使得儿童的基础学力（读写算能力）得以发展；智商也得以提升。这是因为，运动牵涉思维与情感的神经传递物质以及神经化学物质保持平衡，而一旦保持了这种平衡，将会改变整个人的一生。[5]今日学习科学、特别是脑科学的发展，突破了传统应试教育的桎梏，为社会建构主义的教学提供了坚实的理论支撑。

二、"学习者中心"的教学设计

我国一线教师常规的教学设计任务中存在的一个普遍性问题就在于，教学任务被单纯归结为"知识的授受"，这就是学习科学家索耶（R. K. Sawyer, 2006）所揭示的"授受主义"（Instructionism）[6]。在这种"授受主义"中，知识是由"有关正解的事实与问题解决的步骤"组成的，学校教育的目的就是让学生醉心于这些事实与步骤。教师懂得这些事实与步骤，其工作就是把它传递给学生。学生从比较简单的事实与步骤开始，渐次复杂化地展开学习。这种单纯性与复杂性的标准与界定、教材的适当配合，大体是由教育行政部门与学科专家决定的。所谓学校教育的成功就是让学生尽可能多地掌握这些事实与步骤，参与应试竞争。显然，"授受主义"培养的充其量不过是优秀的"记忆者"，无法造就新时代需要的创新人才，这是违背时代发展的潮流的。

在当今信息化时代，教育观念已从"教师中心"转向"学习者中心"的教学范式。按照麦库姆斯（B. L. McCombs, 1997）的界定，所谓"学习者中心"，即秉持所有学习者都能获得最有效地促进最高的"动机作用·学习·达成"的最佳知识的立场。因而需要组合如下要素——聚焦每一个学习者（遗传的多样性、经验、见解、背景、兴趣爱好、能力、需求）；聚焦学习（获得"学习"是怎样发生的最佳的知识）。[7] 信息时代不同于产业时代的主要特征就是，整体主义（课题综合）取代细分化（课题分割）。不仅注重"学科素养"，而且强调"跨学科素养"。

赖格卢斯（C. M. Reigeluth, 2017）倡导"学习者中心教育"的五项教学设计。[8] 其一，素养本位型教学设计——学习者的进步应当基于学习进度，而非学习时间。不仅强调气质（态度、价值、道德、伦理）与感情的发展之类的素养，而且强调达成度的基础，具体包括达成度的学习进度、达成度基础型学习者评价、达成度基础型学习记录。其二，课题中心型教学设计——教学应当以真实性课题的成绩为中心。在这里，包括项目与问题、信息收集以及实践中的学习。不过，要加速学习、激发动机，教师就得在课题环境中提供脚手架。这里所谓的"脚手架"是指必须调节任务的难度，既不过难，也不过易。同时，提供学习者完成课题所必需的相应的信息与指导。其三，合乎学习者的教学设计——为了寻求学习的最大化，课题的设计应当合乎学习者个人的特质，因人而异，设定教学的长期目标与近期目标；合乎学习者的课题环境——课题选择、协作、自我调整；合乎学习者的脚手架和评价。其四，角色的变革——寻求教师、学生与技术的角色转型。教师角色的转型表现为支援学习者的目标设定、支援学习者自身教学课题的设计与选择，促进课题的实施、支援学习与成绩的评价，等等。学生角色的转型表现为成为能动的学习者、自我调整的协作，既是学习者同时又是指导者；技术作用的转型是指发挥学习记录的保存作用，将其作为向学习者提供有助于制定学习计划的工具，以指导学习、实现面向深度学习的评价与学习状况的评价。其五，课程的变革——课程应当拓展与重建。真正意义上的"学习者中心"范式不仅要重视学习者的认知性的、身体发展的课题，而且必须重视每一个学习者包括情感的、社会的、人格的发展在内的重要侧面。这就需要重建跨学科的课程，借以实现"有效的思维、有效的行动、有效的关系构筑、有效的达成"。

三、培育"思考者"与"探究者"

"学习者中心"的核心在于秉持这样一种信念——每一个人都以其自身的方式来理解并解释信息与经验。无论是先天的 DNA 还是后天的"经验",都拥有其个人的独特性。因此,每一个人接受事物的方式、感悟与思维方式是存在差异的。[9] 这种信念的理论基础是认知主义、建构主义和人性中心主义,诸如信息处理理论、图式理论与心智模型这些认知主义理论,为每一个学习者提供了基于既有经验与知识、以自己的方式处理信息的基础。建构主义基于"知识不是存在于学习者的外部,而是主观而个体地建构"的信念,成为学习者中心教育的理论基础。皮亚杰(J. Piaget)、维果茨基(L. Vygotsky)的建构主义,主张学习者在参与学习主题的社会交互作用之间,通过经验到失衡、达成协议、同化与适应,进而实现均衡、建构知识。这样,教学设计就应当支援学习者深度参与有关真实性课题意涵的丰富对话,促进每一位学习者的学习。人性中心主义代表性人物罗杰斯(C. Rogers)主张,治疗师的作用不仅在于能够基于他者的期待而发现理想的自我,而且借此能够引导学习者充分地发挥自身的潜在能力。

教学是一种知识建构的过程,而不是单纯的知识传递。我国应试教育背景下的"教师中心"的教学崇尚一切由教师大包大揽,教师讲、学生听,学生不过是被动地接受信息与知识的容器而已。这是十足的"灌输教学"。著名奥地利儿童美术教育家弗兰兹·西泽克(Franz Cizek)抨击崇尚机械划一的学校教育,认为这是违背天理人性的。他说:"在孩童的创造物中,最美好的是他们的'错误'。孩童的努力越是满足于自身的'错误',就越可能变得卓越;而教师越是从这种孩童的努力中剔除其'错误',则越会导致无聊、悲惨和非人性的结局。"[10] 学习的本质是"探究"。无论"学科"的或是"跨学科"的教学实践,作为学习的方式,同样是"探究学习"。从这个意义上说,教学设计就是寻求"探究学习"之可能性的探究。新型的教学设计模型——诸如"项目学习""情感教育""翻转课堂"等教学的潮流,是值得推崇的，因为它指向的是让每一个学生成为"学习的主体"——不仅注重"低阶认知能力"，而且注重"高阶认知能力"；不仅注重"学科素养"，而且注重"跨学科素养"；不仅注重"认知能力"，而且注重"非认知能力"。

相对于"教师中心"的教学设计而言，"素养本位"的教学设计是学生学习活动的单元设计，亦即如何使学生参与知识建构与问题解决的旅程。简言之，前者指向教师的"教"，后者指向学生的"学"。借用佐藤学的说法，前者是基于"目标—达成—评价"的"阶梯型"方式的设计，后者是基于"主题—探究—表达"的"登山型"方式的设计。"素养本位"的教学设计着力于组织"探究"（Explore）、"表达"（Express）、"交流"（Exchange）的活动，这就是所谓的"3E活动"。这种教学设计拥有如下的基本特征：1. 真实性——重视真实情境的学习，学生获得有意义的学习，进而建构自己的知识。2. 自主性——学生主动学习、乐在学习、感受学习的兴趣。3. 激励性——教师运用激励与反馈的技巧，激发学生学习的动机与兴趣，使其积极地投入学习活动。4. 挑战性——让学生面对挑战、接受挑战、承担挑战，学到满意和成功的经验。5. 合作性——在教学过程中建立良好的社会互动气氛，鼓励学生相互合作，达成教学任务。6. 反思性——透过各种情境或提问，鼓励学生展开批判性思考，借以理解问题背后的原因与解决方略，同时鼓励学生自我反思，持续精进学习。

皮亚杰说："教育的宏大目标，不是反复地唠叨往昔的陈词滥调，而是培育敢于创新的学生——他们不是单纯的全盘接受者，而是创造性的发明者、发现者，善于批判性验证的一代新人。"[11] 可以说，"素养本位"教学设计的"魂"就在于借助"学习者中心"的教学范式，培育学生成为优异的"思考者"与"探究者"，而非现成知识的"记忆者"。

参考文献

［1］　永江诚司，教育与脑：激活多元智能的教育心理学［M］.京都：北大路书房，2008：13.

［2］　林成之. 基于素质与思维的"脑科学"促进儿童生长［M］. 东京：教育开发研究所，
　　　2015：2，12.

［3］　林成之. 影响脑的十二种恶习［M］. 东京：幻冬舍出版公司，2022：12.

［4］［5］　J. J. Ratey. 运动：锻造大脑［M］. 野中香芳子，译. 东京：NHK 出版公司，
　　　2017：48，51.

［6］　R. K. Sawyer. 学习科学指南：促进有效教学的实践/协同学习（第 2 版第 2 卷）［M］.
　　　大岛纯，等. 主译. 京都：北大路书房，2016：2.

［7］［8］［9］　C. M. Reigeluth, B. J. Beatty & R. D. Myers. 教学设计的理论与模型：实现
　　　学习者中心的教育（第 4 卷）［M］. 铃木克明，主译. 京都：北大路书房，2020：9，
　　　16 - 25，11 - 13.

［10］［11］　R. L. Ackoff, D. Greenberg. 颠覆的教育：理想学习的设计［M］. 吴春美，大沼
　　　安史，译. 东京：绿风出版公司，2016：195，149.

第一编

教学设计的基础

产业社会时代的教学设计范式已经落后于信息社会时代了，从"知识本位"转向"素养本位"是当今教学设计的发展趋势。这种转型绝非否定"知识"。真正的"知识"不是单纯的"内容知性"，也包括了其背后的"方法知性"。新型的教学设计着力于"真实性目标—真实性学习—真实性评价"的界定、描述与实施，让所有的学习者发挥各自的潜能，使他们的学习得以最优化。

第一章　社会进步与教学设计

著名设计理论家威利斯（W. M. Willis）说："我们设计世界，但世界也影响我们、设计我们。"[1]　"教学设计"（Instructional Design，简称 ID）也是如此，会表现出同样的交互作用。智慧的教师审时度势，倾注最大的热情与精力，专注于符合时代精神的教学设计理论与实践的研究，是走向成功教学的第一步。

一、教学设计的概念

（一）产业社会的教学设计

"教学设计"是依据现代学习科学的理论，确定教学活动中的课题与需求，策划课题和满足需求的方略与步骤，并做出系统安排的过程。严格地说，在"产业社会"之前并不存在所谓的"教学设计"。自古以来的"师徒制"是靠师傅带徒弟的方式，徒弟凭借日复一日的模仿，学得师傅特有的技艺。这种技艺的传承需要花费长久的岁月。在产业社会中，教育与教学的系统研究赋予了教育研究者与一线教师以一种新的意识——"教学设计"。教学设计不是传统技艺的授受，而是拥有谁都能再现、谁都能基于数据进行实证，做出"为什么应当如此"之类的逻辑性解释的能力，以及可视化、具有"实用性"等教学要件与环境的设计，而所有这些要件与环境都离不开教学设计的基础研究领域——倡导对教学进行科学分析的教育技术学的研究方法。比如，借助"模拟教学"提供可以尝试错误的环境，通过反复尝试，保障教学的成功。又如，资深教师与新手教师之间自然是存在诸多差异的——比如，教师的提问与儿童的回答之间的时间差的实证研究：在新手教师授课的场合，儿童的回答时间短；在资深教师授课的场合，儿童回答的时间分布广、平均回答时间长，等等。这是因为，新手教师提问单纯地考虑学生能否作答，而资深教师的提问意味着需要考量儿童深度思考的能力。通过对回答时间的测定这一科学方法，能够进行实证性的验证。不仅如此，这种差异还会涉及教师提问的类型——只求答案的提问，求证理由的提问，要求综合判断的提问，明确内涵的提问，等等。比如，加涅（R. Gagne）的教学设计理论，经历20世纪60年代至80年代20年的发展，把认知主义观点与行为主义观点结合了起来。这些理论奠定了教学设计领域的基础，支撑了教学设计早期的发展。教学设计研究的框架一般是基于实验组、控制组的导入，以及基于统计方法的假设验证。一言以蔽之，这些研究体现了一种系统思维，一种科学研究的方法论。[2]

（二）信息社会的教学设计

在信息社会，自20世纪80年代以来，电脑急速地进入大众阶层的日常范畴，"信息处理模型"给予人类生活以极大的影响。当然，电脑的信息处理是借助"输入—处理—输出"的框架来表达的。这种信息处理的步骤谓之"算法"，把它作为电脑语言来表达，就是"程序"。因此，电脑根据预先读取的程序加以处理，只要是处理步骤正确，就不会出现错误的结果。由此及彼，人是怎样处理信息的呢？不用说，电脑相当于人脑，输入、输出相当于手、足、眼睛和嘴巴，谓之"人的信息处理"。这样，关注点就从"结果是否正确"转移到聚焦过程的阐明——"为什么会发生错误""如何进行思考"等信息处理的过程。在学校的层面，教师重视思维过程，借助"你是怎么思考的"之类的提问，与其说是引出结果，不如说重点着眼于思维方式。因此，大脑的信息处理的研究——问题解决过程的研究，盛行起来。如果说，20世纪六七十年代是教学理论诞生并围绕教学方略展开活跃研究的时期，20世纪80年代转向认知学习理论与相关教学理论研究，那么，到了20世纪90年代，教学设计开始转向基于建构主义与情境学习论的研究。安德森（L. W. Anderson）的理论就是把问题解决的过程视为怎样把"宣言性知识"变换为"步骤性知识"的过程，并用"步骤化"与"合成化"来表述这种过程。[3] 比如，学习者在进行两等边三角形之类的证明问题时，在脑中记住了"两等边三角形是两边相等，两角相等"之类的"宣言性知识"，然后在某种条件下运用这个"宣言性知识"，就可以解释为"宣言性知识"变换成了"步骤性知识"。这里所谓的"步骤"是指"先后处理的顺序"。在确凿地求解图形问题的时候，可以解释为，由于写出了证明步骤，脑中积累的"宣言性知识"就会有步骤地变换为"步骤性知识"。此外，关于认知方式——有名的"概念地图"研究则是关注"脑是如何认知的""概念与概念之间的关系形成了怎样一种结构"，从认知方式的角度去把握理解的差异。这也是一种科学研究，谓之"认知科学"。它是揭示现象背后的某种概念之类的关系结构，借以说明现象的一种方法。这种方法类似于"万有引力法则"的说明——重的物体与轻的物体从同样的高度落下，之所以花费同样的时间，乃是重力作用使然。晚近认知心理学或认知科学的研究，不再用"法则"而采用了"模型"的术语，这种关于人的信息处理模型的研究得以广泛采用，对教育研究产生了巨大的影响。

（三）网络社会的教学设计

在工业社会中，产品的开发是模型，从电器产品到人造卫星，大量产品丰富着人类的生活。但在信息社会中，对象不是产品，而是知识与信息，并被赋予价值。制作优异的产品也有价值，产出优异的知识、拥有并提供优异的信息，均被视为拥有价值。出色的医生在掌握可靠的技术的同时，拥有高阶的知识与判断力。教师也同医生一样，拥有高阶的知识与判断力。关键在于，视其怎样运用智慧，其工作的价值会产生多大的变化。从20世纪90年代开始，网络化急剧发展，网络呈现出不同于信息社会的形态。信息借助网络，得以迅捷地传播，这就意味着个人头脑中的信息能够被参与网络的人们所分享。网络对教育研究的方法也产生着巨大的影响，因此可以谓之"网络社会"。"印刷术的发明产生了'书籍'这一媒体，旨在知识流通的百科全书得以编纂，原本为少数人垄断的知识得以解放，并且催生了新的教育形态。信息技术的发展催生了'网络'这一媒体，并且旨在成长为远远凌驾于百科全书知识之上的存在。不过，即便网络媒体的规模再大，倘若信息理解不能转换为人们的知识、多样的知识碰撞未能产生新的价值，那么就不能说是超越了百科全书的存在。"[4] 网络社会中的教学设计研究的框架，与其说是信息与知识在个人头脑中积淀和处理，不如说是在网络所属的共同体中信息与知识得以分享的框架。因此，作为研究方法，与其说以个人头脑中的知识作为对象，不如说以共同体中的知识分享作为对象。这样，以共同体作为对象的场合，其会话、记录、访谈都可以借助综合分析加以研究。可以说，以个人为对象还是以共同体为对象，是有着巨大的差别的。即便是同样的信息，其输出对象是个人运用的电脑，还是网络或者公共使用的电脑，其意义有着巨大的差别。共同体的文化与成员的思维是在交互作用中成长的。离开了这一点，难以断定形成优质教学的要因。不过，这种研究方法也存在若干问题。其一，费时费力。必须收集大量的数据，花费大量的时间。其二，所得结果的信度与效度如何，也是一个问题。这是一种分析的结果，一种假设，或许是一种尚待实证的见解而已。[5]

　　当然，上述三种研究方法的论述，并不意味着哪一种孰优孰劣，它们不过是因应时代的变迁和社会价值观的变化，重心也产生了变化而已，哪一种研究方法都有其长处和短处。换言之，随着社会的信息化与网络化的进展，教学设计的研究框架、研究目标、研究方法，都会跟着发生变化（表1-1）。

表1-1　社会变化与研究方法

社　　会	对　　象	研究框架	研究目标	方法论
工业社会	产品	系统思维	结果效率化	要素分解
信息社会	知性	信息处理模型	过程的阐明	结构化
网络社会	沟通	社会交互作用	同社会的关系	综合化

研究方法	学习媒体	学习课题	学校教育
实验计划性 逻辑性	视听器械 程序学习	教师主导 学习定型化	教育内容现代化 教学方法科学化
数字通信 过程分析	CAI/CAL 高性能媒体	开发成本 课程编制	学习个别化 自我教育力
数字通信 质性研究	学习环境 网络利用	信息伦理 课程编制	生存能力·综合学习 社区·家庭的教育力

资料来源：赤崛侃司，等.授业设计的方法与实际 [M].东京：高陵社，2009：25.

（四）教学设计的境脉依存原理

所谓"境脉依存原理"指的是只能适应特定的情境，即便是普适的但也是有限的原理。在境脉依存原理中并没有明晰的固定序列，实际上更倾向于经验法则。这是教学设计的复杂性使然。

赖格卢斯（C. M. Reigeluth, 2016）用"宇宙—银河系—太阳系"的比喻，阐述了教学设计中"境脉依存"的复杂性与重要性。[6] 他说，正如在浩瀚的宇宙中有众多的银河系那样，在教学设计（教学原理与方略）中也有众多的银河系。或许某种教学模型只能适用于一个银河系，而在每一个银河系中既有"普适"（在该银河系中通用）的原理，也有依存于具体情境（只能适应某个太阳系）的原理。亦即可以假设，在教学方略中存在着借助聚集若干原理、从而产生理想学习的系统。在设想存在这种"系统"的场合，会提出这样一个疑问——"不同于别的银河系所必需的教学方略系统的'银河系'是什么？"加涅（R. M. Gagne, 1965, 1984）的学习成果的五种分类或许可以形成五种不同的银河系。倘若如此，他所谓的"语言技能"可以视为该银河系中不同的太阳系？或者，布卢姆（B. Bloom, 1956, 2001）的"教育目标分类学"（分类体系）的大分类即相当于银河系，那么，小分类即相当于太阳系？抑或，"问题解决型教学"与"讲授教学"可以视为不同的银河系？对于所有这些问题的回答，是构成（或理解）教学设计的共同知识基础所不可或缺的。不过，"宇宙—银河系—太阳系"的比喻并不能完全覆盖教学系统的特质。一般认为，同样的太阳系广泛存在于银河系；而同样的太阳也广泛存在于众多的太阳系。况且，由于教学的境脉更加复杂，在某个银河系或太阳系中或许不仅有"普适"的教学方略，而且有不拘一格的教学方略的需求。"创造性"作为对教学设计的质具有极大影响的要素，也是重要的。然而，所有这些在教学现象的理论中往往是难以涉及的。因此，用银河系与太阳系的比喻来"类推"教学原理与教学方略的概念，并非毫无意义。

这里需要特别指出的是，在教学设计的概念界定之中，最大的混乱莫过于混淆了两种性质迥异的"境脉性"（Situationalities）。

其一，基于种种教学模型的境脉性，诸如，演习训练、自由讨论、精致学习、教师讲授、课堂讨论、"化解冲突"（Conflict Resolution）、"同伴学习"（Peer Learning）、经验学习、项目学习、模拟学习，等等。乔伊斯（B. Joyce，2000）在其《教学模型》（*Models of Teaching*）一书中首创了"教学模型"的概念，明确地主张作为教学的模型，既有教学策略的取向，也有学习成果的取向。迈克卡（W. J. Mckeachie，2002）列举了如下的教学模型：（1）基于日记、作文、报告、论文的学习；（2）作为自主学习的阅读；（3）协同学习；（4）项目学习；（5）经验学习；（6）个人研究。赖格卢斯（C. M. Reigeluth，2016）则列举了"讲授教学""讨论教学""经验教学""项目学习""自主学习""模拟教学""游戏化学习""翻转教学""移动学习"等教学模型，这些模型可以说是今日极具影响力的教学设计理论。

其二，基于种种学习成果的境脉性，包括知识、理解、技能（通用技能）、应用、分析、综合、评价、情商发展、跨学科学习，等等。学习成果的"分类体系"有着悠久的历史。其代表性人物是：1. 布卢姆（B. Bloom，1956）的"教育目标分类学"是众所周知的，表述了本质上彼此密切关联的各种学习研究的成果。不过，这个分类体系主要是旨在界定与评价，并不是为了教学方略的选择。安德森（D. R. Anderson，2001）改造了布卢姆的经典分类体系，把学习过程与知识的种类组合了起来。就是说，形成了"认知过程维度"（记忆、理解、应用、分析、评价、创造）与"知识维度"（事实、概念、步骤、元认知）的结构框架。2. 加涅（R. M. Gagne 1965，1984）的学习成果分类学由"认知领域"（知性技能、认知方略、语言信息）、"运动技能""态度"构成。加涅的分类学着力于教学方略的选择，因此，倘若在教学策略的宇宙中运用他的分类，可以清晰地表现银河系与太阳系的体系。3. 奥苏贝尔（D. Ausubel，1963，1978）区分了"记忆型学习"与"有意义学习"。在"记忆型学习"中只能是碎片化学习的堆积，而"有意义学习"必须形成本质性意义的链接。安德森（D. R. Anderson，1983）则把学习区分为"宣言性知识"与"步骤性知识"。这种分类比之奥苏贝尔的分类，可以说是"言"与"行"的二分法。（4）梅里尔（Merrill，1978）把加涅的学习成果分类拓展为两个维度——"学习类型"（事实、概念、步骤、原理）与"学习水准"（记忆、运用、发现）。可以说，所有这些学说为教师奠定教学设计的共同知识基础，提供了条件。

二、教学设计的起源与发展

（一）教学设计的起源

所谓"教学设计"，简而言之，就是描绘教学的蓝图。就像"建造房屋"那样，需要根据"设计图"造地基、立柱梁。倘若地基不稳、柱梁不足，房子是造不起来的。房子造好后，还得筹划如何配置家具，住房的设备也需要不断调整与更新。教学创造的思路也是同样，需要洞察教学的根本要素，准备教学的基本形态。因此，如何借助"单元"教学的组织，选择并排列怎样的教学内容，形成怎样的流程，准备哪些教材，如何提供有助于儿童学习活动的环境——凡此种种，构成了教学创造的根基。

"教学设计"模型（过程）（后文简称 ID 模型/过程）的研究，可以追溯到第二次世界大战。在战争中拥有实验研究的经验与学识的众多心理学家与教育学家，被征召参与开发美国军事训练用的教材。以加涅（R. Gagne）、布里格斯（L. Briggs）、弗拉纳根（J. Flanagan）等为代表的诸多学者的研究，对军训教材的编制产生了巨大的影响力。[7] 他们是基于教学研究与人类行为的研究，在教学理论的基础之上开发出来的。此外，心理学家选择那些被视为最适于特定训练项目的个人作为学员，运用评价与测验的学识来评价他们的技能。比如，某飞行训练项目的不合格率出奇地高，心理学家为解决此问题，首先调查那些能出色地完成所训练技能的飞行员的个人条件（一般智能、心智运动、直觉能力），测定这些特质之后，再开发测验。二战结束之初，诸多成功地承担了战时军事训练项目的心理学家继续致力于教育问题的研究。"美国研究所"之类的机构就是为此目的而设立的。在整个 20 世纪 40 年代后半叶到 20 世纪 50 年代，于这类机构工作的心理学家把"研修"视为一种系统，开发了若干革新性的分析、设计与评价的步骤。加涅（R. Gagne, 1962）主编的

《系统开发的心理学原理》即为一例，尔后各式各样的系统的 ID 模型（过程）被开发出来。这些研究曾用了"系统研究""教学系统设计"（ISD）以及"教学设计"等术语。其中所谓"系统"，是指分解相关要素与步骤、使之最优化地加以组织。这样，指向目标有效地进行活动，就是 ID 的原点。要素与步骤的组合在每一种模型中都有所变化，但在大部分的模型中均涵盖了旨在分析教育问题与解决问题的设计、开发、实施、教学步骤和教材的评价。

（二）教学设计的发展背景

雷塞尔（R. A. Reiser）梳理了战后以来影响教学设计研究的重大事件，为我们理解"教学设计"提供了基本的线索。[8]

程序学习运动——从 20 世纪 50 年代后半叶到 60 年代后半叶兴盛起来的程序学习运动，被视为系统研究发展的一大要因。1954 年，斯金纳（B. F. Skinner）发表《学习的科学与教育的艺术》一文，可以说是教育领域"小革命"的先驱。他阐述了发展人的学习的要件与有效教材的理想特质，倡导"程序教材"。主张教学应当分成小步子、要求对频繁提出的问题积极作答、提供即时反馈、按照学习者个人的步调展开学习。斯金纳及其他研究者主张，作为程序教材开发的步骤，就是解决教育问题的实证研究，亦即采取"收集有关教材效果的数据—明确教学的要点—相应地修订教材"的步骤，涵盖了当今 ID 模型所体现的基本步骤。

行为目标的风行——泰勒（R. Tyler, 1932）早在 20 世纪 30 年代就强调了"行为目标"（一种表达可观察的术语）研究的重要性，被视为"行为目标"运动之父。20 世纪 60 年代初，马杰（R. Mager）意识到必须教会教师如何描述目标，继而出版《程序学习的目标设定》（1962）。该书阐述了描述目标的方法，包括所期待的学习者的行为、行为产生的实际条件和判断行为是否合格的标准。如今 ID 过程的众多支持者倡导囊括了这三个要素的目标设定，明确化的目标为评价教学的效果提供了基础。

标准参照测验运动——20 世纪 60 年代初，ID 过程发展的又一个重要因素是布卢姆在《教育目标分类学》（1956）中倡导的基于标准的学习成绩测验的设计。[9]

以往的测验几乎都是团体测验，这种评价显示了学习者成绩优劣悬殊——某学习者成绩特优、别的学习者极差——的状况。标准参照测验（Criterion-Referenced Test, CRT）则不同，该术语是格拉泽（R. Glaser, 1962—1963）率先提出的。它是评价某个学习者能在多大程度上实施特定的行为或者一连串的行为，跟别的学习者能否实施并无关系。标准参照测验用于评价学习者学习开始之前提条件的行为，并确认教学方案中所设计的行为的掌握程度与范围。有效利用旨在实现这两个目的的标准测验，是 ID 步骤的核心功能。

加涅：学习领域·教学现象·阶层分析——ID 历史发展中的又一个重要事件是加涅（R. Gagne）的《学习的条件》（1965）的出版。该书阐述了学习成果的五个领域（种类），即语言信息、知识技能、心智运动技能、态度、认知方略，这些都是促进学习的必要条件。该书还倡导九种教学现象，认为这些都是促进所有种类的学习成果的达成所不可或缺的教育活动。此后，加涅的九种教学现象，作为教学设计的实践基础得以传承。学习层级与阶层分析的领域也是加涅的业绩，对教学设计的领域产生了巨大的影响。比如，加涅指出，在认知技能领域里，技能之间拥有层级关系。要顺利地习得上位技能，需要先习得其从属的下位技能。这个概念是同教学设计相关的——学习者挑战上位技能的习得之前，需要扎实地习得下位技能。加涅也揭示了旨在界定下位技能的层级分析的过程（亦称"学习任务分析与教学任务分析"）。这个过程，成为尔后众多教学设计的重要特征。

卫星冲击：形成性评价的间接性开端——苏联人造卫星的冲击是对 ID 过程产生巨大影响的一连串事件的开始。20 世纪 50 年代末，美国政府拨出数百万美元的巨资，组织专家团队开发数学与理科的教材。斯克里文（M. Scriven, 1967）主张，在教材最终成型之前，需要让学习者先行试读教材的草稿。这个过程使得教育者有可能验证教材，并根据需要，在教材尚处于开发的阶段，进行修订。斯克里文把这种试用于修订的过程谓之"形成性评价"，而对最终成型之后的教材进行测验，谓之"终结性评价"。

以上这些教学研究事件，深刻地影响了教学设计的前期发展。同时，也为早期教学设计模型的研究提供了准备。

从 20 世纪 60 年代开始，在任务分析、目标明确化、标准测验的领域中发展起来的概念，作为系统地设计教材的过程或模型，相辅相成，整合成型。在早期模型的研究者中，加涅（R. M. Gagne, 1962）、格拉泽（R. Glaser, 1962, 1965）、西尔弗（L. C. Silvern, 1964）等人为描述制作的模型而采用了"ID""系统开发""系统教学"或"教学系统"等术语。在同时期的 10 年间制作或使用的 ID 模型中，还包括巴尔森（J. Barson, 1967）、巴纳斯（B. H. Banathy, 1968）、哈默（D. Hamer, 1968）等人的研究成果。

20 世纪 70 年代，对系统研究的关注急剧高涨，ID 模型的数量大幅增加。众多的研究者基于以往研究的积累，研制旨在系统教学的新模型。比如，迪克与凯利（W. Dick, L. Carey, 1971）、加涅与布里格斯（R. M. Gagne, L. J. Briggs, 1974）、迪克与凯利（W. Dick, L. Carey, 1978）等人研制的若干模型，成为公认的"业界标准"。社会各界和各领域、经济产业界、军工部门、国际教育界，都空前地关注 ID 的过程或模型，热衷于参与新型的教育项目的设计，设置有助于利用 ID 的组织，为希望从事该领域研修的人们提供支持。

20 世纪 80 年代，不是认知心理学，而是个人使用电脑的热潮，给 ID 技术的进步带来了深远的影响。ID 领域的众多专家沉醉于借助电脑，展开"电子计算机辅助教学"的研究。他们指出，在教学中发挥技术的功能是开发新型的 ID 模型所必须的。可以说，这是 ID 急剧成长与转型的年代。

从 20 世纪 90 年代开始，整个社会愈益强烈地认识到"能力·素养"的重要性，而对教育领域带来冲击力的要素则是"建构主义"。比如，建构主义把设计真实性课题的学习视为重要的课题，主张学习的课题应当反映学习者所处现实世界环境的复杂性。这种观点影响到如何设计 ID，对一线教师的教学产生了巨大的影响。20 世纪 90 年代的教学设计者不仅利用电脑作为促进学习的工具，而且开始对电脑作为提升职业能力的工具予以莫大的关注。

进入 21 世纪，电子化学习（E-Learning）与非正规学习空前发展。21 世纪最初

10 年间的若干发展对 ID 利用产生了巨大影响。比如，作为"远程学习"的特别版，斯佩克特和梅里尔（J. M. Spector, M. D. Merrill, 2008）倡导体现所谓"Effective, Efficient, Engaging, E³ 学习"的"有效果、有效率、有魅力"的教学设计。[10] 这样，为学习者提供作为教学手段的网络，急剧增长。在此 10 年间，不仅经济产业界和军工部门，而且学校教育系统也急切地期待"线上学习"的成长。教学设计者认识到，编制"线上学程"可以发挥巨大的作用。晚近对 ID 领域带来巨大影响力的另一个动向是，在职研修与提升能力的手段不再是传统的研修，而是倾向于采用非传统的手段。随着社会对运用非传统手段的关注，众多的教学设计者面临着新的挑战，即必须学会设计、实施与技术支持的方法，借以替代旧有的知识与技能的传授手段。

就这样，教学设计在学习理论、开发技术、学习管理系统，以及核心的教学设计知识中，不断获得长进。

（三）教学设计：一种系统工程

1. "教学设计"的界定——教学设计是以连贯的、可信赖的方式，旨在开发教育与研修课程之程序的一种系统。所谓"系统"是相互影响的要素的集合，作为解决教学问题、达成学习任务之研究的应用系统理论的尝试，至少可以上溯到西尔弗（L. C. Silver, 1965）。形形色色的早期模型几乎全是以行为主义为基础的。可以说，行为主义是 ID 的一项基本原则，而"系统论"则是 ID 的另一项基本原则。"系统"的概念是以系统性、整体性、应答性、相依性、再现性、动态性、控制性、递增性、创造性为其特征的。所谓"系统性"纯粹意味着作为过程得以推进的方法，适于导入规则与步骤。但这并不意味着对过程可以不作反思、盲目地追寻一连串的步骤。所谓"整体性"是指重视创造性的问题解决方法的运用。该特征主要表现为：一旦系统的构成要素之一受到刺激，其系统内的其他要素也将作出反应。所谓"应答性"，在 ID 的境脉中意味着，无论设定怎样的目标都能响应、并指向该目标。所谓"相依性"意味着，系统内的所有要素同该系统内的其他要素是相互关联的。就是说，所有要素都是旨在达成目的而相互依存的。所谓"再现性"表示，为防止系统整体的失败，使步骤与过程得以重复和再现。所谓"动态性"意味着，不断地观察环境，使其能够适应条件变化的系统。所谓"控制性"是指，出于操纵、支配、引导之目的，要素之间得以有效地沟通。所谓"递增性"意味着，所有要素结合在一起的达成效果，比之每一个要素的单独达成效果更佳。亦即，整体大于部分之和。ID 中的所谓"创造性"表明，所生成的教学设计有限拓展的独创观念，能够驱动特殊的才能与想象力。[11] 这样，借助上述九个特征来应对教育状况的复杂性的系统研究，便有了可能。就是说，能够形塑系统本身的复杂构成要素与系统内的要素之间的相互作用，以及形成不同的系统之间所发生的相互作用的反应，为应对不同的学习成果，往往要求采取多样化的方式来应用系统的概念，即"系统论"。如此一来，"系统论"便成为开发各式各样的 ID 模型的基础。

2. 教学设计的要素——教学设计的第一要素是"学习目标"，第二要素是"评价"。在 ID 中，"评价"与"目标"是表里一体的。不是在教学实施之后再考虑评价的方法，而是在揭示目标的同时，探讨评价阶段的步骤。第三要素是"教学内容与教学方法"。这三个基本要素的一致性，谓之教学设计的"整体性"。早在 20 世纪 60 年代，美国教育技术学专家马杰（R. Mager）就提出了"三问"，旨在阐明目标的重要性：一问"去哪里"，二问"怎么样"，三问"怎么去"。[12] 具体地说，第一问是教学的指向——"学习目标是什么"，亦即明确学习目标。第二问是明确旨在确认目标达成度的评价方法——"怎样评价学习目标是否达成了"。第三问是选择同目标匹配的教学方法——"怎样进行教学以便达成学习目标"。马杰的这"三问"揭示出在"现状（问题状态）—目标（理想状态）"这一教师的教学设计过程中需要考虑的问题，强调了必须明确学习目标、评价方法与教学方法，保持三者的整合性。这种整合性是一切教学所必需的，尤其是在让学习者自律性地展开学习的场合。因为教师在这种场合不可能临机应变地处置，预先规定学习者指向什么、怎样学习、怎样才算合格。

3. 教学设计的模型——从 20 世纪 70 年代开始出现了众多 ID 模型的提案。堪称最具人气、最具影响力的传统 ID 模型，当数布兰奇（R. M. Branch, 1996）提出的基于系统研究的 ID 模型；迪克和凯利（W. Dick, L. Carey, 2005）旨在有效地表达 ID 所实施的复杂过程而提出的 ID 模型,等等。今日作为教学设计的基本模型——ADDIE 模型,脱胎于系统化产品开发的概念,它是作为表达 ID 的系统化研究本身的一种口语化的专业术语来使用的。尽管这种表达范式并不精致,却被视为呈现种种表达模型中基本结构的一种范式。这个模型由"分析"(Analysis)、"设计"(Design)、"开发"(Development)、"实施"(Implement)、"评价"(Evaluation)组成。[13] 这是教学设计中不可或缺的。下面,以课时教案(学案)的设计为例做一些说明。

分析。设想教学,即明确学习者的特性与既有知识,分析教学内容与教学目标。好的教学条件使学习者获得需要的教学,亦即告诉学习者怎样达成学习目标。适切地、明确地规定教学的目标并不那么简单,需要因应儿童的实态,适当地调整目标的水准,进行单元设计,再规定每一节课的目标。目标一旦明确了,就可以明确该节课实施状态的评价标准。就是说,在设想教学的最初阶段,分析是规定学习目标方向的起点。

设计。设定教学目标,细化教学内容。"教案"从某种意义上说是教学的设计图纸。以什么为题材、以怎样的儿童为对象,进行怎样的教学——其编写的前提是,别的教师阅读之后能够明白课是怎么上的,其书写格式大体包含如下内容(表1-2)。

表 1-2　教案的项目例

A.	基本信息	学年、学科、课时、教室、执教者、学生数
B.	学生	学生对教学内容的理解与班级面貌
C.	教材	教材的特征与价值
D.	指导	怎样展开教学指导,留意点
E.	单元	单元目标、单元构成
F.	本课时	本课时的目标、教学流程
G.	评价	评价标准、评价方法

资料来源:稻垣忠,铃木克明. 教学设计指南 [M]. 京都:北大路书房,2015:6.

开发。这是基于教案、付诸实施的教学准备部分。在这里，探讨教学的具体流程，亦即单元计划、教学流程，着手教材与学习环境的准备。在表1-2的教案项目案例中，D—F是探讨具体的进入教学流程的步骤。教科书一般是由若干知识单元构成的。在教学指导书中提示了教师在教授教科书的一个单元之际，该用多少时间、在怎样的时间段、如何组织教学的具体示例。

实施。教师基于教案、根据教材按部就班地展开教学活动，但在实施教学之际或许会比原先的设想花更长的时间；学生或许会有意料之外的反应，诸如此类的问题层出不穷。因此，教师不可能照本宣科地进行，需要因应现实的教学状况，随机应变，即时调适。

评价。确认目标达成，教学实施之后就是"评价"，亦即反馈。在教学实施之后需要反思教学过程，思考教学问题，探求其中的"为什么"。即便这次成功，也未必意味着下一次必定成功。明确评价标准与方式，是教学设计中不可或缺的。

这里需要强调的是，教学设计中的"设计"并不止于单纯的教材与教学方法的部分，也不局限于课时教案（学案）的设计，而是指统整所有教学构成要素的一个系统。就是说，存在不同层次的设计，不仅是课时教案（学案）的设计，还包括单元教学、学科教学设计、跨学科教学的设计，等等，其构成要素的设计范式是多种多样的。要揭示其间体现新的教学方法的活动设计及其机制（为什么、怎样的设计是有效的），单一的"设计—实践—评价"的周期是不充分的，为此就得有探究的循环。亦即联系既有的理论，确定体现新的活动之中的"问题"的焦点，"设计"求得问题解决的活动，在"现场的境脉"中展开实践，收集数据、分析能够揭示解决问题与不能解决问题的部分的原因与症结，形成一个周期。在下一个周期中，根据前次的分析结果，联系既有的理论，决定新的问题焦点，修正早期的设计，收集重新在现场的境脉中产生的数据，阐明是否解决了问题，进一步揭示问题。周而复始地实施这种周期，渐次揭示新的活动构成及其发挥作用的条件，是教学设计研究的基本过程。[14]

（四）ID 第一原理与 ID 的全局性任务设计研究

1. ID 第一原理——在信息化社会的时代，谓之"工厂模式"的工业化时代的学校教育已经寿终正寝，与之相应的"教师中心教学"也落后于时代了。赖格卢斯梳理了适于"学习者中心"的 ID 理论，包括有助于促进人类学习与发展的广泛的设计理论——关于认知的、具身的与情感的学习，以及整合这些学习的新型教学范式。比如，问题解决型、协同型、自我主导型、个别型、讨论型。特别令人瞩目的是斯皮罗（R. Spiro，1992）提出的"认知弹性理论"。按照他的见解，借助信息时代的技术设想的心智图式（发展心智图式的图式），要求促进不同的思维框架（视点）与思维方式的培育。"认知弹性理论"已深深地印刻在信息化时代，将使学校教育的目标与教学的方式产生戏剧性的变化。此外，还有"个性化学习"（K. B. Clark，2003，2007）、"基于脑科学的学习"（G. Caine，R. Caine，1994，2005）、"分化型学习"（Tomlison，1999，2001、2003），等等。这些见解为建构"学习者中心"的教学设计理论，作出了各自的贡献。许多人以为大量地灌注教科书的知识内容便是"学习"。然而，借助这种学习，在现实生活中能够运用的知识到底掌握了多少呢？学校与现实之间终究是存在差别的，仅仅靠书本知识的死记硬背，乃是不能运用的"死的知识"，怀特海（A. N. Whitehead）称之为"惰性知识"。不用说，从学校毕业走上社会，需要的是有助于实践的知识。这是因为，在自己直面的情境中倘若不能发挥知识的作用，那么所谓知识是没有意义的。那么，这种学习方式的要诀是什么呢？从习得"活性知识"的角度，梅里尔（M. D. Merrill，2002）倡导"培育适应社会变化之应变力"的"ID 第一原理"，由如下五项原理构成：[15]

其一，课题中心原理。当学习者参与课题中心教学之际，可以促进学习。亦即，当学习者全员基于问题解决中心的教学方略，持续地参与从简单到复杂的渐次复杂的问题解决之际，可以提升学习效率。

其二，激活原理。当学习者唤起先前学到的相关知识与经验之际，可以促进学习。当学习者借助回忆，表述相关的先行知识与经验，或受例示的影响而展开学习，可以促进相关认知结构的活性化。当学习者借助这种活性化的学习，同他者分享以往的经验之际，可以提升学习效果。

其三，例示原理。当学习者观察例示之际，可以促进学习。亦即，（1）当学习者观察（应当学会的技能）的例示同所学的教学内容相一致之际，可以促进学习。（2）当教师举出实例，把隐含于一般的信息与背景中的结构同具体的实例链接起来之际，可以提升学习效果。（3）当教师举出实例，学习者通过观察同教学内容相关的媒体（相应的语汇与图表等）之际，可以提升效果。（4）当教师举出实例，通过学习者之间的讨论与相互提供实例之际，可以提升效果。

其四，应用原理。当学习者应用新知识之际，可以促进学习。亦即，（1）当学习者应用新获得的知识与技能的活动，同教学内容相一致之际，可以促进学习。（2）当学习者通过应用的学习，接受内发性的或修正性的反馈之际，学习才是有效的。（3）当学习者通过应用的学习，经历训练并得以巩固、并在尔后的学习中逐渐内化之际，可以促进学习。（4）当学习者通过应用的学习，借助学习者之间的协同作业，可以促进学习。

其五，综合原理。当学习者把新学的知识同日常生活结合起来之际，可以促进学习。（1）当学习者反思、讨论新的知识与技能，得到并嵌入日常生活之际，可以促进学习。（2）在综合学习中，当学习者借助相互评论之际，可以提升效果。（3）在综合学习中，当学习者自身发现、发明并探究新的知识与技能的活用方法之际，将是有效的。（4）在综合学习中，当学习者把自身的新的知识与技能作为实例与同伴交流之际，可以提升效果。

上述核心原理广泛适用于所有的教育境脉。不过，旨在实现各个原理而采用的具体方法应当因应境脉而作出变化。

2. ID 的全局性任务研究——晚近像上述的 ADDIE 那样传统的 ID 遭到了批判。这种方式的研究在设计教学之际，在是否有效果、有效率方面，存在诸多的讨论，特别是着力于有意识地教授复杂技能的境脉的讨论。批判的中心是，在传统的 ID 研究中，复杂的技能先是被分解为细微的要素，然后再聚焦这些要素技能，来实施教学的。这样一来，教学就被碎片化了。对于学习者而言，所学到的多样的技能难以整合。换言之，碎片化教学反而抑制了学习者旨在完成复杂技能的能力发展。为了回应这种批判，诸多学者提出了若干 ID 的"整体任务"（Whole Task）模型。在这些模型中，从教学伊始便提出整个教学系列所期待问题解决的全局性任务的课题。全局性任务必须从简单的问题开始，连续地向学习者提出渐次复杂的问题。其主要的主张是，通过这种系列化，可以提升学习者完成复杂的整体任务的可能性。以下试举三个全局性任务的 ID 模型研究。

其一，"湖水涟漪" ID 模型。梅里尔（M. D. Merrill, 2002）扩充了他的"ID 第一原理"，借用"一石击破湖水，卷起层层涟漪"的情景，提出了谓之"湖水涟漪"的 ID 模型。[16] 这是一种以全局性任务作为问题中心来进行教学设计的研究。在传统的 ID 模型中推崇设计初期设定教学的目标。问题在于，教学目标不是教学知识本身，而是知识的抽象性概括。因此往往是在进入 ID 过程的开发阶段，才能设定其实际的内涵。诸多设计者都有这样的经验——难以在设计初期描述具有明确意义的目标，大多在编制后期才能逼近内涵、作出修正。"湖水涟漪" ID 模型表示的是，把教学的全局性任务作为学习者的学习课题，从一开始以投掷小石块（全局性问题）为中心，通过渐次展开的涟漪（一连串的活动），来实现教学的目标。具体地说，第一层（任务）——通过投掷小石块设定了初期的问题之后，在设计的湖面出现的第二层（进展），通过增添问题的难度与复杂性来调节教学的进展。倘若学习者能够完成所有既设的任务，那就意味着他们掌握了所教授的知识与技能。在设计的湖面出现的第三层（要素）中，就得设定他们旨在完成渐次复杂化的任务、以及旨在解决问题所需要的构成要素——知识与技能。在第四层（方略）中，为使学习者探讨问题、习得完成任务或解决问题所必需的构成元素——知识与技能，而设定教学支援的方略。在第五层（界面）中，进行界面的设计。在这个阶段，为使教学内容同学习者链接起来，而采取相应的学习情境、教材的教学结构与信息提供系统的方略。最后展开第六层（评价）。至此，旨在创设教材与学习情境的涟漪，已充分地拓展开来。

其二，四要素教学设计（4C/ID）模型。这是范·麦里恩博尔（van Merrienboer,

1997，2007）推出的提案，同"湖水涟漪"ID 模型与作为其成果而产生的"任务中心型教学方略"的设计，大同小异。[17] 4C/ID 模型在理论上假定：人的知识全都保存在认知图式之中，并设定"区分有限容量的作业记忆与事实上无限的长期记忆的认知结构"。这就牵涉到学习的过程是否建构了图式，以及图式的自动化的问题。在基于 4C/ID 模型开发的学习环境中，学习者使用辅助教材，同时从事有助于自身的认知图式得以自动化的学习课题。在图式的建构中，为使图式能够用于更广泛的不清楚的现象中，学习者就得舍去细节、概括（归纳）知识、并使其抽象化。而为使新的境脉得以结构化的理解（精致化），就得使用有关境脉的既有知识。图式的自动化有两个要素：一是知识的"编纂"（Compilation），系指步骤性信息嵌入自动化了的图式之中。二是知识的"强化"（Strenghtening）系指复杂的任务中惯常运作得以迅疾实施。在 4C/ID 模型中，有四个相互关联的要素，这就是：（1）学习课题——基于现实世界事例有意义的整体性课题的经验。通过多个课题的排序（每一个课题按由易到难的顺序排列），形成学习过程的核心。（2）辅助信息——通过提供辅助信息，在学习者的既有知识与学习课题的探究之间架设有助于其把握课题的桥梁。通常这种"辅助信息"构成对如下三种问题的回答，即"这是什么"（领域模型）；"它有着怎样的构成"（概念模型）；"发挥怎样的作用"（结构·因果模型）。（3）步骤信息——提供如何实施学习课题的惯常运作的指南。"步骤信息"牵涉前提条件信息（旨在正确地完成课题所必备的知识），以及矫正性反馈（保障惯常运作程序的质量）。（4）课题的部分练习——提示学习课题常规部分的分节练习。广泛而大量地进行练习项目的演习，是同高阶的自动化息息相关的。[18]

其三，综合学习十步 ID 模型。十步 ID 模型设计者范·麦里恩博尔和基尔希纳（van Merrienboer & P. A. Kirschner，2007）主张，整个教学设计应从期许的学习者最终完成任务之后的复杂技能中，设定典型的学习任务群（下位知识、技能、态度）开始，就是说，教学设计应当是渐次复杂化的一种教学序列，这些任务群的习得是从学习者的整体任务中简单技能的习得开始，逐步过渡到复杂技能的习得。[19]

上述三种 ID 模型设计均不同于传统的 ID 模型设计，整个教学的序列自始至终随着学习者完成任务课题的进展而变化，随即展开学习者从易到难的教学任务的排列。

三、教师学习与教学设计

（一）教学设计所必需的知识：TPACK

教师专业技能的核心，就是关于教学的知识。达令—哈蒙德（L. Darling-Hammond，2009）指出，单纯地描述学习者个体，难以说明影响课堂学习的面貌。事实上，每一个学习者并非作为个体的学习者，而是牵涉到学习集体的关系性、学习活动以及教育评价等。他倡导的阐释课堂教学的"三角锥体模型"揭示，当我们思考课堂教学质量之际，如何把握学习者的特性和学习内容的性质，如何通过具体的教学活动展开，又如何评价这些课题，这里面牵涉到相互关联的四个要因：其一，学习者的特征（知识、技能、动机作用、态度等）；其二，教学内容的性质（提示模式——教科书、视听觉、三维度、关联度、参与度等）；其三，教学活动（讲解、模拟、直接体验、问题解决等）；其四，评价的课题（再认、再现、问题解决与迁移、学习的效度等）。[20] 这个模型为教师教育的课程标准与教师研修提示了一个应当清晰回答的问题——如何保障课堂与教学（学习过程与学习成果）的质。

科勒（M. J. Koehler）与米什拉（P. Mishra）在 2009 年提出的"教师知识的框架"——TPACK（Technological Pedagogical Content Knowledge），进一步回应了这个问题。他们认为，"优质的教学"不可或缺的条件是如下三个要素的交织。其一，"学科内容的知识"（Content Knowledge，CK）——这是构成教学之核心的学科内容的知识。比如，以理科为例，关于生物学、化学、物理学、地学的自然科学事实与理论；进行科学实验与观察的方法；从实验与观察结果推论之际的思维方式，等等。其二，"教育学知识"（Pedagogical Knowledge，PK）——关于教学过程、实践与方法的知识，旨在根据教育的目的、价值与目标，经营班级，计划教学，展开指导，评价结果的知识。要践行这些知识，就得有关于儿童是如何习得建构性知识与技能的认知、社会、发展的理论。其三,"技术性知识"(Technological Knowledge, TK)——可以说是与时俱进、变化迅猛的知识。

这些知识的链接,就是"关于教育学的学科内容知识"(Pedagogical Content Knowledge, PCK)、"关于技术的学科内容知识"(Technological Content Knowledge, TCK)、"关于技术的教育学知识"(Technological Pedagogical Knowledge, TPK)。首先,PCK,是依据学科内容的知识,洞察儿童既有知识及其相关概念,选择最适当的指导、学习与评价的知识。TCK,同样是关于学科内容的知识,不过,它是从技术学的角度,思考如何促进儿童的学科内容学习的知识。而 TPK 指的是旨在把多种技术运用于教育境脉的知识。比如,黑板和白板设在教室的前方,大多教师用来向儿童单向地传递信息。然而同样是白板,也可以作为引发议论与协作的工具。"关于技术的、教育学的、学科内容的知识"(TPACK)是技术学、教育学、学科内容三种知识的综合。这就意味着,作为一个现场的教师,需要清晰地意识到,求得三种知识之间的均衡,以便用各门学科所要求的学习内容作为基础,根据儿童的既有知识与技能的实际,践行动态的教育活动。

我国教育部发布的《教师教育课程标准》(2011),具体规定了基础教育学校教师的教育目标及其课程设置的建议。教师教育的目标涵盖了如下三大范畴:第一,教育信念与责任——具有正确的儿童(学生)观和相应的行为;具有正确的教师观和相应的行为;具有正确的教育观和相应的行为。第二,教育知识与能力——具有理解儿童(学生)的知识与能力;具有教育儿童(学生)的知识与能力;具有发展儿童(学生)的知识与能力。第三,教育实践与体验——具有观察教育实践的经历与体验;具有参与教育实践的经历与体验;具有研究教育实践的经历与体验。该文件对每一个目标范畴和课程框架做出了具体的规定与说明,预示着我国新时代教学实践的创造。[21]

美国作为申请"教师资格证书"的基本要求,提出了从事教学实践的核心标准,谓之"The Interstate Teacher Assessment and Support Consortium"(In TASC, 2013),涵盖了表 1-3 所表示的专业素养的范畴与要项,值得参考。[22]

表1-3　教学实践的核心标准

学习者与学习	1. 学习者的发展	基于"每一个人的学习与发展的范式,在认知的、语言的、与学习情意的、具身的领域中各不相同"的认识,理解学习者是如何成长与发展的,进行适切的发展性学习经验的设计与实施。
	2. 学习者的差异	为保障每一个学习者高标准发展的自主学习环境,就得理解每一个人的差异、多元文化与沟通。
	3. 学习环境	同他者协作,创造一个支援自主学习与协同学习,促进积极的社会交互作用、学习的主体性参与以及内在性动机作用的环境。
学科知识	4. 学科内容的知识	理解中心概念、探究工具、学科结构。借以保障学科内容之习得、贴近学习者的有意义学习经验的指导与创造。
	5. 学科内容的运用	为组织学习者联系社区与世界的真实性问题解决进行批判性思维、从事创造性与协同性问题的解决,就得理解概念之间的链接方式与不同视点的运用方式。
教学实践	6. 评价	理解并活用多样的评价方法,借以干预学习者身心的成长、调控学习者的进步、引领教师与学习者的决策。
	7. 教学计划	不仅依据学科内容的知识、课程、跨学科知识、教学方法的知识,而且依据关于学习者的知识与社会背景,制定使每个学习者能够完成学习目标的教学支援计划。
	8. 教学方略	理解并活用多样的教学方略,旨在使学习者深度地理解学科知识及其内在关系;应用某种有意义的方法,促进其能力的形成。
专业责任	9. 专业学习与伦理性实践	为持续地展开专业性学习,以及为持续地评价专业学习对自身的实践、特别是对选择的影响与对他者(学习者、家长、其他专业、共同体)行为的影响,提供证据,使教学实践能基于满足每一个学习者的需求而作出改进。
	10. 引领与协作	对儿童的学习承担责任,保障学习者的成长,同家长、同僚、校内专家、共同体的成员协作,谋求专业性的提升,寻求适切的引领作用与机会。

资料来源:稻垣忠. 教育的方法与技术 [M]. 京都:北大路书房,2019:20.

(二)教师成长的姿态

在今日信息化时代,围绕"教什么、怎样教、怎样评价"的决策,发生了绝然不同于产业社会时代的根本性变化。而且，这些决策由于彼此交互影响，学校现场面临着必须同时寻求优质教学设计的三大要素——效果、效率、魅力——的挑战。这也意味着，一线教师需要有变革传统教学原理的教师研修体制的勇气。

成长心态——学校的教师之所以受到尊重，是因为存在着教师成长的三个规范：其一，尊重每一个儿童；其二，尊重教材的发展性；其三，尊重教师自身的哲学。[23] 不过，在教师的生涯中持之以恒地遵循这三个规范，绝非易事。教师是指导者，同时又是学习者。一则《我，学习》的公益广告词形象地描述了教师作为学习者角色的特质："我，学习——我思考，我提问，我计划，我创作，我焦虑，我协作，我尝试，我解决，我钻研，我反思。"——所有这一切是教师学习的重要特征，应当成为个人层面和团队层面分享的实践。[24] 寻求成功与失败的"归因"，借助其求得自身的发展[25]。

教学设计——毫无疑问，一线教师需要基于 ID 模型做出处方式的缜密的教学计划，[26] 但教学终究是一种"生命体"，难以预先完美地做出设计，越是周详的计划越是难以推进灵动的教学。这就意味着，一线教师需要拥有"理想的教学应当怎样"的目标意识，以教学设计的理论为基础，直面日常教学现场的挑战。首先，如何收集作为基础的理论知识。基于某种教学实践给儿童带来的成效与学习课题，对测验的结果、作业、产品等进行考察（倘若在没有这些前提条件之下进行教学反思，就只能停留于好与坏、讨论是否活跃之类的印象层面）。围绕儿童能够掌握什么、形成了怎样的认知，根据教学目标进行反思。不停留于个人层面的反思，而是同他者协同地进行反思。否则即便是收集了众多的信息，若仅仅是执教者来进行判断与选择，其见解往往会富有主观色彩，缺少多侧面的解读。倘能得到来自同僚与研究者的众多他者对教学的见解，就能发现自身不能发现的教学侧面。教师教学设计能力的提升不可能一蹴而就，不仅需要一腔教学的热忱，而且需要有求真务实的精神，借助同行教师对自身教学的建言，或者校内研修的机会，通过和不同思考的人交换见解，相互切磋，才能不断精进。这是教学设计所不可或缺的。

学习共同体——达令·哈蒙德（L. Darling-Hammond, 2009）研究初任教师的学习，归纳了培育教师的教学设计能力的五个视点。[27] 这就是：1. 愿景——愿景是引导教师反思并指导自身教学实践的要素。因此，尽可能多地通过观摩教学，培育指引教学方向的卓越教育形象，是十分重要的。2. 知识——教师必须具备的"知识"。诸如关于儿童的知识、关于学科与课程的知识、关于教学的知识，是不可或缺的。3. 工具——课堂教学中运用的"工具"。在概念性工具中，包括"最近发展区"、迁移、问题解决学习等学习理论；在实践性工具中，包括教科书与教材、评价手段ICT 等。这些概念性与实践性工具，作为教学中运用的工具，是教师应当熟练运用的。4. 实践——指的是综合性知识、实施教学的"实践"。指向愿景，基于儿童、教学内容与指导的知识，运用概念性、实践性工具，进行教学的计划、实施与评价。5. 心态——作为教师的"姿态"。从事教学与理解儿童，是教师本职的工作。如何反思教学、怎样与学生积极互动、深度理解他们，以及如何与同行相互学习、潜心研修，是一个教师的姿态所需要的。

教学设计不是教师发展个人能力的孤独行为，而是寻求优质教学的共同作业。教学设计没有唯一的正解，教师需要有对新鲜的教学信息的敏感性——今日有怎样的机会与成功，遇到怎样的挫折或失败，等等。尝试错误与持续反思，正是教师成长的姿态。

参考文献

[1]　W. L. Ostroff. 课堂上涌现"好奇小猴乔治"：唤起好奇心 [M]. 池田匡史、吉田新一郎，译. 东京：新评论，2020：265.

[2]　[3]　[5]　赤崛侃司，等. 授业设计的方法与实际 [M]. 东京：高陵社，2009：9，15，23.

[4]　钟启泉. 学校的变革 [M]. 上海：华东师范大学出版社，2019：134.

[6]　[7]　[8]　[11]　[13]　[16]　[17]　[19]　[26]　R. A. Reiser, J. V. Dempsey. 教学设计与技术：教学技术的动向与课题（第 3 版）[M]. 铃木克明，合田美子，主译. 京都：北大路书房，2013：70−71，40，39−51，14−15，17，21−23，24−25，24−25，48.

［9］［22］　稻垣忠. 教育的方法与技术［M］. 京都：北大路书房，2019：20，20.

［10］　J. M. Keller. 学习意欲的设计：RCS 模型的教学设计［M］. 铃木克明，主译. 京都：北大路书房，2010：318.

［12］　篠原正典，荒木寿友. 教育的方法与技术［M］. 京都：智慧女神书房，2018：43.

［14］　大岛纯，千代西尾祐司. 学习科学手册［M］. 京都：北大路书房，2019：187－188.

［15］　C. M. Reigeluth，A. A. C-Chellman. 教学设计的理论与模型：走向共同知识基础的建构（第 3 卷）［M］. 铃木克明，林雄介，译. 京都：北大路书房. 2016：45－61.

［18］　C. M. Reigeluth，B. J，Beatty，R. D. Myers. 教学设计的理论与模型：实现学习者中心的教育（第 4 卷）［M］. 铃木克明，主译. 京都：北大路书房，2020：415－417.

［20］　秋田喜代美，藤江康彦. 授业研究与学习过程［M］. 东京：日本放送大学教育振兴会，2010：31.

［21］　中华人民共和国教育部. 教育部关于大力推进教师教育课程改革的意见［EB/OL］.（2011－10－08）［2021－11－15］. http：//www. moe. gov. cn/srcsite/A10/S6991/201110/t20111008_ 145604. html.

［23］　钟启泉. 解码教育［M］. 上海：华东师范大学出版社，2020：96－98.

［24］　G. Couros. 创新者心态［M］. 白鸟信义，吉田新一郎，译. 东京：新评论. 2019：273.

［25］　佐藤学. 教师花传书：为了作为专家的成长［M］. 东京：小学馆，2009：190－191.

［27］　松尾知明. 开拓未来的素养与新型学校课程［M］. 东京：学事出版股份公司，2016：174－175.

第二章 知识·技能·素养
——教学设计的知识基础

从"知识本位"转向"素养本位"是对百年来传统学校教育的挑战，意味着中小学生从"被动学习"转向"能动学习"。"素养本位"绝非否定"知识"，而是走向本真的知识教学的必由之路。本章旨在探讨基于"核心素养"教学中的知识拥有怎样的特征；作为知识的概念是怎样习得的；这种概念又是怎样变化的。一线教师应当如何把握"知识要素"与"过程要素"，以及为此应有怎样的教学设计。

一、知识的学习与概念理解

（一）知识的学习

所谓"知识"（Knowledge）是指"人与组织及其他实体所知道的信息"，具体地说，就是某种能够运用的信息、旨在达成而发挥作用的信息、或是旨在产生价值标准与构成材料的信息。是否有用或是否产生价值，因个人差异而有所不同。可以说，"所谓知识是随个人而异的。被有些人视为知识的内容，对另一些人而言，或许不过是单纯的信息而已"。[1] 在学校教育中儿童通过课堂中的学习与经验习得，学会各门学科的新知识，期待这种知识得以巩固、随时随地可以运用，并且有助于学习新的知识。掌握先辈历经长久岁月建构的知识，参与该文化共同体，成为该文化共同体的一员，对于创造新文化而言，是无比重要的。在认知心理学中人类的知识被分为"宣言性知识"与"步骤性知识"。所谓"宣言性知识"指的是，诸如"1949年中华人民共和国成立""水是由氧元素和氢元素组成的化合物"之类的事实性知识。反之，所谓"步骤性知识"指的是，诸如"折纸的方法"之类的有关一连串步骤的知识。大体说来，前者是旨在"理解"的知识，后者是旨在"运用"的知识。

不过，两者往往未必能够截然地区分。人类的"宣言性知识"的结构可视为有意义关联的信息之间结成的网络。因此，新的"宣言性知识"的获得意味着该知识既有网络的重建，而"步骤性知识"表示"倘若怎样应当怎样"的规则的集合。

（二）概念的理解

1. "生活概念"与"科学概念"——不是碎片化的事实，而是抽象出事物的共性的知识，谓之"概念"。在学科教学中基于学科的概念框架把知识加以结构化，有助于促进迁移——即学到的知识也能在其他的情境运用。因此，教学的课题在于，不是刻板地识记片段的知识内容与步骤，而是求得深度理解的原理与概念框架。儿童并不是在入学之后才习得知识与概念，而是通过生活经验的概括，形成多元的概念。维果茨基把儿童在日常生活中获得的自发产生的概念，谓之"生活概念"。比如"兄弟"这一概念，儿童从幼儿时期开始就有了经验性的理解。不过，像"自己是兄弟的兄弟"这一基于定义的抽象性理解，对幼儿而言是困难的。"生活概念"是同具体的经验相结合而发展起来的，缺乏系统性，难以概括化和抽象化。另一方面，学校中学习的"科学概念"则是同基于语言的界定相结合，可以进行理论性的概括，因而有可能做出系统的解释，但往往会陷入语词主义。[2] 就是说，即便用语言来诉说，能产生形象化地接纳与理解事物本身的状况，也并非易事。在维果茨基看来，科学不是基于事物的外部特征的分类，阐明内在的本质才是重要的。不仅是"从具体到抽象、从特殊到一般，再到抽象知识的过渡"，而且上升到"从本质的高度做出全局性的解释的具体性认识"，这在学习中是非常重要的。亦即，在"科学概念"的形成过程中，抽象的原理与定义的理解并不是认识的终点，通过适当问题的解决，从抽象的认识上升到具体的全局性的认识，才极其重要。

2. 知识领域的独特性与朴素概念——在日常生活中作为"生活概念"而获得的概念，从发生学看，并不是碎片化知识的集合。婴幼儿也拥有其被区分为体现独自的特征与结构的知识领域，诸如物理学、心理学、生物学、数学、语言，等等。知识内容有其各自领域固有的独特性。比如，朴素力学的"物体"是作为连续物体的运动而存在的。物体是沿着连续的轨道移动的（连续性法则）；物体占有独自的空间（独特性）；在时间与空间上不接触的两个物体是独立运动的（在相隔一定距离之处，无作用力）；物体倘无支撑，就会往下运动（重力）；倘无障碍物，就会一直处于运动状态（惯性）等法则。心理学的研究揭示了婴幼儿也会自然而然地理解这些法则。关于心理与生物学的运动，儿童也拥有不同于成人的儿童式的解释。这种解释不同于心理学与生物学的解释，所以被称为"朴素心理学"和"朴素生物学"。[3] 比如，关于物体的运动——动物能够自发地运动，人造物倘不施加外力，运动就不会开始——从婴幼儿期开始就能理解。不过，关于运动原理的惯性法则——"物体不受摩擦或空气阻力等外力作用时，总会保持匀速并朝匀速方向直线运动"，即便是大学生也会有错误的概念。就是说，学习者在进入学校正式学习之前，就拥有了不同于"科学概念"与理论的另类概念。这是儿童自主地建构起来的自己的内部理论——"朴素概念"，是他们对日常生活中的事物与现象的一种非正式、非科学的理解与解释。这种概念会妨碍学习，即便在接受新的学习之后，一旦不能系统地加以充分理解，那么错误概念就会持续下去，难以习得正确的概念。

3. 概念的水准——所谓"知识"，从碎片化知识到作为世界与现象的见解与原理的结构化知识，浩瀚庞杂。因此，概念变化的难度是各不相同的。物理初学者的知识通常是从自己经验过的事件，具体地形成起来的。因此，并没有"结构化"，它是通过单纯的要素集合而构成的，谓之"现象学原理"。[4] 比如"物体朝施力的方向移动"这一知识，由于物体是从停止状态、经按压之后沿着施力的方向启动，所以形成了"作为动作原因的力"这一现象学原理。物理学家的理解则是，施力的物体沿着施力的方向移动，是以静止状态为前提的。但并非是物理学家的人无视这一前提，所以无视了施力之前的运动方向，最终做出了物体会朝施力的方向移动这一预测。在静止物体的场合，这不是错误的判断。不过，在解释移动物体的运动的场合，需要把握这样的知识——对物体施加的力，是在同此前的运动交互作用之中，决定运动的方向的。然而，也存在另一种情形，即不是某种科学现象与碎片化知识的矛盾，而是解释模型与理论本身之间存在着差异。根据沃斯尼亚杜（S. Vosniadou, 1992）等人的研究，当儿童听到"地球是圆形的球体"这一科学信息的时候，如图 2-1 所示，儿童拥有他们自己解释的地球模型。可以说，这就是儿童关于"地球"的"朴素理论"。

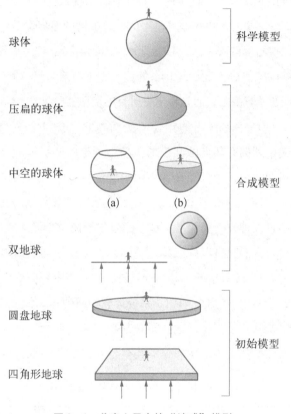

图 2-1 儿童心目中的"地球"模型

（S, Vosniadou, W. Brewer, 1992）

资料来源：秋田喜代美，藤江康彦. 授业研究与学习过程［M］.
东京：日本放送大学教育振兴会，2010：48.

他们基于自身拥有的理论、观察、文化信息与信念，会做出自以为合情合理的解释。就是说，他们会经历一个同自身的经验与信念相合拍的"合成模型"的阶段。处于这一阶段的儿童，一方面开始接受"地球是球"的说法，另一方面却又固执地坚守他们的"地球是平的，否则人就站不住""一个东西如果下面没有支撑，就会掉下去"之类的朴素理论。于是便人为地制造出一些"合成模型"来，诸如"压扁的球体"——人站的地方是平的，而且最初往往上面是压扁的、平坦的；"中空的球体"——地球中间是空的，而且有一个水平面（线），人是站在地球内的水平面上的；"双地球"——真正人站的地球是平的，教师讲的地球像是一个皮球那样，挂在天上的，以及"初始模型"——"圆盘地球""四角形地球"，等等。[5] 在经历了这些心理模型的不断调整与修正之后，儿童的认识才逐渐接近于"科学概念"的解释。这种现象不仅表现在儿童身上，而且科学史研究的发现也呈现了类似的步伐。

这样，儿童在生活中起作用的作为"生活概念"的"朴素概念"，其水平各异——从碎片化知识到拥有其自圆其说的模型与理论的知识（表2-1），不仅是物理学与天文学领域的知识，而且在日常生活中凭借自身的经验在建构着种种不同于学术知识的知识。这种"朴素理论"或"朴素概念"大体可以分为三类：（1）基于经验的积累而能够自发地发生变化的；（2）通过学校的教学能够转化为科学概念的；（3）即便教授了科学概念也难以修正的。[6] 因此，学校教学中面临的课题是，主要针对（2）（3）进行适当的指导，修正儿童拥有的"朴素概念"，形成"科学概念"。教师不仅要联系学生的既有知识、系统地教授新的知识，而且在教学之前就得探讨学生拥有了哪些知识、怎样使这些概念朝着"科学概念"的方向变化，为此就必须思考概念变化的机制、该采用怎样的教材与教学方法，等等。

表 2-1　概念变化中解释模型的发展阶段

概　念　变　化	结　　果
1. 范式变化	一整套的思维，从多样的视点做出有别于原先的思维而产生的戏剧性变化。
2. 范畴的变化与置换	概念被置换，或形成截然不同的概念。
3. 基本概念的分化与统整	基本概念或分裂或增添。
4. 新模型的建构	解构早期的模型，形成新建的模型。
5. 统一与整合	统整成一个模型。
6. 模型的变异	要素的添加、消除与变异，从而形成模型的变化。

续　表

概 念 变 化	结 　果
7. 抽象化	从一个案例，产生更具普适性的图式。
8. 通用范围的变化	形成新的条件与案例亦可利用的模型。
9. 模型的细微修正	模型的修正。

资料来源：秋田喜代美，藤江康彦. 授业研究与学习过程［M］. 东京：日本放送大学教育振兴会，2010：50.

二、知识结构与过程结构

（一）"知识结构"与"过程结构"的可视化表达

所有的学科同动物界与植物界一样，都有其独特的结构。实际上，一切的系统原本就拥有其固有的结构。倘若没有的话，每一个系统之间的差异就会变得模糊。阿米巴原虫与黑猩猩都可以作为动物来进行分类，但不能说，这种分类会有助于正确地理解彼此之间的异同以及其间的关系。在 20 世纪五六十年代活跃的教育学家泰巴（H. Taba）明确地阐述了社会学科中各种水准的知识的抽象化与体系化。[7] 泰巴倡导，教学不应当是表面地或像猜谜似地传授事实的信息，而应当寻求更深度地理解的"概念"与"大观念"（可迁移的概念性理解）。

埃里克森（H. L. Erickson）主张，首先需要探讨"知识结构"与"过程结构"，其理由如下：1. 在优质的课程设计与实施构成中，必须理解存在于这两种"结构"之中的种种水准，并同课程设计、教学指导、学习训练的水准，形成交互作用；2. 关于这些论题的基本的理解——"知识与过程拥有怎样的结构"或是"这些结构同教学与智力的发展有着怎样的关系"，倘若能在教师教育的机构中加以掌握，那么教学就能够处于更有条理的状态；3. 把学力标准与课程文献中的目标从"主题+动词"的构成，改写为明确地表达三点——学生应懂得的（基础内容）、应理解的（法则与原理）、应做到的（过程或技能），就能够引导学生与教师达致知性水准。图2-2是"知识结构"与"过程结构"的可视化表达，有助于考察各自的结构。

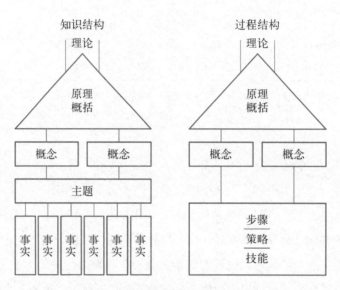

图2-2　知识结构与过程结构

资料来源：H. L. Erickson, L. A. Lanning, R. French. 概念型课程的理论与实践［M］. 远藤みゆき，ペアード真理子，译. 京都：北大路书房，2020：38.

（二）"知识结构"及其要素

在图2-2的"知识结构"中显示的是，教师讲授的教学主题与事实，是从主题与事实引申出的概念，以及由此所获得的法则与原理之间的关系。所谓"法则"与"原理"是指，组合了多种概念，超越时间、文化与情境，而达到迁移性的理解。这里存在理论的水准，特别是在高阶学程中教授的理论，包含大量必须掌握的概念与法则。当然，不同学科的"知识结构"是不同的。比如，主题与概念的差异、事实与法则的差异，等等。以数学的主题与概念为例。数学的"知识结构"比之重视主题的历史之类的学科更为概念化。因此，在梳理数学的主题之际或在探讨单元名称之际，教师实际上需要界定更广泛的、有构成力的概念。数学学科的结构不同于历史学科的结构。这是因为，数学本质上是一种概念型学科。就是说，数学可以说是概念、子概念及其之间关系的一种言说。数、范式、测量、统计承担着在最广泛的水准上梳理概念的任务，在这些宏观的概念之下有微观的概念。比如，作为宏观概念的"数"可以分类成更小的概念，诸如加减乘除等，这些概念还可做进一步的细化。数学教师用"事实"来思考概念的具体例子，便是适例。比如，2+2=4，圆周率≈3.14，等等。

这些知识结构的要素有哪些共同点呢？尽管内容各不相同，但每门学科都拥有独特的结构。在这里应当关注的是，从结构的最下端向上移动，决定法则。就是说，从"主题与事实"，向"法则与原理"移动，再向"理论"移动。从基础性内容抽取法则与概念，就能确凿地让观念扎根。仔细地考察各自的定义，就能理解"知识结构"的各种要素，我们可以依照下述的定义，来确认是否理解了"主题"与"概念"的差异、"事实"与"法则"的差异。[8]

1. 主题（Topic）——"主题"是特定的人物、场所、情境以及事物之间的一连串的事实框架。"主题"为学习单元提供境脉，"主题"是不可迁移的，"主题"同特定的实例关联。比如，亚马逊热带雨林生态系统、欧洲各国对当前难民危机的应对；数式与方程式；毕加索：艺术与影响。

2. 事实（Facts）——"事实"是人物、场所、情境和物体的具体实例。"事实"并不给出原理与法则，"事实"是不可迁移的，特定的时间、场所和情境是固定不变的。比如，亚马逊热带雨林的热带性形成功能强大的生态系统；2+2=4，3+1=4；作文中6+1的教学项目（注①）；日本是立宪君主制国家。

3. 概念（Concept）——所谓"概念"是从主题引申出来的"思维的产物"，具备如下性质：（1）是超越时间的；（2）是由1—2个单词或短句表达的；（3）普适且抽象的（程度不等）。概念的具体例子不胜枚举，但具有共同的性质。概念是可迁移的，而由于法则的可能性，会呈现高于主题的抽象性。另外，概念在法则、抽象性、复杂性的多重水准上是独有的。概念既有宏观的、也有微观的。比如，系统；秩序；生息；价值；一元函数。

4. 概括（Principle）——不同概念的明言化，是超越时间、文化、情境，可迁移的。具体地说，"概括"应满足如下的条件：（1）大体是普遍适用的；（2）是超越时间的；（3）（程度不等）的抽象性；（4）可举相应的例子说明的（相当于不同的情境）。"概括"也可以谓之"概念性理解"。在某些文献中也称"永续性理解""本质性理解"或者"大观念"。当在重要的观念并不适合于一切情境的场合，"概括"的语句必须带有诸如"往往""会得到""有可能性"之类的限定词。比如，生物是为生存而适应环境变化的；个人或事件往往会成为重要的历史转折点；组合质数，可表示合数。

5. 原理（Generalization）——指的是被视为某个领域的基本"真理"的概括。比如数学的定理与科学的法则。在原理中不使用"往往""会得到""有可能性"之类的限定词。原理同具有普适性的概括一样，在教育界也谓之"永续性理解""本质性理解"或者"大观念"。比如，供应减少，成本增加；供应增加，成本减少；一切物体总是保持匀速直线运动状态或静止状态，直到有外力迫使它改变这种状态为止；直线两端无端点，可无限延伸。

6. 理论（Theory）——所谓"理论"是用假设或一连串的概念性观念来说明现象或活动，"理论"与其说靠绝对的事实，不如说靠最优的证据支撑。比如，宇宙起源的大爆炸理论；早期人类迁移的陆桥说；化学中的价层电子对互斥模型（Valence Shell Electron Pair Repulsion Theory，VSEPR 模型）。

（三）"过程结构"及其要素

如前所述，在教学中教师依然始终仰赖于教科书来决定教学的技能与事实，或者在规定的时间框架内授受一连串的书本知识，这种实例随处可见。在重视过程探究的学科中醉心于碎片化知识、技能的教学方法，问题成堆。比如，在语文教学中用几周的课时来讲授一篇课文，围绕学生了无兴趣的课文，反复地提问，力图引导学生，却难以达到深度理解。实际上既浪费了宝贵的时间，又不能带来多大的成效。传统型的考试往往是脱离境脉的碎片化的练习或是某一个事实的反复学习，或许可以获得高分，然而难以形成对新的课文与学习情境的迁移能力。基于这种矛盾的经验，使学生产生迷惘、厌恶学习的心态，或者即便是拼命地努力也无济于事。这是因为，在这里缺乏"理解"。

要斩断这种恶性循环，就得明确地界定同教学过程与内容相关的概念性理解，作为教学与评价的指针来设计课程。在这里，提升课程的水准是首要的一步。通过归纳性教学与探究引导学生达于概念性理解，不仅可以形成深度理解，而且可以促进低阶水准与高阶水准（概念水准）之间的相乘式思维的发展，使个人的知性得以发展。而一旦触发了学生的知性，其学习积极性也会提升。这是因为，学生个体的思维极其重要。倘若学生能够理解，那么就能够更好地记忆和迁移。否则即便囫囵吞枣地记住了读物中的特定信息，也不会给学生带来作为一个"读者"的自信；即便根据作文的步骤亦步亦趋地写作，也不会给学生带来作为"作者"的自信。没有深度的概念性理解，就不会有学生凭借自身的能力、展开实践的行为。

如前所述，"知识结构"表示构成知识的要素之间的关系，注重内容的社会科与理科等学科是同这种结构完全吻合的。而语文、外语、美术、音乐、体育、美术等学科则是技能占比重较大的学科，这类学科是基于"过程结构"来加以系统化的。[9] 同"知识结构"一样，"过程结构"也表现为从低阶认知水准到概念性理解水准过渡的思维阶层。就是说，构成这样一种累积性的结构——从过程中的具体策略与技能，到过程中重要的可迁移的观念，得以深度理解。在语文、音乐、艺术等学科中有很多应当学习和践行的过程、策略、技能，以往忽略的是能够带来付诸实践的、有助于维持学习的概念性理解。"过程结构"表示步骤、技能、策略、概念、概括、原理之间的关系。当达到这种结构内部的概念水准之际，借此就可以从"做"过渡到"理解"为什么。学生是通过运用过程、策略、技能，加以理解而引出某种概念水准的，但概念并不是这种作业体，亦即概念并不等同于"做"。因此，"过程结构"说明的步骤、策略以及技能，可以视为有助于学生学习教学内容、展开探究活动的工具。"过程结构"的各个要素可做如下的界定。[10]

1. 步骤、策略、技能——处于过程结构的最下层，包括步骤、策略、技能。其中最复杂的是步骤，其次是策略，再次是技能。这里所谓"步骤"是产生结果的行为。连续地、阶段性地推进，而其间由于输入方式（教材、信息、他者的建议、时间等）而发生变化与变更。"步骤"亦可定义为"应做什么"，只是在持续地推进与介入的场合会停止变化。结果的质，会受到前述的输入方式的制约。"步骤"在不同的阶段中由于输入方式的变化，也会产生不同于当初的计划所设想的特征。比如，写作步骤/阅读步骤/问题解决步骤/科学探究步骤/调查研究步骤。所谓"策略"是旨在提升学习能力、让学习者思考如何自觉地调整、控制的系统性计划。"策略"之所以复杂，是因为策略中隐含了诸多的技能。要有效地运用策略，就得控制支撑这种策略的种种技能，并且灵活地运用这些技能，以适当的方式统整其他的技能。比如，自主调节、一览表的分类与整理、课题的界定、预测。所谓"技能"被纳入"策略"的范畴、在小规模技能的作业或者活动之中，学习者通过适当地运用而发挥策略的作用。"技能"是支撑更复杂的策略的要素。比如，自主调节策略中的技能——了解阅读的目的，进行反思，反复阅读、进行对照、预测、确认、明确、再思；一览表的分类与整理的策略中的技能——确定重要的信息，决定分类，探讨改进一览表的可能性与范式，统计项目数。

2. 概念——在过程结构中处于深层水准的概念，可用 1—2 个词语（名词）表示。它是从教学内容（主题）中引出的"思维的产物"，或是在学习中从复杂的步骤、策略、技能中引出的观念。"概念"是在单元教学中自始至终需要理解的、可用句子（概括）加以归纳而运用的。正如前述的"知识结构"一样，"概念"是超越时间的，而且不同"概念"所带来的知识会随着时间的推移而得以凝练。"概念"具有普适性，代表性的内涵有可能从跨越时间与情境中引导出来。比如，人物造型；个性化；对称性；推论；节律性。

3. 概括·原理——所谓"概括"是用归纳思维的语句，诸如"通过这种学习能够理解什么""怎样的学习能够迁移到新的情境之中"之类，来回答有关学习的关联性问题。如前一样，"概括"是以语句的形式定义两个以上的概念之间的关系。不过，当抽取的概念在学习课题中是重要的，但不可能在所有情境中得到证实的场合，就得在概括的语句中追加限定词。为了避免混淆，在课程标准编制中一般不用"原理"的术语，而只是用"概括"的术语。这里重要的是，界定单元教学要求学生达到的重要的、可迁移的理解。比如，（1）在实地调查（调查、观察、思考、日期、场所、情境等）中必须能够正确而详细地作出记录，以便验证、观察历时性的变化；（2）作者往往会在登场人物中设定内在的与外在的矛盾纠葛，借以围绕人生与人性的本质做出深度的洞察；（3）信息的收集、整理与解读，有助于形成预测与问题的解决。所谓"原理"是被视为基本规则或是真理的概括。艺术是艺术的，音乐是音乐的，在各门学科中有其决定学科核心要素的原理。在语文学科的场合，也有人把有关语法规范——文法视为语文学科的原理。比如，以有规律的速度构成的有音与无音的模式，产生节奏；要在左右对称中取得平衡，就必须得在设计的两侧采用类似的要素；基本的文法规则确立语言的标准结构。

4. 理论——所谓"理论"是假设或一连串的概念性观念，借以说明现象或活动而运用的。比如，一切美学体系的出发点在于个人独特的情感体验。

在"知识结构"与"过程结构"中均有"理论""概念""概括""原理"的术语，这些术语在两种结构中被同样地界定，表示同样的关系。

（四）知识与过程的关系

无论哪一门学科的单元教学，通常反映了"知识结构"与"过程结构"两个侧面。这是因为，尽管程度有所差异，但要让学生达到深度理解，这两个侧面都是必要的。在一门课程的单元中，从"知识结构"与"过程结构"抽取何种程度的概念与概括，是视学习中的观念、内容或过程而定的。作为概念型教学模式转型的要求，不是把主题、事实、技能作为最终目标，而是作为支援工具使用，是面向概念、概括、原理的归纳性指导。这里存在以下两个理由。[11]

其一，归纳性教学是指导学生理解概念、原理与概括的过程。概括与原理不应当作为事实囫囵吞枣地灌输，倘是那样，就会剥夺了学生精细思考、深度理解的机会。在概念型课程与教学中，建构主义与探究学习受到重视。学习者要获得关于情境与事件的深度理解，就得凭借自身的能力去分析信息。教师必须着力于帮助学生弥补基本的技能。不过，在教师指导之前，教师自身必须明确要教给学生哪些核心概念与大观念。在传统的课程中，教师的这种"必须的作业"并没有得到支援，大多以"主题（或概念）+动词"的形式书写的目标加以记载，但这些目标不过是一厢情愿地设想，以为只要教授了，概念性理解就能够自动地产生，这是错误的。概念型课程通过重要概念的明晰并加以概括化，来引领教师的概念型教学。

其二，与其把主题、事实与技能作为最终目标，不如作为支援工具使用，学力与教学的水准才能够真正地提升。学生要持续地学习事实与技能，就得在教学过程中获得直接的指导与监控。不过，归根结底，教师的教学工作并不仅仅是覆盖事实与技能，焦点在于学生深度的概念理解的发展，从而也带来事实性知识与技能的链接。向三维度的概念型模式转型并不是轻而易举的。一年级学生是从理解音与符号的关系、字与句的关系，以及文字具有的意涵这一事实开始的，类似于理解"读是怎么一回事"。这时，教师为在儿童的心中点燃"读"这一行为而兴奋。同样，教师自身也必须在"知识结构"与"过程结构"的课程设计与教学设计中占据何等地位的问题上，洞若观火。就像点燃起灯火一般，深度理解与智力发展将在每一个学生心中点燃起一盏盏明灯，而这是需要教师作出相应支援的。

在概念中存在不同水准的概括与复杂性，在每一门学科中也存在从宏观到微观的不同层次的概念。"系统""变化""顺序"之类的宏观概念由于含义广泛，能囊括诸多事例，往往被称为"综合概念"。这些宏观概念既有跨学科的，也有特定学科的。比如，一般所谓的"系统"是什么呢？特定的"系统"发挥怎样的功能呢？倘若能够理解的话，就能更容易地认知，设想、理解诸如社会、经济、环境等不同类型的系统。就是说，"系统"这一概念是可迁移的。这些宏观概念之所以重要，是因为宏观概念可以为知识的结构化提供最广义的范畴。在每一门学科中都拥有一连串的体现其学科核心思维的独特的宏观概念。如前所述，宏观概念也有不限于学科的，比如"变化"，在所有学科中都是宏观概念。但也有限定于学科的。比如在戏剧中，声音、动作、出场人物以及题目之类的宏观概念。这些宏观概念与同文学及其他视觉艺术相关，是不可能迁移到科学与数学学科之中的。由于宏观概念最容易迁移，许多教师在概念型教学中存在着这样一种倾向——以为是最适当的宏观概念，然而表达出来的却是诸如"系统必须有相互依存的关系""变化可能是成长"

之类的"大观念",谈之过泛。当然,宏观概念的教学目标,并不意味着舍去微观概念的价值。

如前所述,宏观概念带来广泛的理解,微观概念带来深度的理解。微观概念反映特定学科中更深度的知识。作为学科专家的教师应当拥有自在地操作专业的微观概念及其关系的能力。要更广幅地把微观概念组成有建构力的学科概念,就得有技术与经验。为了持续地提升学生的专业知识与技能,就得有意识地在各个学年的概念型课程中注入更多的微观概念,不断地丰富基于学科的微观概念的宝库。围绕主题与过程的问题,一般学习者之所以能够理解,是因为理解了微观观念之间的微妙关系。微观观念只在单元的概括性描述中使用,而所谓"可迁移的概括",是指概念之间的关系的表述。倘若在各个年级的学科中能明确地确立起这种概念性的理解,那么,有效的、受事实性知识所支撑的概念中心课程,就可能出现。

三、素养本位的教学设计

(一)"能力本位教育"(CBE)的设计

"能力本位教育"(Competency-Based Education,CBE)的教学设计,是美国教学设计专家赖格卢斯践行"学习者中心的教育"原理而倡导的。[12] CBE 不仅界定重要的学习课题,而且界定学习者指向理想的学习成果的框架,从而能够赋予学习者真实的学习经验。换言之,CBE 意味着,发现学习者预设的学习期待值究竟在哪里,并追踪学习者获得成功所必需的整个过程。这就使得学习者指向的教学有着高度的透明性。对于学习者而言,明确地传递期待学习者的是什么,同时提供实现该目标的路线图,这种达成核心素养的整个过程得以可视化的系统,有助于学习者更正确地识别业已达成的素养是什么。这样看来,它同如下的见解——"学习只能潜移默化地发生、并借助偶然而拓展",是针锋相对的。有效的教学不是靠碎片化知识的积累,而是让学习者理解需要达成的素养同其他素养的关系,从而能够更能动地建构自身的教育经验。一系列相互关联的价值观,成为 CBE 设计的根基。这些价值观就是：1. 聚焦个人与个人的学习成功；2. 学习是可视的且可测的；3. 在确立对于评价的期待上，学习者是重大的要素；4. 揭示学习者既有的理解与学习者需要的理解之间的文化鸿沟，有助于促进学习经验的习得；5. 实验可规避对学习产生干扰的因素；6. 时间是可贵的；7. 单纯地用时间来衡量学习的程度是片面的；8. 教师的作用从信息提供者转型为学习促进者。这对于师生双方而言，也是健全的。基于上述价值观，CBE 的设计原理是：[13]

1. 基于对学习者期许的成绩来描述"素养"——作为素养的基本要素是：其一，对学习者特定的素养描述必须有认知、情意和心智运动技能的实演。其二，参照布卢姆教育目标分类学修订版，沿着从回忆知识到综合（创造）的分类，界定预期的学习者的成绩。其三，决定测量的境脉，来进行描述。其四，识别学习者完全习得的阈值。其五，期望的成绩同学习者此前的经验与能倾及其性格特征，有着怎样的关联。

2. 运用"脚手架"，借以支援"整体素养"的达成——"脚手架"可以提示学习者一系列素养达成的明确路径。

3. 寻求"素养"的结构化，借以加速学习——学习者的进步不是基于学习时间，而是基于精致化学习。学习的加速程度，起码依存于能否合乎每一个学习者的既有知识来分配学习内容。CBE 本身的结构不宜过分复杂，以免妨碍学习。

4. "素养"的评价宜依据一定的标准，因应个人的特质灵活地实施——传统的评价方法本质上是根据团体标准来判断学习的，用意味着学习的量的评定符号（ABC 或者优良可）来评分，让学习者相互比较。与此相反，理想的素养评价不是依据班级、而是合乎个人来设计的。

5. "素养"的描述决定了评价的妥当性——在整体的"素养"描述中涵盖了精致化学习的标准与阈值。换言之，"素养"倘若没有内蕴于其中的评价要素的详细说明，是不可能存在的。恰如一个硬币的两面（素养与评价标准）的制作，需要费时费力，但回报是巨大的。

6. 倡导"素养本位"的评价——在开发学校现场的评价与利用普适评价工具之

间取得平衡，但不管用怎样的评价手段或评价手段的组合，评价的课题不能局限于知识、技能的评价指标，应当开发指向更大范围的素养的评价，提升评价的可靠度与可信度。

7. 设置 CBE 追踪系统——追踪"素养"达成的状况，不仅对把握每一个学习者在 CBE 中是如何进步的，而且对评价 CBE 整个系统是怎样发挥作用的，都是重要的。

8. 要实现 CBE 的成功，就得有评价——随着技术革新，在任何场合都需要慎重地评价输入与信息处理、输出及成果。加上"素养"达成倾向的追踪，进行定性与定量的分析是 CBE 学习经验的持续改进所必须的。

CBE 教学设计的实施绝不是一件轻而易举的事，这是因为能够驾轻就熟地胜任这种教学模式的教师，毕竟凤毛麟角。因此，就教学模式而言，有待于现场教师的慎重选择与深度研修，而"项目学习"就是一个值得关注的选项。

（二）"项目学习"（PBL）的设计

"项目学习"（Project Based Learning，PBL）从根本上颠覆了传统的"教师中心"的教学，转向革新的"学生中心"的教学。学生在项目学习中借助同伙伴的协同活动，不仅习得深度的知识，同时学会批判性思维的方法、可信赖的信息分析，以及创造性问题的解决，等等。培育新时代需要的"核心素养"，"项目学习"设计的关键在于，设定对学生而言特定的有意义的学习目标。当项目完成之际，学生能够"知道什么"、能够"做什么"。因此，整个设计必须考虑到如下七个不可或缺的要素。[14]

1. 挑战性问题与质疑——难易度适中的问题，既不过难也不过易，有助于促进思考力的提高。无限制的质问与非结构化的问题，有助于引出丰富的"正确"答案与解决策略。

2. 持续性探究——从项目的立项阶段到最终的考核阶段，学生拥有旨在建构具有自身意义的深度探究的心智准备。就是说，为了求得答案，就得进行质问、计划并实施调查，探究引出答案的线索。

3. 真实性学习——尽可能地让学生在现实世界中展开学习，这样有助于提高学生的参与度。

4. 倾听学生的声音与选择——在整个项目实施中，让学生抒发自己的见解或维护自己的立场，作出决策。比如，教师可采用"SING 过程"，让学生聚焦如下四个问题做出回答：（1）你的"强项"（Strength）是什么？（2）你的"兴趣"（Interests）是什么？（3）你的"需求"（Needs）是什么？（4）你的"目标"（Goals）是什么？这种策略有助于学生在项目学习中发挥作用。

5. 反思——通过反思，促进学生思考自身的学习。反思有助于学生思考面临的障碍、需要克服的课题，以及完成作品的品质。

6. 讨论与矫正——在最终的成果完成之前，学生反复地展开讨论与矫正的过程，不断改进自己的作品（深度学习）。通过基于教师、班级同学、外来专家等多渠道信息源的形成性评价（反馈），让学生获得有用的、可行的信息，重新检讨自己的作品。

7. 发表成果——学生最终完成的成果（或者解决策略与议论），作为项目学习的"集大成"向外公布，让课堂内外、学校内外的公众分享。倘若学生能够认识到"自己的努力也会影响现实世界"，就会提升自身创造成果的积极性。作为分享成果的方法，可以考虑采取出版、公开发表会、表演等形式。可以说，这些都是超越课堂的边界、分享知性的方略。

在 PBL 的教学中必须改变的思维方式是，需要有意识地思考"何时评价、为什么评价、怎样进行评价"。PBL 的评价应当是平衡各种视点的评价——包括个人评价与团队的评价、自我评价与相互评价、学习内容的习得度与项目获得成果的技能的评价。学生自身积极地参与评价的过程，积累经验，就能多侧面地把握学习的状态。PBL 的评价通过如下的方法——保持评价标准的透明性；强调形成性评价；求得个人评价与团队评价的平衡；鼓励来自多种信息源的反馈——可以缜密地确认学生的成长、引领学生的发展。这就是说，学生是通过挑战"项目学习"的课题而成长的。其中强调的"个人习得度"的评价标准，亦可置换成如下的话语来

表述：[15]

我，能够阐述正确的主张；

我，能够区分所持主张与对立主张之间的差异；

我，能够公平地申述主张与反驳；

我，能够剖析自己的主张与反驳的长处及局限；

我，能够运用自己的话语与对话，辨析主张与反驳之间的关系；

我，能够预测听众的知识水准与兴趣所在；

我，能够按照所提示的信息，提供结论。

一言以蔽之，"从做中学"——这就是"项目学习"的一切。革新的教师认识到，"项目学习"并非高深莫测。只要拥有成长的心态，不断地反思自身的经验，就一定能够驾驭 PBL。

（三）从基于"知识传递"的设计转向基于"核心素养"的设计

教育原本的价值就在于使每一个学习者拥有人类心智的涵养，亦即"心智"的五个层级——"数据—信息—知识—理解—智慧"。这五个层级并不是等价的，越是后者，价值越高。然而，尽管"智慧"拥有其高度的价值，在现行的教育制度中却几乎把所有的时间用于"信息"，亦即用于碎片化"知识"的传递，学习者几乎谈不上什么"理解"。至于"智慧"，则更是望尘莫及。[16] 这就是为什么我们的教育制度必须从"应试教育"转向"素质教育"的根本原由。

从历史上看，牵涉教学设计的基本概念，多种多样，包含"知识""技能""能力""素质"等。对"知识"（Knowledge）最概括的界定是"人与组织及其他实体所知道的信息"；"技能"（Skill）是指"体现效果、效率、速度及其他质与量的指标，完成特定任务与活动的能力"。倘若从复杂性与高阶化的视点出发对"技能"进行分类，可以区分如下两种：一是"再生性技能"——以同样标准的步骤，反复地、几乎是自动化地再生的活动，可视为适于完成任务的步骤与算法的选择与应用。二是"生产性技能"——创造性地运用基本原理，计划适于特定情境的步骤所必需的活动。"能力"（Ability）大体是"技能"的同义词，指的是"从事需要特定的熟练技能活动的基本能力"。"素质"（Competence）指的是"能出色地从事特定活动的能力、技能、习惯、性格特征"，是作为知识的集合体来界定的。[17] 晚近的教学设计倾向于推崇 2002 年美国教育部推荐的定义——"旨在实施特定的任务所必需的技能与能力，以及知识的组合"。杜威（J. Dewey, 1902）、泰勒（R. W. Taylor, 1903）、桑代克（E. L. Thorndike, 1918）、斯金纳（B. F. Skinner. 1958）以及加涅（R. M. Gagne, 1985）等代表性人物奠定了支持以学习的叙事、分析与测量为基础的培育"素养"的任务。

随着全球化的进展，基于"核心素养"的学校改革成为世界性的潮流。所谓"核心素养"并不仅指"知识"，而是涵盖了"技能""态度"乃至"人格特质"在内的学习者的整体能力。这就意味着，我们的教学设计需要从单纯"知识"的视点转向"素养"的视点并加以运作，亦即需要一个新的教学设计的框架——使学习者成为活跃地参与课堂内外的协同的、创造性的、以项目学习为主导框架的教学设计。这里蕴含着两个重要的观念，亦即界定"素养"的两个视点：其一，拓展"素养"的概念。"素养"与其说是心理现象，不如解释为一种社会文化现象。从社会文化的视点出发，不能否定"读写素养"是素养的一种体现，但同时应当超越传统的"素养"概念，重新思考"为了谁"、"为什么"要讲求"素养"，这些素养又包含了哪些内容。其二，倡导"素养教学"的实践，创造以"参与型文化""亲近型空间""学习共同体""兴趣爱好主导型网络"为特征的"新型学习文化"。[18] 概括起来，"核心素养"的发展经历了从单纯注重"读写能力"转向注重"信息处理能力"；再从"信息处理能力"转向注重"核心素养"（OECD）的"关键能力"与美国的"21 世纪型能力"等的发展。基于"核心素养"的教学设计必须解决如下三个课题。[19]

课题一，在学习的境脉中明确地设定能力与素养的目标——作为其第一步，围绕 A（学习内容）、B（学习活动）、C（能力·素养）三个要素，在各种水准的学习境脉中设定"能力·素养"的目标。在德雷克（S. M. Drake）和彭斯（R. C. Burns, 2004）设定的 KNOW/DO/BE 的框架中，要求界定如下三个问题：A. 学习内容——儿童应当知道的最重要的学习内容是什么（KNOW）；B. 学习内容——儿童应当学会的是什么（DO）：C. 能力·素养——期待儿童成为怎样一种人（BE）。这就是说，KNOW 是指儿童应当掌握的"知识的维度"，瞄准嵌入了认知结构的"深度理解"，来选择谓之"大观念"的学科核心概念。DO 是指儿童应当掌握的"能力的维度"，探讨如何落实探究、问题解决、人际关系技能、沟通技能等高阶技能的发展。BE 是指期待儿童养成的"态度、信念、行为的维度"，考察该单元中指向怎样的能力素养。第二步，基于上述的探讨，以诸如"围绕 A（学习内容），通过 B（学习活动），培育 C（能力·素养）"的方式表述出来。

课题二，界定"大概念"（大观念）——重要的是，培育"核心素养"的教育并不是轻视"知识"。反过来说，要养成"能力·素养"就得追求知识的"质"。唯有掌握了扎实的学科领域的知识基础，才谈得上促进深度的理解、养成核心素养。在这里需要考虑知识的各种水准。比如，威金斯（G. Wiggins）和麦克泰格（J. AcTighe，2012）把知识内容分为三个层次，这就是：1. 基础知识的价值；2. 重要的技能；3. 大概念与核心课题。[20] 这种界定表明，尽管反映了学科独特的概念，但超越境脉的迁移并不会轻而易举地产生。要培育核心素养就得寻求学科领域的具体境脉，以大概念与核心课题为中心进行教学设计。因此，界定"大概念"对于实现深度理解是十分重要的。比如，埃里克森倡导的"基于概念的教学设计"，焦点不是碎片化知识与技能，而是关注能够赋予这些知识与技能相关的概念、主题与论点。[21] 埃里克森列举了科学、社会科、文学、数学、音乐、美术等学科中的主要概念，如表 2-2 所列。

表 2-2　各门学科的"大概念"举例

科　　学	社　会　科　学	文　　学
顺序	对立/协作	时间
生物	范式	空间
个体群	人口	相互作用
系统	系统	变化

续　表

科　学	社 会 科 学	文　学
变化	变化/连续性	信念/价值
进化	文化	动机
周期	进化	对立/协作
相互作用	文明化	知觉
能源/物质	移居/移民	范式
平衡	相互依存	系统

数　学	音　乐	美　术
数字	节律	节律
比率	音调	线
比	和声	色彩
相似	音色	明度
概率	速度	形状
范式	形式	范式
顺序	进行速度	手感
数量化	音质	形
系统	范式	空间/角度

资料来源：松尾知明. 开拓未来的核心素养与新型学校课程：期许的学习者中心的课程［M］. 东京：学事出版股份公司，2016：95.

斜体部分是宏观概念。

这就是说，各门学科拥有如表 2 - 2 所示的知识结构，形成"事实—主题—概念—原理与概括—理论"的层级结构。在"概念"层级中，既有学科领域独特的概念，也有跨学科领域使用的概念。埃里克森区分了学科特有的概念与跨学科的概念。前者谓之"微观概念"，后者超越学科边界的囊括性概念谓之"宏观概念"（大概念）。"宏观概念"（大概念）提供理解的广度，"微观概念"提供理解的深度。学科专家能够透彻地把握该学科的微观概念及其之间的关系；能够把这种微观概念同更广的系统化的学科领域的概念链接起来。埃里克森强调，要求学习者运用知识"能做什么"，就得设定学习对象，得以获取"体悟"的学习经验。因此，聚焦学科的大概念的界定是教学设计的重要一步。表2-2中的"顺序""系统""变化"是"大概念"，这些概念亦可作为跨学科教学设计的一种线索。界定（抽取）学科内容的大概念是求得知识内容结构化的有效策略。一旦界定了大概念，据此就有可能有效地进行跨学科的教学设计。

课题三，把能力·素养与知识内容链接起来，进行深度学习活动的设计——这就要求逆向设计，并基于"核心素养"的见解展开教学的创造。这里需要探讨两个问题。

"逆向设计"（Backward Design）。"逆向设计"被视为有效地培育核心素养的一种具体的教学设计方法。威金斯和麦克泰格（G. Wiggins，J. McTighe，2012）倡导的"逆向设计"采取了三种手法：1. 明确所要求的结果；2. 决定能认可的证据；3. 计划学习经验与指导。[22] 在教学设计之际，首先是考虑目标，其次是探讨同教学一体化的评价。就是说，设定目标、把握实现目标的儿童的具体面貌，同时设定这种具体的面貌得以引出的表现性课题。这样，借助目标与评价的一体化，就有可能在表现性的水准上，确凿地显示目标的达成状况。在"逆向设计"中，从作为表现应当达成的目标——能够实现所期待的表现，该如何配置怎样的活动——的视点出发，来设计教学活动。通过这种"逆向设计"的步骤，就能以"能力·素养"与"学科知识内容"相链接的方式，设定有意义的境脉。这样，立足于深度学习的教学设计，便有了可能。可以说，这是瞄准应当实现的学业成绩的评价标准，来设计深度理解"学科"本质——从"知道"到"理解"再到知识的"运用"——的一种学习活动的设计。

"素养教学"。国际教育界倡导的"六C"教学——"协作"（Collaboration）、"沟通"（Communication）、"内容"（Content）、"批判性思维"（Critical Thinking）、"创造性革新"（Creative Innovation）、"自信"（Confidence），是典型的"素养教学"的框架。日本国立教育研究所（2014）界定的如下七个素养教学特质，也是可供参考的一个框架。[23]

1. 儿童在有意义的境脉中学习——要使得儿童理解学习的意义，教学设计就得基于儿童的需求、提供有学术价值的课题、目标、问题与愿景。

2. 儿童拥有自己的思考——重要的是基于儿童的文化、生活经验、既有知识，根据儿童自身思考开展的教学创造。

3. 儿童借助对话展开深度思维——通过同他者的对话，发现差异，深化自身的思考，采取对话教学是有效的。

4. 需要有适于深度思考的材料——亦即要求准备好有助于促进思考力的教材。

5. 因应需要而运用方略——有助于思维的方略与线索，不仅旨在练习技能，而且能够浑然一体地浸润于学习活动之中。

6. 学习方式的反思——为培育自立的学习者，重要的是设计能够进行反复地反思的机会。

7. 课堂与学校一旦有了相互学习的文化，就能更好地展开学习——这就要求培育教学相长的课堂与学校的文化。

倘若基于上述七个视点来进行儿童学习的设计，就能期待真正的深度学习。这里的关键词在于"真实性"的概念。探究现实的真正的课题有助于提供深度理解的境脉。因此，重要的是，立足于真实性的境脉，聚焦学科素养的形成，有步骤地展开儿童学习活动的设计。

注①
所谓"6+1作文"，是美国从幼儿园至初中在作文教学中所采用的传统教学方法。由"主旨""组织""语气""措辞""流畅""惯例"，加上"呈现"，形成"6+1"的要素构成。

参考文献

［1］ 钟启泉. 教学心理十讲［M］. 上海：华东师范大学出版社，2020：90.

［2］ 中村和夫. 维果茨基心理学［M］. 东京：新读书社，2004；31－32.

［3］［4］ 秋田喜代美，藤江康彦．授业研究与学习过程［M］．东京：日本放送大学教育振兴会，2010：46，48.

［5］［6］ 濑尾美纪子．教育心理学［M］．东京：科学社，2021：27，28.

［7］［8］［9］［10］［11］ H. L. Erickson, L. A. Lanning, R. French. 概念型课程的理论与实践［M］．远藤みゆ，ペアード真理子，译．京都：北大路书房，2020：37，41－43，45，48－52，54－55.

［12］［13］［18］ C. M. Reigeluth, B. J, Beatty, R. D. Myers. 教学设计的理论与模型：实现学习者中心的教育（第4卷）［M］．铃木克明，主译．京都：北大路书房，2020：36，42－50. 177.

［14］［15］ S. Boss, J. Larmer. 项目学习：连接社区与世界的课堂［M］．池田匡史，吉田新一郎，译．东京：新评论，2021：94－96，137.

［16］ R. L. Ackoff, D. Greenberg. 颠覆的教育：理想学习的设计［M］．吴春美，大沼安史，译．东京：绿风出版公司，2016：53－54.

［17］ C. M. Reigeluth, A. A. Carr-Chellman. 教学设计的理论与模型：走向共同知识基础的建构（第3卷）［M］．铃木克明，林雄介，主译．京都：北大路书房，2016：218－219.

［19］［20］［21］［22］［23］ 松尾知明．开拓未来的核心素养与新型学校课程：期许的学习者中心的课程［M］．东京：学事出版股份公司，2016：92，94，94，97，98－99.

第三章 探究与"探究的课堂"

　　"学习"是学习者探究有意义目标的自然过程，介入了能动的、情意的内在要素；"学习"也是学习者通过各种理解、思考与情感的作用、从信息与经验中发现并建构意义的过程。课堂教学的转型意味着，从"教师中心"的"灌输的课堂"走向"学习者中心"的"探究的课堂"。"探究的课堂"旨在让学生通过深度思考，增进低阶认知与高阶的概念思维之间的相乘式作用，提升学科素养，促进智力发展。

一、"探究"的探究

（一）"探究"的由来

　　"学习"是一个宏大的哲学命题，我们不妨考察一下"探究"的历史。法国思想家卢梭在《爱弥儿》中主张，观察并研究人是在怎样的条件下学习与成长的，特别是观察并研究儿童及其周遭的条件，极其重要。这种牵涉人性涵养的论述对尔后的德国哲学家、在大学讲授教育学的康德（I. Kant）和瑞士教育实践家裴斯泰洛齐（J. H. Pestalozzi），产生了巨大的影响。在裴斯泰洛齐看来，贫民与国王都是"人"，所以，人人必须接受使其人性得以成长的普通教育，并且开发了"头·心·手"和谐发展、运用知识的新的教学方法。受其影响，诞生了福禄贝尔（F. Frobel）、蒙台梭利（M. Montessori）的教育学说。在1900—1930年间，世界性的"新教育运动"风起云涌。蒙台梭利教育盛行，新的教学方式在世界各地涌现。特别是1921年成立的"新教育联盟"拥有着巨大的号召力。除蒙台梭利之外，"道尔顿制"的倡导者帕克赫斯特（H. Parkhurst）、"弗雷内教学法"创始人弗雷内（C. Freinet）等著名教育家，以及心理学家皮亚杰、诗人泰戈尔（R. Tagore）等赫赫有名的人物，都参与了该联盟召开的国际会议。1919 年在美国同探索新教育模式的实验学校教师一起创办"进步主义协会"的杜威，也作为大会的演讲者参加了会议。

美国学者在教育的论述中率先使用了"探究"的术语，其背景是 20 世纪 70 年代产生的"实用主义"思想。[1] 在南北战争之后新生的美国意识到，要赶超欧洲就得独自发展科学研究，以哲学家爱默生（R. W. Emerson）为中心发起了宗教世俗化的运动。在他的周围集合了惠特曼（W. Whitman）、梭罗（H. D. Thoreau）等一批文学家，形成了称之为"美国文艺复兴"的独特运动。实际上这个运动的知识团体同两个人物有着密切的关系——一是古典"实用主义"思想的代表人物皮尔士（C. S. Peirce）的父亲，二是向世界广泛宣传实用主义思想的詹姆士（W. James）的父亲。皮尔士的父亲是哈佛大学著名的数学教授，詹姆士的父亲是瑞典研究基督教的宗教学家。皮尔士与詹姆士传承了父辈的思想，作为哈佛大学的学友，结成了"形而上俱乐部"，常常借助沙龙的方式展开讨论。

皮尔士主张，我们的认识是同探究"真"这一意义上的知性探究活动联系在一起的。"所谓真理是逻辑性探究无限持续的结果，最终归结为'信念'。受疑惑的刺激最终达成信念的努力，尽管未必那么贴切，但可以作为其前缀词的，就是'探究'了"。[2] 詹姆士则主张——"我们说拥有的观念与信念即真理，是因为它是有用的，在行为中是有可能把它充分地真理化的。在这一意义上，'真理'是同我们的意识与行为直接相连的。'信念'并不停留于语词本身。在现实世界中一旦被我们运用，就可以说是'真'的。"皮尔士也阐述道："一切命题的理性意涵存在于未来之中。亦即，自己拥有的命题说法是否正确，若不践行是不可能明白的。自以为是最优的并非最优的。最优的一定是在未来，命题必须是连绵不绝的最优。"[3] 在这里，清晰地表述了"探究学习"中某些积极的要素。

詹姆士说："'信念'不仅是一个术语，而且在现实世界中是有用的，是必须身体力行的。"这同今日的"项目学习"（Project Based Learning, PBL）的思想——最大限度地驱动心灵与身体两个方面，提升现实社会中重要的、有价值的东西——是同声相应、同气相求的。皮尔士的"一切命题必须是连绵不绝的最优""真理往往是变动的，我们必须终身探究"的思维方式，也是同样。"不惧失败，不断地出现新的问题，持续地展开探究"——这就是 PBL 的精髓。

（二）源自杜威的"问题教学"

20 世纪最大的思想家杜威以巧妙的方式，糅合皮尔士与詹姆士的思想精华，富于张力地提升实用主义，使之有广泛的应用可能性。杜威在学校教育、社会革命、艺术等广泛的领域发出了警世名言，他说："儿童的教育不在于传递过去的价值，而在于创造未来的价值"，学校现场正是具体地彰显民主改革思想成果的场所。

杜威作为一位活动家，在 1896 年时任芝加哥大学哲学教授，租用私人宅院、招募 12 名学生，开设芝加哥大学实验学校，即"杜威学校"，1904 年该校同弗朗西斯·W·帕克（F. W. Parker）创办的"帕克学校"合并。杜威探讨以儿童的经验与表达为轴心，确立儿童自我实现的成长过程与社会目的实现过程相统一的教育方式。被誉为杜威的"发言者"与"解读者"的克伯屈（W. H. Kilpatrick）在 1918年推出"设计教学法"，他把"问题解决学习"视为一种"项目学习"。在这里所谓的"项目"就是"在社会环境中展开的全身心参与的有目的的活动"。具体地说，可以分为"生产活动""审美鉴赏""知性难题的阐明""基本常识的熟练"。作为项目学习的模式，包括"选定问题—编制计划—实施计划—评价"的过程。[4] 这是一种彰显杜威理论的简单易行的教育实践方式，成为不擅于把理论用于实践的一线教师的思想源泉。1919 年，有志于挑战这种新型教育的实验学校的教师成立"进步主义教育协会"。凡此种种的实验性尝试，成为美国"探究学习"（Inquiry Learning）、"问题教学"（Problem-Based Instruction，PBI）或"项目学习"的原型。进入 20 世纪 30 年代，透过这种实验学校开发的"问题教学"的形态，一举流行于美国各地的公立学校，美国各州的教育行政机构也如火如荼地展开了课程开发的运动。同样在 20 世纪30 年代，哥伦比亚大学师范学院的实验学校——"林肯学校"进行中小学课程的实验，开发了"作业单元"。在"作业单元"中学生以现实生活中直面的问题为中心，积累有效的生活经验，作为有效的"探究学习"，在公立学校广泛普及。

"课堂文化"具有多维性。倘要通过"项目学习"的实践，寻求所有学生获得成功的体验，那么，就得正确地界定"课堂文化"。就整个学校而言，在文化中涵盖了价值观、信念、准则（既有校规之类的显性文化，也有隐性文化），还包括制约组织发挥怎样的功能的人际关系，乃至校服设计、行为规范在内的所有的规准、周边的期待，以及源自传统的羁绊。在 PBL 的教学实践的量规中，隐含着"创造课堂文化"的指标。这就是——

• 课堂教学的准则，是同学生一起拟定的、学生自身能够确认的；

• 倾听学生的呼声，让学生自主地选择课题、在项目学习中持续地致力于现实世界问题的解决；

• 学生认识到自己该做什么，而来自教师的指示则被压缩到最小的限度；

• 学生在功能健全的团队中如同在职场环境里一样，能够群策群力地展开活动。教师几乎没有干预的必要性；

• 学生认识到在项目学习中并没有唯一的"正解"，他们甘冒风险与失败，"从中学到真实的本领"；

• 批评与修正、锲而不舍、导向深度学习的思考、优质的活动等价值观，在课堂中得以分享。全班同学崇尚这些价值观，争先恐后地承担责任。[5]

这样，即便在当今的美国，杜威的进步主义思想也达到了没有哪所学校不采纳的境界，给教育现场带来强烈而持久的影响。对实用主义者来说，"真理"并不是始终在头脑中或者被客观地观察的。在主动地做出行为、经历失败、积极地介入现实世界中，持续不断地有所发现，而这个过程本身就构成了"探究"。在当今包括 PBL 在内的各式各样的探究学习的实践中，正是充满着这样的气息、文化。

（三）探究始于"焦虑的状态"

这里试从教育哲学思潮的发展线索，再来考察一下构成今日"探究学习"之基石的历史。

当我们思考"教师应有怎样的作为"的时候，既有日常看得见的"态度"与"行为"显性的一面，也有其背后每一个人关于"学习"的思维方式与信念。在一般教育学的教科书中势必提及如下的教育哲学流派——诸如永恒主义、本质主义、进步主义、实证主义、社会改造主义等，它们围绕"学习"的思维方式是不一样的。"永恒主义"教育的终极目标是"人类合理性的追求"，亦即让人成长为合理的人格，把知识视为永恒的普遍的东西，因而主张同论述自由与正义的人文科学的经典著作相遇（传递），这是最传统的一种教育图景。"本质主义"认为传统的概念、理想、技能之类的文化遗产对社会而言是重要的，因此这些必修教材应当系统化地灌输给所有的儿童。倘若不灌输、不教授，人是什么也学不会的。知识是为将来作准备的，随着工厂劳动力需求的增加，就得相应地实施同步学习的划一的课程。"进步主义"的教育观则发生了巨大的变革，主张所谓"学习"不是"让谁教会儿童懂得什么是正确的"，而是"学习者自身去经验、在失败中建构合乎自身的意义"这一过程。这是对"学习"的旧有观念的一种颠覆。"实证主义"的教育宗旨是洞察自己，过有意义的人生。"社会改造主义"的教育目标旨在引起社会变革。这种教育思潮的代表人物有：弗莱雷（P. Freire）——主张通过提升识字教育水准、同被压迫者对话、推进社会变革而倡导"被压迫者教育学"；晚年的杜威——从进步主义的活动开始、发现学校与教育的社会改造作用；康茨（G. S. Counts）——试图借助教育来解决贫困与流浪者问题，等等。

大体说来，在围绕学校教与学的问题上，"永恒主义"与"本质主义"倾向于"系统学习"，可归入"传递型价值观"的思想范畴，而"进步主义""实证主义"与"社会改造主义"倾向于"探究学习"，可归入"建构型价值观"的思想范畴。"传递型价值观"的教育思想特质是：1. 灌输知识、引领学习，就能发展知识与技能；2. 把重点置于儿童行为方式的变化。"学习"是从刺激及对此刺激的反应中产生的。通过外部的作用，学习才得以发生。"建构型价值观"的教育思想特质是：1. 自主学习的儿童是以兴趣、既有经验、当下的链接作为基础，形成自我学习的；2. 聚焦学生的经验与认知。认为"学习"是随着个人经验影响其思考与行为方式变化而产生的；3. 所谓"学习"不是基于外发性动机，而是基于内发性动机而产生的。建构主义价值观是同瑞士心理学家皮亚杰研究儿童思维的"自我中心性"、分析婴幼儿的智能与思维发展过程的知识观以及苏联发展心理学家维果茨基的"最近发展区"理论相合拍的，并且形成了当今认知心理学的研究领域。美国认知心理学家布鲁纳以维果茨基的理论为基础，形成了"脚手架"的概念，借以阐明儿童从事课题研究之际教师与成人提供必要的建议与帮助的重要性，在美国作为有效的教学范式得以推广。

杜威在《逻辑学》中对"探究"下的定义是："使不确定的状态成为确定的状态，亦即把原来的状态改变为一个统一的整体——在确定了构成状态的区别与关系的状态中，借助一定方向的控制，使其转化。"[6] 就是说，杜威所谓"探究"的基本构造是从"不确定状态"到"确定状态"过渡的循环往复，亦即"不安—不确定的状态—问题状态—提案·计划—确定的状态"。"探究型学习"的目的在于产生"活的知识"，而"活的知识"是在问题解决中得以建构与再建构的、更好的、必要时派上了用场的有用知识。

二、相乘式思维

（一）"相乘式思维"的概念

一线教师任劳任怨、年复一年地辛勤付出、不懈努力，但学生并未实现教师所期待的目标——记住学到的知识、向新的境脉迁移，达到真正的理解。这是为什么？学生的成绩并没有达到预想结果的最大理由是，未能引导学生挑战高阶思维。教师不过是提供了浅层次的课程教材而已。

理查德（R. Richard）指出，"教学的重要目标不仅是深度理解知识内容，而且还在于发展思维能力"。[7] 在这里，区分"理解"与"知识"极其重要，它极大地影响到教学设计与教学的方法论。从传统上看，学校与教育研究的焦点在于如何让学生习得知识，而所谓"知识"即"技能与事实"。于是，教师在教学设计中醉心于落实工作单、术语，以及学生应当掌握的主题与技能的冗长目录。然而，这种旨在聚焦二维度（知识·技能）的教育是难以应对 21 世纪的复杂性挑战的。这是因为，发展知识的基础固然重要，但它几乎是一种低层次的认知性作业。要促进高阶思维，就得在儿童的大脑中产生简单处理中心与复杂处理中心之间的相乘作用，这种双向的相乘作用需要在两种认知水准上进行信息处理。所谓"两种认知水准"就是——事实或简单技能（低阶）的水准与概念（高阶）的水准。概念思维运用事实与技能作为工具，旨在求得范式、理解，以及可深度迁移的理解。就是说，知识是理解所必需的，但理解是超越知识水准的。

埃里克森把"相乘式思维"界定为"脑的低阶处理中心与高阶处理中心之间发生的双向型相乘作用"。[8] 要提升学习动机、发展智力，就得基于课程与教学使学生的低阶思维（事实与技能）与高阶思维（概念）之间产生"相乘作用"。意义的建构必须有低阶思维与高阶思维的交互作用，亦即必须设计能够引起这种交互作用的课程与教学。换言之，在智力的发展中，让事实的把握水准与概念的思维水准之间的相乘作用得以发生的课程与教学的设计，是不可或缺的。学业成绩的质量取决于神经和神经元的分节，能否在脑里激活洗练的知性的跃动，教育工作者承担着设计这种跃动的教学责任。

"概念型课程"推动了课程的设计、教学指导与评价的水准。当学科的重要概念与概念的思维成为学习的"原动力"之际，我们就可以引导学生走向深度理解——有助于在多元的境脉中产生迁移的深度理解。当然，在"概念型课程"中基础知识与基本技能的习得也是重要的。教师需要明确学生在每个学年必须习得的概念与理解，才能做出体现这种知性相乘作用得以发生的系统设计。然而，众多教师尽管也会提及概念，也有概念的界定，只不过是敷衍了事而已。"概念型课程"为教师提供了"学生能够理解什么"的愿景，因而教师能够有意识地编制有助于促进学生相乘式思维——概念与知识或技能之间的交互作用——的教学设计。下面就来介绍一下，埃里克森是怎样来运用"概念透镜"来解读课程教学设计中的问题，向教师提供产生知性的相乘作用的具体方法的。

（二）"概念透镜"的功效

概念型教师认识到如何运用课程的基本资料才能引出学生的深度理解的问题。

具体地说，倘若能够运用学科的重要概念，梳理信息，确定优先顺序，那么，学生思维的路径就能图示出来。在这里需要引入"大衣挂"（亦即"高阶概念"），这样就能容纳新的知识。人们所谓的"思维"相当于未经梳理的、未能极好地发挥作用的数据。但有了"概念透镜"，运用表象和概念（通常是"宏观概念"）就能使"学习"得以聚焦与深化。与此同时，促进理解的迁移，实现相乘式思维的作用。在概念型课程中"概念透镜"便成为最初的"大衣挂"。[9]教师运用"概念透镜"，让学生在直面的课题学习中展开自身的思考。

那么，"概念透镜"是怎样发挥作用的呢？试举一例——高中课程中关于"大屠杀"的单元。该单元引导学生从人道与非人道的两个"概念透镜"的视点出发来考察"大屠杀"。这个"概念透镜"成为原动力，在脑中开始发生低阶处理中心与概念处理中心之间的相乘作用。由于必须从人道与非人道的思考之间的关系性来琢磨事实，必然给学生带来深度思考。基于这种相乘作用，教师就能居高临下，作出促进思维的提问。概念型教师围绕三种提问——事实性提问、概念性提问、激疑性提问，借助教学，让学生掌握灵活地运用这些提问的方法，从而使他们的思维能够从具体的情节与实例开始，进入深度的概念理解。

1. 事实性提问——为什么大屠杀在世界史上是一个重大的事件？是出于怎样的信条驱动纳粹行动的？是怎样的事件让法西斯势力抬头的？

2. 概念性提问——经济、政治、社会的状况是怎样形成"人道"的与"非人道"的视点的？为什么说"沉默"往往是"非人道"的行为？个人的信念、价值观与见解，同"人道"的视点与"非人道"的视点有着怎样的关系？

3. 激疑性提问——人"既是非人道的，同时又是理性的"是可能的吗（请解释你的回答）？

在运用"概念透镜"的教学中，由于学生必须进行深度的知性处理，事实性信息会在脑中长时间保存下来，况且学生在关于事实的学习中是凭借自身的能力在发挥思维作用的，更容易赋予个人化的意义。基于这种作用，学生会更加兴致勃勃地提升学习的动机。

（三）思维的统整

当学生超越了事实与基本技能、发现范式，发现这些相关概念、原理及概括是怎样链接的时候，当学生链接了可迁移的学习的重要性的时候，我们就可以说，思维达到了在概念水准上的统整。课程与教学必须围绕这种思维统整的目标来进行设计。

"综合"与其说是课程单元中处理的"主题"的系统化，不如说是认知的过程。"综合"是从跨学科的境脉（学科间的境脉）与学科内的境脉两个方面产生的。不过，在这种场合，是基于促进相乘式思维（低阶思维与高阶思维之间的交互作用）的概念透镜与焦点而产生的。相乘式思维的过程，作为结果同认知的"综合"及思维的"综合"链接，而这种"综合"，通过超越时代与文化、具体事例而迁移的概念性理解，进而得以实证。比如，在以"全球经济"为主题的单元中，当学生运用"复杂性"的概念透镜的时候，就可以在"同全球经济相关的具体事实"与"单元的概念透镜"的"复杂性"之间，展开思考。这种相乘式思维的过程是同超越时代、建构可迁移的概念理解相联系的。当学生能够明确地做出概括的时候，比如，倘若能够概括出"我们认识到由于国际政治权力的变化，各国之间的经济关系得以重建"，那么，就可以认为，学生的思维显然得到了"综合"。

同运用"概念透镜"一起指向"概念性理解"（概括与理解）的教学指导，也可以促进思维的综合。这种概念性理解，一般谓之"持续性理解""本质性理解"，今日的教育专业术语中的"大概念"（大观念），在"国际预科证书课程"（IB）中谓之"核心观念"与"探究课题"。试看"艺术家由于能够表达情感的复杂性，所以能够出色地利用调节色彩的组合"的概括，就是拥有具体内涵的思维得以统整地概括的案例。比如，马蒂斯（H. Matisse）大胆而鲜明地着色的静物画，反映的是愉悦的心情；毕加索（P. Picasso）年轻时代的"蓝色调"则是反映伤感、压抑的心情。诸如此类，不胜枚举。

（四）学习的迁移

把知识与技能迁移到新的类似境脉的能力，从而产生更深度的理解，是能够进行高阶思维的证据。帕金斯和萨洛蒙（Perkins，Salomon，2009）区分了人类学习的如下两种"迁移"：在问题与课题非常类似、学习的迁移相当容易的场合，谓之"近迁移"。比如，驾驶普通轿车的技能迁移到不习惯的卡车的操纵，就是一种"近迁移"。在感知到两种学习情境的关联，要求深度知识、深度思考、专心分析的场合，谓之"远迁移"，指的是从某种境脉迁移到别的境脉的学习。比如，利用电气系统是怎样发挥功能的知识，借以理解循环系统的动脉与静脉组织，就是"远迁移"的适例。[10] 这是学习者生存于复杂世界中最有用的一种迁移方式。"概念型课程与教学"对这种"远迁移"并非置之不顾，而是有意识地促进其发展的一种教学设计。

在网罗式的传统型课程与教学设计中，与其说重视思维的统整与学习的迁移，不如说重视知识的死记硬背。然而，统整的思维与迁移应当是日常的教学生活中家常便饭的事，而不是罕见的例外。意义的建构并不是单纯地进行相关主题的体验活动或是单纯学习词汇的意涵，在意义的建构中涵盖了低阶思维与高阶思维的交互作用。就是说，课程与教学必须旨在让这种交互作用得以发生而进行设计。直觉的统整是思维统整之际的重要因素，但尽管如此，缺乏直觉的统整在学校的课堂教学中是司空见惯的。这是混沌的课程设计带来的混沌的教学思维所致。

三、智力的发展

（一）知性特征与知性性向

学校教育承担着发展儿童智力的重要作用。然而，正如理查德在《知性特征》（2002）中所做的极其贴切的描述："学校……重形式甚于重内容，重广度甚于重深度，尤为着力于赶进度。……我们不是把课程、教科书、评价标准及考试作为达成目的的手段，而是错误地视为目的本身了"。[11] 理查德针对灌输式课堂教学的错误目标，敲响了警钟。他提醒我们，应当聚焦"知性特征"中强有力的"知性性向"的发展，所谓"知性特征"是指，在日常教学中形成的行为、思维、交互作用的

"范式"；而"知性性向"则是基于"创造性思维"（开放心态与好奇心）、"批判性思维"（寻求真实性与理解的战略性、质疑性）及"内省思维"（元认知）的分类来界定的。

在应试教育背景下，众多的教师醉心于网罗式知识的内容与赶进度的教学，难以为培育"知性特征"留出足够的时间，却又幻想不至于丧失教育的目的。这就造成了单纯地灌输多而杂的知识，或是训练碎片化技能的状态。实际上，社会的延续是同能够知性地、创造性地应对社会、经济、政治、环境问题的能力息息相关的，不伴随知性的知识是没有意义的。埃里克森说，我们是能够满足课程标准的目标、持续地聚焦知性发展的，其秘诀在于课程与教学的设计，以及教师如何积极地学习并实践培育"知性性向"的方法。三维度的概念型课程与教学可以为这种知性的发展提供有效的框架。

（二）创造性思维

创造性思维是内省与批判性思维的典型表现。在要求应对愈益复杂问题的当今世界，创造性思维显得越发重要。然而，应试教育却把重点置于升学考试，其危险的结局是不言而喻的——学校的课程变得越来越狭窄。三维度的概念型课程与教学不牺牲学生的"创造性思维"，也能满足新的课程标准的要求。理查德的论断有助于我们理解创造性思维的有用性，他认为"开放心态与好奇心是创造性思维的构成要素"。在这里，"开放心态"是指批判性地考察来自他者的信息，从别的视点来进行探讨与"尝试"的能力，而这种能力受到基于直觉且灵活地探究的范式与要素之间的相关能力的支撑。

"好奇心"是发展智力的原动力。这是学习的一个开关，也是创造性问题解决的入口。创造性研究的著名评论家罗宾逊（S. K. Robinson）强调，在学校教育中"创造性"同"读写能力"是同样重要的素养，应当置于同等重要的地位。他认为，当儿童一旦有了生怕发生错误的心态，便不会有创造性了。然而，"发生错误"与"有创造性"几乎是同义的。"确实，倘若发现不了错误，我们是不可能达到创造性的彼岸的，我们是该警惕错误。但在现行的教育制度中'错误'被视为丑陋的事态，导致创造力教育的泯灭。准确地说，我们不是在培育创造力，而是在摧毁创造力之后求所谓的'成长'。现行的学校教育毁灭了创造力。"[12] 当然，这并不意味着容许错误、放纵错误。概念型课程与教学着力于推进的是，学生的学习作为自然的过程，展开思维、处理、综合、讨论，提供"出错"的机会。就是说，在这种学习过程中创造性思维的作用得以大显身手。教师的责任在于提问、质疑、提供有意义的反馈，引导学生进行生产性的思考，并且设计出培育学生能够达到深度理解的思考力的课题。在教学中让学生达到"理解"——反映了重要的、可迁移的思维，归根结底在于让学生理解"怎样做才能建构理解"。

把创造性思维运用于课题的解决，对所有学科的教学具有普遍意义。尤其对"艺术"学科而言，创造性是根源性的。"科学"有助于人们理解与解释自然界与人造的世界，而艺术的进步可以让学生创造并分享物理的、社会文化世界的解读。然而更为堪忧的是，学校教育中的灌输教学与充斥着机械性练习的安排，导致了艺术教学的消亡。所谓"创造性思维"是指"个人建构意义"。在创造性思维中运用想象力，使用形、音、色、语汇、观念，展开游戏般的尝试错误。创造性思维是创新产品、文化表达，以及全球性问题解决方略的源泉。在学科教学中艺术是最具开放性的学科。当然，艺术学科中也有概念与原理的明晰的结构；有旨在创作与评论的言说，但艺术学科需要拥有比其他任何学科更丰富的创造的心态。所谓"创造的心态"就是培育认知的灵活性，能够从多元的视点出发，探讨情境中的各种问题，提出新的解决方略。艺术本身有其文化与情感的"个人社会性的表达"这一本质价值。艺术是别的学科无可比拟的。艺术作为一种"孕育创造性思维的强有力手段"，在学校教育中更能彰显其意义。因为，我们的未来是同创造性思考力、批判性思考力、概念性思考力、内省性思考力的统整息息相关的。

（三）批判性思维

学校的教学需要让学生像科学家那样展开探究，持有怀疑的态度，习得批判性思维的能力。所谓"批判性思维"是指基于规准的客观而无偏见的思维，不是"非难"，也不意味着否定知识。莎士比亚的英语、牛顿力学、欧几里得几何学、历史事实，构成了西欧文化的共同基础。提升认知能力，可以发挥扎根客观世界的奠基性作用，旨在形成思考的基础。"批判性思维"的批判对象不是人，而是物；其目的不是责备，而是在探讨中进行判别与评价。理查德强调作为"批判性思维"的要素包含了"追求真理与理性的战略性、质疑性"的倾向，这种素质是有效地生存于现代社会必须具备的。拥有批判性思维者能够在考察入手的信息、洞察其根据与妥当性上，做出公正的评价。在揭示所有的事实之前，对信息持续地抱持健全的质疑心态，努力避免先入为主与偏听偏信。拥有批判性思维者还能运用逻辑解决问题，制定计划面对问题，明确课题及其构成要素，探讨可行的替代方案，凝练旨在问题解决的战略性计划。拥有批判性思维者，懂得不同类型的思维有着不同的价值。

那么，怎样的思维是有价值的思维呢？理查德对此做出的回答是——"依存于学习境脉的思维"。[13] 大体而言，大凡旨在深化学习而运用的思维方式，均属此列。诸如，1. 提问，披露不理解之处。围绕学习对象与概念的不理解之处，思考其意涵；2. 发现事物之间的关联，进行比较。这里包括学科之间的关联，以及同自身既有知识之间的关联；3. 基于知识与理解的发展，持续地、发展性地构建说明、解释、理论；4. 从别的、替代性的视点来纠正自己的偏见，从而发展对问题、论点与事件的合理见解；5. 周密地把握微妙而隐蔽的差异，加以挖掘、观察、审视，借以深度理解实际上发生了什么。这些将成为阐释与理论的基本证据；6. 旨在使阐释、预测、理论、辩论、说明得以合理化，并认定、收集旨在阐释其证据的必要信息，借以构成证据，做出推论；7. 旨在阐释主题的复杂性与相关的课题而盘根究底，透视事物的内在面貌；8. 旨在洞察事物的真相，抓住事物的核心与本质。9. 学生应当拥有批判性思维所必备的知识。因此，在一切学科中，必须组织需要批判性思维的学习经验。

（四）内省性（元认知）思维

理查德与埃尔德（L. Elder）以批判性思维的研究而知名。他们对批判性思维研究领域的最大功绩是在《批判性思考导论：概念与工具》中提出的一连串智力水准。[14] 同"批判性思维"一样，在"概念性思维"的过程中必须有持续的"元认知"活动。要进行元认知的评价就得有一定的心智标准。教师运用"聚焦心智标准的设问"（表3-1），可以让学生对自身思维的凝练质量进行反思，促进其思考。概念型课程与教学就是旨在实现双重目标——掌握学科知识内容的目标，形成基础学力的目标。在这里，教师的责任是明确需要培育的思维类型。学生的责任是在深化理解的基础上，锻炼如何提升自身的认识——思维起着怎样的重要作用的认识。学生往往缺乏促进思维、发展思维的方法论知识，学困生尤其如此。缺乏这种知识，往往就会成为效率低下、自主性薄弱、学习参与度低下、元认知度低下的学习者。

表3-1　聚焦心智标准的设问

清晰性——	详尽地说明。
	试举例说明。
	是怎样的意涵，请举例说明。
正确性——	怎样才能确认这一点？
	怎样才能阐明这是真实的？
	怎样进行验证或者测试？
精准性——	能更具体地说明吗？
	能更详尽地告知吗？
	能更准确地描述吗？
关联性——	它同哪些课题相关？
	它会影响到哪些课题？
	它在我们的问题中会起到怎样的作用？
复杂性——	是哪些因素造成这个难题的？
	该问题的复杂性究竟在哪里？
	必须应对的课题究竟是什么？
广幅性——	是否需要从别的角度进行考察？
	是否需要考虑更多元的视点？
	是否需要采用别的什么方法？

续　表

逻辑性——	是否有条不紊？
	从初始阶段到终结阶段是否连贯？
	您的解释，能从证据引导出来吗？
重要性——	这是应当探讨的重要课题吗？
	这是应当聚焦的重要观念吗？
	在这些事实中哪一个最重要？
公平性——	这个问题牵涉到哪些利害关系？
	能否洞察他者的见解并做出解读？

资料来源：H. L. Erickson, L. A. Lanning, R. French. 概念型课程的理论与实践［M］. 远藤みゆき，ペアード真理子，译. 京都：北大路书房，2020：30.

（五）概念性思维

尽管理查德并未专述"概念性思维"，但这个涵盖了批判性、创造性、元认知思维的"概念性思维"领域，却是被普遍认同的一种思维形态。[15] 在"概念性思维"中需要有一系列的能力——批判性地验证事实性信息的能力；链接既有知识与新学知识的能力；提炼范式的能力；引出概念水准的重要链接的能力；基于证据而进行真实性评价的能力；超越情境的迁移能力；充分利用概念性链接解决问题、发现新的项目、构成以及观念的能力。教师如何使课程与教学促进这些能力——概念思维的本质、整体智力发展的重要性以及这种复杂思维方式——的培育，都是大有助益的。学生的思维当然受到教师怎样认识思维的价值的影响。教师的提问与学生探究的课题，为聚焦学习课题、展开深度思考、掌握教学内容，提供了机会。教师必须支援学生成为自主分析的人、解决问题的人、善于思考的人。通过提示明确的模型、设计知识探究所必须的学习课题，不仅可以从整体上提供引导学生拓展思维的手段，而且可以提供有效且批判性的评价论据、得以链接多元的观念、情境与案例的手段。

上面总体地说明了不同类型的思维在各门学科（艺术、数学等）中可以运用各自独特的程序、工具与意义形成的过程。概念型课程与教学所强调的是，系统地建构每一门学科的知识、概念性理解、过程以及技能的重要性。基于深度学习经验所获得的学生的行为、思维、交互作用的范式，可以为他们带来学科特有的知性方法与实践方法。

四、探究的课堂

（一）探究的课堂：概念界定及其特征

李普曼（M. Lipman, 2003）主张，"学校是锤炼儿童思维的空间，课堂应当成探究的共同体。"[16] "在学校教育中应当着力于培育的最重要的思维特质是批判性、创造性、关爱性。批判性思维的典范是法官；创造性思维的典范是艺术家；而在关爱性思维的场合，审慎而温馨的环境设计者、深度思考的教师，堪称典范。"[17] 他说，就"探究"而言，关键在于发现问题。问题，就狭义而言，是真理的探求；就广义而言，是意义的探求。李普曼的《探究共同体：思考的课堂》（2003）为我们描述了作为"探究共同体"的"思考的课堂"的特征。[18]

1. 非排他性——共同体内部的成员，其宗教信仰、生活经验、性别年龄是多种多样的，但这种差异不应妨碍各自地位的平等性，谁都无权剥夺他人的活动。

2. 参与——鼓励而非强制参与者平等地发表见解。所谓"共同体"就像阅读书籍那样的认知图式。当你阅读有趣的书籍的时候，往往如痴如醉，欲罢不能。探究共同体的图式就是以这样一种方式，拥有从参与者中引出参与的格式塔关系结构。

3. 分享认识——当一个人围绕自身的问题孜孜不倦地思索之际，就会分析所考察的问题、期待获得某种洞察，从而展开一连串的行为。诸如，惊异、自问、推论、定义、前提、假设、想象、区分，等等。在分享认识的场合，得到共同体中每一个采取相同行为的成员的配合，相互碰撞，彼此切磋，展开层层深入的知性探讨。而这就是探究共同体的真实风貌。

4. 面对面的关系——这种关系或许对"探究共同体"而言并非是本质性的，然而，面对面本身是极其有益的。从人们常常读取并解释意义的角度说，"脸庞"是吸纳复杂的结构物的容器，所谓"面面相对，心心相知"。"意义"借助近距离的面面相对的生动活泼的表征，得以描绘出来。

5. 意义的探究——儿童渴求理解。其结果是，儿童从所有的语句、所有的对象、所有的经验中抽取意义。探究共同体因而就像医院的集中治疗室救助病人那样，探求意义。

6. 社会亲情感——常常可以发现幼小的儿童和同伴友好相处的情景，也可以发现在这样的课堂友情中教师不会利用权威压制学生，双方友好相处，构成良性的课堂共同体。

7. 深度思考——当人们深思熟虑之际，就会展开探讨：设定若干选项，琢磨选择每个选项的理由。深度思考大体是在做出判断的阶段产生的，这种过程可以说是理由与选项的"比较性考量"。把深度思考同讨论作一番比较或许是有益的：在深度思考中，自己信奉的立场不必让他人接纳；在讨论中，自己不必让他人接纳自己主张的正当性。

8. 不偏执——要使得探究不至于偏执地进行，重要的问题就在于，以开放的姿态，修正自己的错误，因应境脉，展开琢磨。在这种探究中不仅考虑到所有人的关切，而且也考虑到从所有的层面与视点出发，致力于问题的解决。

9. 教学模型的建构——哲学小说中出现的想象中的儿童，往往被视为现实的课堂教学中儿童从事探究活动的模型。试将其与传统的小学课堂比较可发现，传统的小学课堂事实上是主张教师作为学生的典范而发挥作用的。在这里，往往是要求学生回答教师的提问，却不容许学生向教师进行追问。因此，许多学生更倾向于喜欢以想象中的儿童（而不是现实的教师）作为模型。

10. 自主性思考——共同体或许会陷入划一主义，或许会对自主思考事物感到格格不入，不应当让这种可能性出现。借助共同体中起作用的强有力的图式，就像裁判员那样，或许会使得讨论戛然而止；或许会随大流，个人的见解追随多数派的见解。即便如此，也会使得学生因拥有自身应答的独创性感到自信。学生对他人的见解需要满怀敬意，但切忌模仿。在健全的探究共同体中，即便不是在建构同一座建筑物，学生们也能基于彼此的思考，展开讨论。

11. 方法论批判——常常可以发现，当儿童展开讨论之际往往会出现激烈地批判对方的情景。他们会追问对方：支撑这种批判的理由是什么，该表达的意涵是什么。他们认识到，所谓"批判"是在探究的过程中拓展认识的一种必要的方法。

12. 理性姿态——"理性"这一术语，表示以聪明的方式运用合理手段的一种能力。但是，"理性"不仅表示人怎样行动，也表示人基于什么而采取行动。这意味着，倾听理由的能力、接纳理由的能力。围绕理性的上述两种意涵，成为探究共同体的基础。

13. 深度阅读——探究共同体的教学目的在于让学生进行反思。就是说，引导学生进行反复性阅读、反驳性提问、反思性讨论。在这种情况下，或许会有"柳暗花明又一村"的情景，或许会出现"挖掘意涵、明晰意涵、凝练意涵"的需求。在各门学科的课堂教学中引发的意义探究，应当从所期望的方法与事件出发，这是不同于浅层阅读的深度阅读，是学生应当指向的目标。

14. 提问——比如在教学终结之际，教师引导那些感到困惑或者愁眉不展的学生就自己直面的谜团以问题的方式表达出来，把问题写在黑板上。这种方式其实是对共同体思考的课题，提供某种协作。这是学生感悟自豪的瞬间，是对自身的思考承担一份责任的瞬间。这种认识使得学生有可能展开对话，有可能进行自我批判，有可能修正自身的错误。提问，是将疑团加以定格化、合理化，有助于促进批判性的评价。

15. 讨论——讨论大体是从共同体最先议论的问题开始的。儿童议论的或许是一些细枝末节的问题，不过这种问题也可能同极其抽象的概念相关。学生最乐于展开此类问题的推论，最乐于利用相关的深度知识，最乐于发挥理性的判断力。这是因为，推论是在公共的场所里，亦即在教师与班级同学面前进行的。作为有助于理解、有助于深度思考理由与选项、有助于琢磨阐释的工具，是借助讨论赋予的。

（二）概念型课程与教学（CBCI）模型：走向"探究的课堂"

概念型课程与教学（Concept-Based Curriculum and Instruction，CBCI）模型的要

点——埃里克森基于认知科学、学习理论及有效教学实践的共同见识，倡导 CBCI 模型。其要点是：[19]

1. 智力发展的关键在于"事实水准思维"与"概念水准思维"之间的"相乘作用"（Synergistic Interplay）。所谓"相乘作用"是指，综合多元的思考比单一的思考更加有效。在传统的课程中一般不可能系统地发生这种知性的相乘作用。课程与教学倘若要求通过"概念水准思维"来处理事实信息与过程，那么，学生的学习兴趣就会更加高涨，就能更好地记忆并深度理解教学内容。

2. 传统的课程与教学设计的模型不可能带来基于信息基础的扎实的概念结构。其结局是，只能陷于网罗式的课程模型，进行认知肤浅的浅层次的教与学。

3. 任何学科都拥有其自身特有的概念结构。信息量越是增大，在信息的模型化、分类与处理中，这种概念结构就越发重要。这是因为，事实信息的量越多，要整理、处理信息，就得具有更高层次的抽象化。

4. 课程除了一定的知识内容与技能之外，还需要明确地表述学科的重要概念与概念性理解。唯有这样，学生才能展开本质性思维，达到更高层次的理解。掌握事实性知识与运用低阶技能，是学生进行表达、对话、解释、分析"深度概念"所必需的过程。没有这种基础知识与基本技能就不可能有概念水准的理解。不过，倘要系统地发展智力，就得有低阶思维与高阶思维之间的"相乘作用"。

5. 理解的迁移是在概念水准的思维中发生的。借助内蕴于事实与技能背后的概括与原理，学生就能把发现范式、运用该概念于新情境的案例，同既学的概念性理解链接起来。总之，CBCI 模型试图解决这样一个课题——随着年级的递升，信息的储存量会越来越大，就能期待学生持续地展开概念水准的思维。

CBCI 模型的实施——埃里克森指出，"知识不是自然建构的"。"教"的本义超越了单词的提示或延伸知识，卓越的教师懂得如何让学生了解作为事实的知识、作为概念的理解、作为技术与过程的运用，能够有效地运用教育实践的框架，促进学生的知识建构。毫无经验的教学观摩者或许发现不了课堂中醉心于种种探究活动的学生实际上是在朝着目标展开学习。因此他主张，在培育思考力的课堂中采用 CBCI

模型,把重点置于习得知识的同时,也着力于发展智力。

CBCI 是一种三维度教学设计,比之传统的模型有着本质上的差别。传统的课程与教学偏于二维度设计,焦点是掌握知识与技能。这种设计是建基于如下的错误假设——"知道事实"即可导致概念的"深度理解"——之上的。试比较一下两种教学模型[20] 的差异。比如,从成绩指标看,传统的历史学科的学力标准所要求的是"认识世界不同地区之间的经济差异;比较技术的变化(过去与现在)"。这些成绩指标采用的是旨在掌握学科知识内容这一"目标"的传统形式,以"主题+动词"的句式来表述的。不过,这样做并不能让学生达到"第三维度"——深度的历史教训——的概念理解,学生不过是进行调查,把地区之间经济差异作为一种事实加以记忆罢了,思维在这里戛然而止。为了达到"第三维度",就得组织学生挑战如下的课题——"为了理解△△,而认识世界不同地区之间的经济差异;为了理解△△,而比较技术的变化"。这样,让学生达到超越事实框架的水准是——"A. 地势与天然资源是决定地区经济力的一种要因。为了理解这一点,而认识世界地区之间的差异。B. 技术的进步改变着社会与经济的模式。为了理解这一点,而比较技术的变化"。倘若实施两维度的传统型教学,学生是难以达到概念水准的理解的。从知道事实到深度理解——不仅掌握事实与技能,而且要求进行有助于促进可迁移的理解的思考——并非轻而易举。

采用 CBCI 模型的教师自身必须很好地理解所授的学科的知性方法、理解的方法、实践的方法。惟其如此,才能设计出让学生掌握学科特有的问题解决的过程,有助于孕育洞察力的学习经验。当然,这并不意味着学生必须囿于学科的框架学习,还应当从跨学科的视点出发,展开探讨,挖掘理解的幅度与深度。实际上,跨学科探究的品位取决于课题之中涵盖的学科内容、概念与项目的品位。这样,对教师而言,一方面需要按学年,系统地开发学科特有的知性方法、理解的方法、实践的方法,另一方面需要通过复杂问题与应当理解的论点的探究,在跨学科的教学设计中关注学生得以灵活地运用学科的专业知识与过程。在瞄准学生的智力发展作为重要目标的场合,教师自身的批判性、内省性以及概念性思维能力,无疑是极其重要的。

从参与概念型教学研讨会的教师身上可以观察到，他们都拥有这样出色的经验——能够思考超越所授学科的事实与技能的框架，对自身教授的教学内容做出一连串的诸如"怎样""为什么""那么"之类的提问。同时跃跃欲试，期待在自己的课堂中实现新的超越。由此看来，教师"发现"自己的思维是何等重要。教师的这种思维，是课堂内外展开的思维，是心心念念的思维，是促进成长的思维。作为教育工作者必须把优质的思维置于头等重要的地位，因为这是决定教师的教学生涯之素质的基本要因，也是决定学生的学习生活质量的基本要因。

　　教师作为思考者处于成长的阶段，学生也作为思考者处于他们的成长阶段。当教师与学生都作为成长途中的思考者一起学习、彼此分享恩惠之际，这时的学校教育也就成了原本应有的面貌——发现终身学习的力量的场域。

参考文献

[1][2][3][6]　藤原さと. "探究学习"的创造：连接社会的"项目学习"[M]. 东京：平凡社，2020：51，52，53，63.

[4]　W. H. Kicpatrick. 设计教学法[M]. 市川尚久，译. 东京：明玄书房，1967：11-14.

[5]　S. Boss，J. Larmer. 何谓项目型学习：连接社区与世界的课堂[M]. 池田匡史，吉田新一郎，译. 东京：新评论，2021：28-29.

[7][8][9][10][11][12][13][14][15][19][20]　H. L. Erickson，等. 思考的课堂创造：概念型课程的理论与实践[M]. 远藤みゆき，ベアード真理子，译. 京都：北大路书房，2020：14，15，17，21，24，26，27，29，31，2-3，10.

[16][17][18]　M. Lipman. 探究共同体：思考的课堂[M]. 河野哲也，土屋阳介，村濑智之，主译. 东京：玉川大学出版社，2014：135，285，136-144.

第二编

教学设计的课题

　　教育是通向未来的护照，因为未来是属于今日有准备的人。而教学设计的使命就在于为每一个学生走向未来提供作好坚实准备的方略。本编旨在梳理当代教学设计的基本原理、主要类型及其实践课题。"素养本位"的教学范式与"知识本位"的教学范式有着根本的差别。前者着力于"教师中心"的教学，后者着力于"学习者中心"的教学。从聚焦学习者的差异出发，践行"有效思考—有效行动—有效参与—有效达成"的教学路线。学会这种分辨术，为所有学习者提供最高水准的动机作用，借以促进最高水准的学习与达成，是摆在每一个教学设计者面前的严峻课题。

第四章　教学设计模型
——以赖格卢斯的模型说为例（上）

伴随着信息化时代的进展，学校教育需要从"教师中心"的教学转向"学习者中心"的教学。教学研究者和一线教师迫切需要寻求超越了既有教学设计原理的知识的引领，赖格卢斯的教学模型说就是一份不可多得的知性财产。本章依据赖格卢斯关于教学设计的理论与模型的研究（注①，注②）中关于"讲授教学""讨论教学""经验学习""问题教学""情感教育"等教学设计模型所提供的"共同知识基础"（或"知识基础要素"），做一番述评。这些"共同知识基础"是我们寻求"学习者中心"（注③）的教学所必需的。

一、"讲授教学"设计模型

（一）基于"好课"研究的设计属性

"讲授教学"（Direct Instruction）[1] 是以所有中小学生为对象，以信息、技能、理解与高阶思维为内容，在设定的课堂里展开的学科教学。它着力于师生之间的交互作用，多用例示，往往在上课之前对学习者实施摸底测验。"讲授教学"也许对研究者并无魅力，但在教育信息化时代也将发挥其应有的作用——"讲授教学"可以作为个别教学之用，亦可在"问题解决"与"经验学习"的教学中，作为旨在建构低阶知识与技能的一个要素来运用。实证研究表明，"讲授教学"在强制要求教育效果的说明责任的现行教育体制中，显示出提升标准测验分数的效果，因而占有重要的地位。

从正规学校教育创办伊始，如何界定"好课"一直是教学研究者的目标。自20世纪60年代后半叶以来，积累了显示如下判断的数据——基础技能标准测验所测定的学业成绩，接受好课的学习者成绩高于未接受好课的学习者，从而认识到课堂中教师教学行为的重要性。但另一方面，当我们探讨课堂教学质量（教学方式的优劣）的时候，倘若彼此脱节地讨论具体的教育目标（或所要求的教育成果），和旨在测定学习的过程与其使用工具的境脉，那么，就会产生一个主要的问题——首要的决定性要素在于课程的目标和评价的标准、范式与方法。赖格卢斯主张，作为评价教学成功与否的基本标准，可以概括为三大指标——"效果·效率·魅力"。在"学习者中心"的教学场合，第三指标应当优于前两个指标。不过，公立学校的教学内容要求众多的学习者付出大量的时间与努力，其结果是学习者难以获得满足感或者快乐地学习。

关于"讲授教学"模型的设计属性的研究，可以追溯到 20 世纪五六十年代的课堂研究，诸如，弗兰德斯（N. Flanders, 1970）的课堂互动分析技术的开发；卡罗尔（J. Carroll, 1963）的课堂评估研究，发展了课堂学习研究的新观念。这些研究是同课堂教学与学校教育过程的变量作为测定学习的指标直接相关的，因此谓之"过程—产出研究"。从这类研究的成果中引申出了诸多有效的课堂活动模型。从理论上说，提供好课的主旨在于，让学习者能在教师布置的学习课题与基于标准测验的课堂之外的检查两个方面获得成功。然而，诸多好课的模型未必能如愿以偿地实现这种成功。确切地说，除了规划教学活动的计划与实施之外，还牵涉到诸多要素。其一，课程的连贯性——特别是在课程编制中应当采取课题分析。所谓"课题分析"是锁定旨在实现学习目标所必需的前提条件的特定方法；在教学进程中应当提供先前学习的目标得以再学习的机会（一般谓之"螺旋形课程"）。其二，课程的适当配置——大多采取基于学习者的诊断性测验进行分组的方法，这种分组不是固定不变的，而是针对学习者的既有知识与技能，能够即时调整。其三，长跨度课堂运作的计划与实施——这是一种有效的教学实践，也是学业成绩的一个重要预测因子，增加课题学习时间（多量而优质的学习时间）也是最有效的手段之一。

"讲授教学"的价值观可以概括如下：

- 学习目的——重视信息、技能、理解和高阶思维的习得；

- 优先事项（衡量教学成功的标准）——求得学习达成度、教学目标的对象范围和学习时间的最大化；

- 教学策略——学生知识技能的水准参差不齐，应当设定各自不同的学习时间，不同的目的与目标；教师精讲重点与难点的内容，一般性内容分阶段推进；

- 权限（围绕上述三个条件的决策）——教师拥有主导权。

（二）"讲授教学"的基本模型

一些备受推崇的教学设计模型就是基于上述的"过程—产出研究"的成果开发出来的，这些研究的最新版倡导如何在"讲授法"中应用认知心理学研究。作为这种模型基本属性的前提条件之一是卡罗尔界定的"卡罗尔公式"［学业达成度＝f（实际学习时间/所需学习时间）］，以及布卢姆在此基础上加以精致化而推出的"精致学习"说的成果——课题的设计旨在让异质的学习者（拥有不同的既有技能与多样的应对能力的学习者）有共同参与学习的机会。因此，学习目标与教学方法的选择必须同学习者的背景与技能相吻合。要使所有学习者达到课程目标，就得对进度缓慢的学习者追加学习时间，尽可能保障每一个学习者有充足的时间展开"精致学习"。作为基本属性的前提条件之二是，重要的教学内容应当借助能动的信息提示来展开教学。费希尔（W. P. Fisher, 1978）主张，在教师主导的教学中教学的50%应由教师讲授，剩下50%学习者自习。布卢姆（B. Bloom, 1981）主张，教师应当围绕作为前提的知识与技能，分阶段地提供明确的系统的讲解。基于讲授法的研究所揭示的基本属性可举如下几点：1. 相关知识的课前测验或者别的诊断手段；2. 师生之间频繁的交互作用；3. 为具体概念与抽象概念之间提供链接的丰富的实演、视觉手段或者例示；4. 在教学实施之前、之中、之后，对学习者的理解进行持续性评价。

作为讲授教学的基本模型所提供的具体教学方法，由于重视教学中各个情境中的师生交互作用，所以谓之"交流模型"，它涵盖了四个阶段或要素：

说明提示的阶段——1. 复习。复习此前学过的教材或前提技能；2. 学习对象。

讲解作为学习对象的知识与技能；3. 学习理由。作出提示或提供经验，向学习者解释为什么这些目标是重要的；4. 讲解。对作为学习对象的知识与技能的明确而有效的讲解；5. 提问与回答。通过教师的提问，学习者有多次机会显示自身初期阶段的理解程度。从认知心理学带来的有关教学的重要启示是，先行组织者发挥的先行信息提示，可以使得学习变得有意义。奥苏贝尔（D. P. Ausubel, 1960）把先于学习的教材的高阶抽象化信息谓之"先行组织者"。不过，如今这种言说指的是，新的信息同既有认知结构相结合，可以发挥桥梁作用。"讲授教学"基本模型的前三种方法（复习、讲解教学内容、阐述学习理由）就是这种思路的表现——为教学提供丰富的结构或架构完整的教学设计。这些方法是按照从 1 到 3 的顺序提示的，但这种提示顺序并没有特别的逻辑或特别的根据。因此，教学设计者与教师更改这种顺序是理所当然的。不过，在讲解新的概念之前，发挥这三种方法的效果是依然必要的。

练习的阶段——在讲授教学模型中练习阶段的设计有三种方法，这就是：1. 兼带指导的练习。这种方法指的是学习者在教师的直接监督之下练习新学习的知识与技能。2. 个别练习。这种方法是指，学习者自身围绕新学习的知识与技能进行练习。3. 定期练习。这种方法指的是学习者自身结合习得的内容进行练习。根据认知研究，信息一旦进入长期记忆，就将持久地保存下来。另一方面，学习者也需要旨在适当抽取信息的练习，让学习者将两种课题与问题——新近学习的知识内容与技能、以往学到的知识与技能——融合起来。这样，学习者就可以通过回忆以往学过的教材，针对具体的问题与情境，加以适当应用、进行决策。

测定与评价的阶段——在交流型讲授教学模型中的测定与评价的阶段里，有两种教学方法，这就是：1. 形成性评价。基于教学中与教学终结时所收集的形成性数据的日常观察；2. 终结性评价。每周、每隔 2 周、每月的长跨度终结性数据的收集。在教学中实施的监控与反馈阶段，收集数据，提供必要的提示与追加性辅导，而在测定与评价阶段，则收集教学终结或者单元终结时的评价数据，作出决策。重点在于分清两者的区别。

监控学习者并作出反馈的阶段——在教学中根据需要应当实施的重要教学方法有两个，这就是：1. 提供契机与线索；2. 提供修正性反馈。前一种方法是教师或大多回顾上节课学过的教材、或进行提问、或采用伴有指导的练习。而学习者或者呈现早期阶段的理解状况，或者在从事伴有指导的练习之际呈现线索，这是重要的教学活动。处于维果茨基（L. Vygotsky, 1978）"最近发展区"的儿童，大多需要提供回忆必要的信息或演示所要训练的技能的契机与线索。但在提供了所有线索仍然无法获得所求反应的场合，就得提供进一步的指示。应当借助"脚手架"的过程，给予更多的支援与指示，使学习课题与学习活动得以具象化。教师对学习者的介入因而也系统地、分阶段地减少。后一种方法是教师在教学中的任一时间段进行学习评价，提供修正性反馈。帕金斯（D. N. Perkins, 1992）认为，修正性反馈是学习过程中所提供的重要活动。沃尔伯格（H. Walberg, 1986）认为，在教学研究的元分析中发现，修正性反馈及其强化对于学业成绩的影响比之其他任何行动，呈现出更高的相关性。无论对正确的反应还是对错误的反应，教师都应当作出反馈。重要的原则是，学习者不能仅仅是耳闻目睹正确的解答，还必须知道为什么解答是正确的或是错误的。研究显示，即时反馈比延迟反馈有效，教师应当尽可能地作出即时反馈。

当今学业成果主要是根据基础知识与基本技能的标准测验来评价的。标准测验的批判者反对学校课程的狭窄化——单纯地瞄准标准测验所要测定的目标，进行讲解式的教学。然而，社会规定所有的学习者必须以明示的知识体系、在特定时间及场合习得知识，这种做法无疑是背道而驰。因此，倘若我们变革学校教学成果测定的方法，通过评价学习者的探究能力、高阶思维与批判性思维能力，体现学习者知识判断力的作品的创造，以及提出有助于实现这些课题的教学研究的提案，是最恰当不过的。然而，正如赫希（E. D. Hirsch, 1996）主张的，在期待标准测验的评价能覆盖广泛领域的知识、技能的习得的今日，"讲授教学"作为优质设计并实施优质课的方式，受到最频繁的选择。这是由于它是管理教师的专业知识与教学时间之类的稀少资源的一种非常有效的方法。

（三）"讲授教学"与"照本宣科"

"讲授教学"是一般文献中出现的固有术语，"照本宣科"（Scripted Lesson）其实同"讲授教学"的方法几乎是同义词。不过，从教师讲述与学生应答的精细度的视点来看，存在着微妙的差别。在"照本宣科"中，每一节课新授的信息与技能大体是少量的，只占整节课的10%—15%，剩下的时间用于复习巩固前节课的教学内容。同"讲授教学"一样，立足于"一节课的教学是不可能十全十美地教授"的假定，因此，新的教学内容一般通过连续的2—3节课，每次少量地传授新的知识内容，使学习者获得充分的经验，巩固并学会运用2—3节课所传授的、乃至彻底地掌握更早阶段学到的知识内容。

"照本宣科"原本是传统公立学校里针对学困生、特别是对贫困家庭儿童实施的一种教学方法。不过研究显示，它不仅对差等生，而且对优等生也可以发挥有效果、有效率的作用。沃特金斯（C. L. Watkins, 1988）将"照本宣科"同传统的教师讲解模型、建构主义模型、自主学习模型等八种教学模型进行比较，从基本技能、认知、情意三个侧面进行测定，结果表明，无论哪一个项目都得到最高的平均值。根据该项目的分析，这种教学的重心是让所有学习者掌握预设的知识与技能。并且显示出，学习者的成功度有助于提升学习者的自我效能感，同时也有助于提升学习者对学校教育的满足度。"照本宣科"尽管是有助于提升学习的达成度、帮助学困生赶上学习进度的一种教学设计形式，但并不是消灭学困生的万能药。根据赖格卢斯（C. M. Reigeluth, 2002）的比较研究，当忠实地实施"照本宣科"之际，成绩提升，但一旦中断，这些效果便难以维持。为维持成绩的提升，大多学校在语文与数学的教学中采取了"照本宣科"同其他教学方法组合的方式。

"照本宣科"同"讲授教学"有着诸多的类似之处，不过也存在如下的差别：1. 在照本宣科中实施更详细的任务分析，亦即把教学任务分解成比"讲授教学"更小的阶段，借以引出最终的学习结果。2. 在照本宣科中师生采用怎样的话语，是被精准地预设好了的。此外，还存在着"照本宣科"得以成功的其他附加的设计要素。脚本的内容是按照"回答—质问—应答"的形式展开的。教师首先向学习者提示一项教学的课题，接着教师围绕所提示的课题内容进行提问，然后学习者随着教师的手势，齐声回答。"照本宣科"采用齐声回答的方法多于向学习者个人的提问。至少95%的学习者能够齐声回答的时候，教师与其说采用一般的回应话语——"好的""很好"，不如偏重于复述学习者回答的内容。这是因为，单纯鼓励性的话语并没有多大的效果。教师会在如下的场合——1. 在只有95%以下的学习者回答的场合；2. 在教学告一段落，学习者不能回答的场合；3. 学习者不能正确地回答的场合，采取订正的步骤。"照本宣科"同其他的教学模型一样，未必局限于布卢姆（B. Bloom，1956）认知领域的目标分类学中界定的"低阶技能"学习，在指向问题解决的技能分析与评价的教学中，也能实施相应的教学活动，发挥作用。

上面聚焦"讲授教学"的设计属性展开了分析。正因为如此，我们不能假定，只要提供了好的教学设计，就能使得所有学习者掌握全部的教学内容。正如卡罗尔（J. Carroll，1963）揭示的，由于学习者拥有不同的学习能力，教师面临着两种选择。一是在所有的学习者致力于所宣布的达成习得目标的场合，教师就得容许学习时间的多样安排。二是对所有学习者提供同样学习时间的场合，容许学习者各自不同的习得水准。然而，今日现实的教育实践是，对所有的学习者规定了划一的学习时间（课时），一味强调教学的进度，似乎"有效率"地瞄准广幅的目标比之寻求"有效果"（学习者全员掌握基本的教学内容），有着更高的价值。这就是布卢姆（B. Bloom，1976）对传统教学陋习的主要批判。

二、"讨论教学"设计模型

（一）"讨论教学"的概念

众所周知，"讨论教学"（Discussion Approach，DA）[2]是围绕主题的透彻探讨，不提示过多的信息，借助师生之间活跃的对话，着力于培育批判性思维与问题解决技能的一种教学方法，在学校教育中广为采用。"讨论教学"的价值观可以概括如下：

• 学习目的——不是强调教，而是强调学；重视深度思维、敏锐的分析技能；学习责任转向学习者。

• 优先事项（衡量教学成功的标准）——高度重视效果与魅力；不太在意效率，这种教学的主要时间花费在师生的交互作用及其过程上。

• 教学策略——重视能动的学习者的参与；尊重不同见解、经验及其观念；重视协调与民主的过程；重视提问、批判性思维与问题解决技能；重视知识探究的学习共同体的形成。

• 权限（围绕上述三个条件的决策）——由上述要素构成的讨论教学，从本质上说，不是排他的，而是参与型的。教学的方法从"教师中心"的做法变为"责任分担"的做法，因此富于激励性、挑战性。当责任被分担、教师不再包揽一切之际，尽管存在教学过程的成本提升与不确定性的威胁，却是富于刺激性的。特别是对于学习者而言，潜藏着改变人生、发展伙伴关系的可能性。

在布鲁克菲尔德和裴斯基尔（S. D. Brookfield, S. Preskill, 2005）看来，讨论教学必然拥有民主型学习方法的理念，有助于促进高阶认知的学习活动。"我们所理解的'讨论法'，涵盖了相互依存性与社会活动、交流与探究、协作与协调，以及正式的与非正式的活动。"由于讨论教学追求高阶的学习，要求所有的参与者彼此切磋。学习是协同的活动，这就是讨论教学的前提。要充分地理解讨论教学的真正价值，就得摆脱工业时代的教育范式，反其道而行之。必须认识到，学习是最优先的课题，而不是靠教师的知识传授。这种方法的必然要求是相互学习——师生相互学习、生生相互学习。这种有特色的学习交流，有助于促进深度思维、磨砺分析技能、赋予参与者作为社会一员的能力。这种教学方式的特质与价值是：1. 每一个人应当参与自身的学习；2. 尊重对概念与问题的不同见解；3. 促进协同作业与民主型学习过程；4. 强调提问、批判性思维、问题解决能力；5. 形成学习者共同体；6. 认识到学习同生活经验是不可分离的。

"讨论教学"彰显了梅里尔（M. D. Merrill, 2002）倡导的促进学习的五项"ID第一原理"。

第一项，问题——指的是学习者参与现实问题的解决。在能动学习中促进学习者的成长，必然伴有探究与问题的解决。杜威（J. Dewey, 1938）主张"经验与教育相结合"，把日常生活问题与学校教育的课题链接起来。这种诉求已经成为晚近世界学校教育的重要构成要素。这种诉求也受到推崇建构主义的布鲁纳（J. S. Bruner, 1966）的学习理论的支撑，倡导学习者把新的观念同既学的知识链接起来，建构旨在课题解决的新的意义。"诘问"是讨论教学中最基本的方法，而"参与"则是这种方法的本质。这是利用学习者之间的差异——每一个学习者拥有各自的文化与经验的背景，对同样的问题显示出不同的反应——的一种方法。

第二项，激活——指的是把既有知识置于学习的基础地位。讨论教学的参与者在最初阶段里借助教师预设的例示问题，逐渐增加此前不曾有的复杂提问，继而回答。该阶段学习者不仅用到自己当下拥有的知识，而且必然活用以往学到的信息。在这种讨论中有助于引发批判性思维与反思的活动，拥有重大的意义。

第三项，例示——这个原理在讨论教学中有极其鲜明的体现，梅里尔谓之"教学的连贯性"。就是说，教师不是单纯地提示信息而已，而是必须对学习者进行同教学目标相一致的适当的信息链接的指导。围绕讨论，教师提示多种类型的诘问方式与多元的参与方法，这是教会学习者展开建设性讨论的高阶技能的方法。随着学生的学习进展，教师渐次减少指示、信息、事例的提供。据此，教师与其说倾向于高阶技能的例示，不如说更多地侧重于教学内容的提示。

第四项，应用——通常是小组的自由演习，通过利用先行指导者等，帮助学习者应用新的概念。应用新知识的练习，可以渗透在每节课或个人与小组进行的讨论中。尔后，通过听取或思考所提出的观念，借助他者的帮助，展开分析。在每一节课通过反反复复地交替，保障每一个人的练习。

第五项，综合——在讨论教学的研究中可以发现不同的方法。"反思"是在围绕新的发现的对话中产生的。这是新学的知识在某个期间同他者进行的对话中实现了真正的变化，进而通过语言、音调、诘问方式的变化而表现出来。

这样看来，"ID第一原理"反映在讨论教学中是显而易见的，而所有这些是同下述的讨论教学的基本原理直接相关的。

（二）"讨论教学"的基本原理

责任分担——"讨论教学"意味着从"教师中心"的教学转向学习责任由"师生共同分担"的教学。"责任分担"并不意味着教师放弃教学——应当怎样展开师生对话或生生对话——的引导。不过，这种合作不可能立竿见影，有待教师有意识地建构。因此，教师必须分阶段地采用举措，促进合作。比如，从确立明确的沟通规则开始；确立显示分担责任之重要性的同他者之间的角色与责任的约束，倾听发言，对学习者的贡献作出连贯的反应。为了让他们理解挑战未知的学习会存在风险，应当进而采取诸如"没有唯一的正解""容许沉默"之类的方式，让他们进一步暴露自身的弱点。

协同活动与多元视点——讨论教学孕育协同活动、多元视点与尊重差异的氛围。讨论教学的实施，知易行难。这是因为，几乎所有的学习者习惯于课堂中被动接受。在引进讨论教学时，首先需要说明要点与大体的教学安排，提示讨论教学所期待的模式，进而指向讨论教学的高潮，引导学习者理解自身在学习共同体中的角色。这样，在课堂中相互学习，便拥有了全新的意义。在讨论过程中重要的是，彼此倾听不同的论题与观念，就像寻觅宝藏那样，一起探索发现，而非传统的一味同他者竞争的教学。沉默寡言的学生或许会突然抛出相关的话题——为了学习者这种独立思考的飞跃，课堂需要创造"协同学习"的氛围，使每一个学习者得以安心地展开思考。

教师拥有专业的力量——承担讨论教学的教师需要拥有相应的专业能力。讨论教学对于教师而言是一种重劳动，因为这种方式比之讲解方式需要更多的知识与技能。教师不仅需要有分享知识的准备，而且必须有组织讨论的手段。亦即舍恩（D. A. Schon，1987）所说的"在直面特有的、不确定的、矛盾的实践情境中显示出实践家的能力"——从这一意义上说，教师的专业能力表现为专家的艺术性。采用"讨论教学"的教师不论计划如何，必须合乎议论的展开、面对当下的情境，作出新的或者不同的应对方式。为此，重要的是，他们不仅运用自身拥有的默会知识，而且运用舍恩谓之"行为中的反思"。这是一种临床的批判性思维，一种倾听对话实践的艺术。

生活经验——关注学习者的观点与经验。在讨论教学中关注并运用学习者的经验，往往会成为促进学习者学习的原动力。这个原理在识记彼此、互通姓名和记住脸庞的基础上，要求更好地理解彼此的人生与教学中激活的经验。比如，设定这样的课题——"每一个学习者在这种教学中提出各自的个人目标，亦可创作自传式故事"。根据弗莱雷（P. Freire, 1970）等人的研究，倘若教师能把握每一个学生的个性特征、兴趣专长、对话能力，在教学过程中激活学习者的生活经验，就能有助于创造展开讨论的学习环境。这种学习共同体参与者的行为举止，会影响到共同体的功能——如何对话，围绕什么内容进行对话、彼此提问的类型、对话的频度或对提问的应答方式，等等。所有这些，都是同参与者怎样彼此尊重、是否建构了密切的人际关系相关的。在这种共同体中发生的事件，会影响到每一个人是怎样学习的、学习什么、他们怎样运用从讨论中产生的知识。

高阶学习活动——在讨论教学中应当涵盖"经验""反思""应答"和"整合"，这是促进高阶学习不可或缺的活动。这些活动或可视为讨论教学的"工具"。这是因为，同善于逻辑思维的他者的沟通，是这一教学过程的核心。师生双方借助发表见解与集体思维，创造产生新知的机会。

民主型学习的共同体——讨论教学应当促进民主型学习共同体的建构。顺利推进的讨论教学会产生这样的氛围：每一个参与者不担心是否需要征得发言的许可，对发言的内容也不会感到焦虑。过程是否民主，不是一个人说了算。每一个参与者都体验到，围绕明示的或默许的行动与活动，形成约束，是建构共同体的一种方略。在这里，能参与讨论过程中的任何一个侧面的批评；作为教学的反馈，能汇集这些评价结果。这对所有参与者都是有益的。在讨论教学的终结，亦可定期展开报告会。

物理环境——讨论教学应在有可能展开此类学习所必需的对话的物理环境中进行。所谓"参与者易于沟通的环境"，指的是课桌椅、黑板、粉笔，或者各种教学媒体等的配置。例如，倒 U 字型教室空间的布局有利于彼此交换见解，可动式桌椅的变换可以适应不同规模小组的对话活动，等等，物理环境不应成为这种讨论教学的障碍。

上述原理，是赖格卢斯（C. M. Reigeluth, 2009）旨在构筑"讨论教学"的共同知识基础而作出的一种尝试——不是网罗式的，而是基于研究成果、梳理有助于把握讨论教学的一种框架。赖格卢斯（C. M. Reigeluth, 2017）进一步揭示了"讨论教学"的设计应当包括如下 A—G 的七个基本要素[3]：

A. 教师必须明确地规定基本的规则，使得学习共同体成员共同承担学习的责任、学会倾听、作出回答、向其他成员阐明自己的薄弱环节。教师要使学习者承担起学习的责任，让他们把自己视为学习过程的主角。

B. 教师必须提供学习共同体成员之间彼此协作、尊重多元视点的环境。教师的责任是，培育学生成为"独立思考者"（Independent Thinkers）：界定自己的学习课题、提出解决方案、尊重并对他者的见解作出判断、引出基于证据的结论。

C. 教师必须拥有有关教学内容的深度知识与促进讨论的强有力的技术诀窍。为了促进生动活泼的课堂讨论，教师就得慎重地倾听、进行批判性思考、采取适当的应对举措，借以实现教学的目标。

D. 教师必须从学习者的生活经验与既有知识出发，展开教学工作。

E. 教师必须要求学习者倾听、反思、反馈、链接学习共同体成员所讨论的重要内容。

F. 教师必须培育民主的学习共同体，使课堂成为学习者能够围绕教学内容展开自由讨论的、生产性的、安全的场所。

G. 教师必须确保教室的物理空间，提供便于共同体成员彼此沟通的必要的环境。在课外学会共同体的沟通（也是理想或必要）的情况下，教师则需为学习者提供支撑其简单而有效地沟通的虚拟空间。这对于运用课内外一体化讨论教学的场合，尤为重要。

（三）"讨论教学"的境脉依存原理

"讨论教学"的实施是随着教学内容、学习者、环境的不同而不同的。条件变了，整个"讨论教学"也会发生相应的变化。试举若干例子如下。

学习者的年龄与学习经验——在学习者年龄层偏低的场合以及在需要特别帮助的低龄学习者、有语言障碍不能流畅地使用教学中的话语的场合，第一个原理（责任分担）需要作一些修正。在这种情形下，教师必须根据责任分担的程度、理解不充分或由于肢体障碍造成的沟通障碍的程度，来决定协同活动的程度。学习者应当承担的责任是同听取教学的知识内容与概念相关的，包括了如前所述的一系列高阶的学习活动。协同活动以不同的形式与程度进行。在小组活动与结对活动中展开讨论，向全班发表讨论内容，进行课堂内外的课题与项目的选择等。这样，责任分担与协同活动有若干方法，只要教师发挥创造性思考，时而同学习者协商，集思广益，就可以发现分担责任的适当的方法。

远程教学或线上教学——当讨论以线上方式进行的时候，依存于参与者的作为追加性对话手段所利用的技术，因此，原理也需要作出一些修正。在这种情形下，会由于所依据学习环境种类的不同、所利用的工具技术复杂性程度的不同，而产生教育上的制约。讨论的自发性与流程、实施科目的课程软件与学习者的电脑性能的不同，会对学生学习效果产生相当大的影响。不过，教师可以通过调整协作活动，提供引导策略，在这里隐含着展开讨论教学的巨大可能性。远程教学科目中的协作不同于日常课堂中实施的学科教学，与其说靠听与说，不如说读与写是更为主要的形态。同时，可以借助网络与视频展开面对面的对话。当然，这种沟通方式需要同适当的技术、程序与软件相链接。此外，关于讨论教学的基本原则与其他要素，同日常的课堂对话一样，需要设定协同的场景，依存于技术的复杂性程度，对话或许可能、或许不可能。因此，需要依据状况，形成不同类型的讨论教学与不同类型的共同体。教师如下的两种能力有助于进一步提升线上讨论教学的需求，一是信息素养，二是有助于顺利地实施讨论教学的程序与软件的知识。

学习者的抵制——从"被动的学习者"变为"能动的学习者"的抵制，在"讨论教学"实施之前就有可能毁灭这种教学方式。学习者拥有旧有的讨论教学的经验、对教师的不信任感、对学习缺乏努力等因素，都有可能影响到学习者对"讨论教学"的抵触。这种抵触的状态，在不同类型的学习者身上有不同的表现方式。比如，闷声不响、拒绝就主导课堂与同伴承担共同的责任、不愿参与小型小组的活动、通过沉默拒绝对讨论教学作出贡献，等等。凡此种种学习者不想参与讨论的动机，必须在"讨论教学"实施之前就予以克服。教师可以采用一系列的方法，诸如在实施之前就给予长时间的练习、设定能够让每一个人参与多边对话的任务、调整小型学习小组等。倘能促进每一个人参与"讨论教学"，那就可以为所有的参与者提供新的学习机会。

三、"经验教学"设计模型

(一)"经验教学"的界定与基础理论

1."经验教学"的界定

"经验教学"（Experiential Instruction）[4] 作为教学设计的指针，不是提示经验教学的描述性模型，而是处方性模型。这种经验教学模型是借助经验学习理论的考察与实验所获得的数据，从实践中获得的知见引申出来的。借助这种模型，整合有效教学实践的既有知识，形成教学模型的共同基础知识，以便实践者利用经验学习的教学方法。"经验教学"的价值观可以概括如下：

• 学习目的——经验本身是重要的，但同时也是实现更抽象的学习目的的手段。

• 优先事项（衡量教学成功的标准）——重视效果与魅力甚于效率。

• 教学策略——学习者应当基于自身的经验实现学习目的；重视在现实世界中的反馈；基于社会建构主义的研究。

• 权限（围绕上述三个条件的决策）——学习者必须是有主导性的能动的参与者。

"经验教学"的核心问题是，应当如何处理"经验"，以利于学习。科尔布（D. A. Kolb, 1984）倡导的"经验学习理论"，归纳了"人是怎样学习经验"的见解，可视为经验教学模型的基础。通过基于经验学习理论、构成经验学习周期的各个步骤的教学，是有可能提升学习的。这种模型是界定经验学习的一种教育学理论，用芬威克（T. J. Fenwick，2000）的话来说，是基于"某种经验能提升相关行为者与学习者期待的成果的质"的假定。当然，它同其他的教学模型所提出的方法一样，与其说是决定性的，不如说是概率性的。就是说，经验教学模型所提出的方法，与其说能够保障目标之达成，不如说能够提升学习与发展目标之达成的可能性。

在"经验教学"的界定中需要解决的另一个问题是，必须同别的学习加以区分。因为，所有的学习本质上都是来自经验的学习。杜威（J. Dewey，1938）就持有这种言说。换言之，所有的教学毫无疑问都是"经验性"的，是学习者自身经历的。那么，哪些种类的经验可以构成经验教学的基础呢？回答这个问题的第一种方法是，把"经验教学"从对比"教师中心"与"学习者中心"的角度来思考。在经验教学中学习者不是被动地接受经验，而是就何种经验能动协商的交涉者。经验教学方法的重点在于，"学习者从学习过程和学习成果两个方面能动地参与"。经验教学有别于其他教学的另一种特征是，作为重要技能的获得与人的发展的必要基础，即在于真实性的学习经验。这里所谓的"真实性"，意味着学习活动包含了同现实世界的活动同类的认知手段，进而意味着学习者必须在经验过程中自己能够作出决策——容许学习者在经验中有相当程度的自我主导。在这里，学习者渐次地进行决策，产生经验学习所必须的反馈的机会。作为反馈形态的特别价值在于，有关失败与矛盾之类的结果，是同学习者对自己的假设与学习过程抱有疑问联系在一起的。这是因为，这种反馈容易引发反思。

2. "经验教学"的基础理论

现代经验学习的基础可以追溯到杜威。在他看来，"经验"可以界定为"人同外界的交互作用"。人是通过"直接经验"与"间接经验"的反复，于一生之中学习的。杜威区分了亲身直接地接触现象的"直接经验"与通过语言与图像间接地接触现象的"间接经验"，还区分了作为相关事物的客观特质的"外在经验"与理解、解释相关事物的"内在经验"。"直接经验"与"间接经验"的学习周期的概念，成了几乎所有经验学习的基石。杜威在认可教育中运用经验的必要性的基础上，指出"经验"的质是最重要的。"经验"与"教育"不能直接地画上等号。这是因为，在经验之中存在"教育性错误"，这种经验将会抑制或者扭曲未来经验的发展。比如，经验会使思维变得狭窄。因此，未来更丰富的经验可能性会被制约。杜威把决定未来经验的过去经验的自我成就倾向，谓之"经验的连续性"。就是说，借助过去的经验所获得的知识与技能会以某种方式修正尔后经验的质。经验是螺旋式地连续发展的。另一方面，他也指出不仅是先行经验，当下的环境也决定着个人经验的质。这样，教师的作用在于认识环境的作用，尽可能有效地利用旨在最大限度地产出有价值的某种经验的环境。

瑞士认知心理学家皮亚杰是对经验学习论产生影响的另一个重要人物，他关于智能与认知发展的研究揭示了人类知识的源泉。皮亚杰指出，在人与外界的交互作用中，有"同化"与"调节"两种力量的作用。根据皮亚杰的观察，人从降生开始，就在不断地使用既有知识框架或必须由自身界定的框架，持续地理解世界。作为同环境交互作用的结果是，发生如下的两种过程——经验被整合于既有知识的"同化"过程，或借助从经验聚集的知识来修正既有知识的"调节"过程。认识这种"同化"与"调节"的双重过程，是同经验教学的经验类型、特别是经验的复杂性与问题指向，以及自我主导的程度，密不可分的。人是通过发现环境中存在的差异而学习的。因此，在教材中应当促进这种过程——嵌入不同的见解，让学习者产生疑问。

柯尔布（D. A. Kolb, 1984）也是影响经验学习的一个代表人物。他综合众多的先行研究，提出了"持续循环的经验学习过程模型"，揭示了"经验学习"的如下特征——学习，不是作为结果而是可以作为过程来把握的；学习是基于经验的持续的过程；学习是消弭"经验与观念""行为与观察"之类适应环境的模式之中所产生的冲突的过程；学习是旨在因应环境的全局性过程；学习包含了个人与环境的交互作用。该模型由如下四个阶段构成，即（1）感知——具体性经验（经验本身）；（2）观察——反思性经验（经验的反思）；（3）思考——抽象概念化（基于经验的囊括性概念的建构）；（4）尝试——能动性实践（所建构的概念的实施）。这样，通过人从经验中抽取意义、并把这种意义运用于新的经验之中的循环往复，学习持续地得以发展。

3. 对"经验教学"的批判

其一，对"循环学习模型"的批判。柯尔布的旨在普遍地概括经验学习的"循环学习模型"聚焦个人的认知过程，而轻视了社会的文化侧面，以及高阶的元认知学习过程。有人主张，学习者未必是渐次的阶段性的周期性循环，也可能同时兼具两种过程。试图区分人的经验及其经验的反思是存在问题的。"行为中的反思"这一说法表明了经验中存在反思的过程。机械地划分人的"概念性解释经验的抽象概念化阶段"与"反思经验的过程"，是难以理解的。况且，许多人能够对经验盘根究底地探究，但这种认知能力并不是所有学习者都具备的。因此，特别要求经验学习为学习者提供有意义地参与经验学习的种种活动，尤其是有关反思活动的方法。从经验中学习并不那么简单，要从经验中产出真正有益的知识，学习者就得对经验持有兴趣、积极地进行探讨与分析。

其二，对利用经验作为学习之基础的批判。利用经验作为学习之基础的课题不胜枚举，试举若干问题：（1）并非所有经验都能提供优质学习的机会，也有不能提供有意义信息的经验或者提供错误信息的经验。（2）某种经验即便有可能成为好的学习机会，但学习者也可能存在错误的理解。学习者的经验回忆及其反思之际，可能会被扭曲，也是一个问题。社会建构主义面对这种困惑的回答是，实施分享经验的学习者共同体的学习过程。基于社会建构主义的教学是假设"知识是学习者的世界中基于经验的解释，由个人建构、社会建构的"。

（二）"经验教学"的基本原理

在考虑运用作为学习之基础的"经验"的独特性之际，同别的学习者共同琢磨"经验"与"经验的解读"这两个方面，应当说是经验教学模型的中心课题。赖格卢斯发现了"经验教学"的三项基本原理，这些原理必须按照时间系列的顺序实施，但未必形成持续性的循环周期。三种基本方法有各自实施的下位的基本方法，应当根据情境采取不同的方法。下面就来考察"经验教学"设计的基本原理。

原理一，经验框架的形成。教学目标与评价标准、期待的行为，以及所体现的社会结构，对经验中学习者的行为及经验本身的界定，会产生极大的影响。在这个阶段里，或许还会采用包括示范性教学在内的种种方法。一般而言，在经验教学中学习者享有更大的自由度，要有效地在经验中和经验后引导学习者的注意，就得确立经验得以顺利地进展的框架。借此，作为学习机会的经验的后续价值就会增大。这是因为，根据经验被置于怎样的地位，学习者对经验本身的看法以及对经验的拷问的姿态，亦即会对学习者观察什么、思考什么，或者尔后的反思与作为学习之基础的经验的价值高度，带来巨大的影响。比如，20 世纪四五十年代倡导"经验教学"的社会心理学家勒温（K. Lewin），有意识地使用了实验室的术语，旨在经验学习的小组成员之间形成进行实验的氛围，在作为学习之基础而使用的先行经验的场合，特别要引发学习者对教学目标要素的注意，重要的是形成经验的框架。下面，就是形成框架的指引。

教学目标的界定——形成框架的第一要素是"界定教学目标"。在这里，教学目标的术语比之单纯的学习目标的含义更广。教学目标是经历经验的理由与目的，特别是同经验涉及的问题与主题相关的问题取向，体现了如下的经验特征——通过揭示教学目标，可把"经验"同单纯的"活动"区分开来。"活动"是借助作出行为的学习者而进行的，所有的活动未必是本质性的经验。为了围绕某特定的主题施教而设置的、作为其一部分的活动——让谁来从事采访的活动，或许并不那么重要。不过，倘若能够明确地传递框架——围绕适当的教学目标与旨在参与其经验的框架，那么这种采访活动就可能成为有意义的经验建构。比如，在调查中通过采访学会一次性资料、二次性资料的提炼方法的设计，可以视为更广泛的课题的一部分。这样，通过立足于作为调查研究的一部分的采访，学习者就能从拥有作为数据收集方法的价值这一视点出发，来进行采访。另一方面，采访技能的练习与从学习目的出发进行采访的场合，也会形成格局全然不同的经验。

价值标准的传递——形成框架的第二要素是"传递评价标准"。同所有教育学理论中的学习评价一样，评价标准必须同教学目标相匹配。这样，学习者就可以提高针对所规定的教学目标的达成而采取行为的可能性。不过，这里的评价概念并不限于教师作为评价者的正式的评价，具有更宽泛的解释。

社会结构的界定——形成框架的第三要素是"正式地界定参与的社会结构与该社会结构所期待的行为"。在界定的内涵中包括：学习者与教师的关系，与同学之间的关系；学习者与外部世界的关系。比如，倘若"服务学习"之类学习者走出课堂，就得把他们同该环境中相遇的人们与己方之间的关系作为教学的一环来理解。总之，形成框架所必需的要素可以分解为如下基本方法的构成：1. 传递教学目标；2. 传递评价标准，或者同意评价标准；3. 明确社会结构（与同级生、教师、课堂外的环境之间的关系）和期待参与者的行为。

原理二，经验的激活。无论是先行经验还是新产出的经验，经验的"激活"是重要的。从实验室的练习到模拟，经验的激活方法多种多样。同时这些方法也取决于所依存的情境。但不管用哪一种方法，存在着若干教育者必须保障的经验的普遍特质。这就是：

真实的经验——第一个普遍特质是"经验必须直面现实的真实性"。教学境脉的特征越是真实，就越容易产生学习的迁移——"经验教学"就是基于这样的信念而实施的。这种真实性的特质或许可以说是学习者实现任务的特质或是教学所展开的"生态学状态"。当然，学习环境无需完全真实，真实性的尺度是形形色色的。比如，"模拟"或许反映了现实环境的重要要素，也不会带来危险性。借助提升境脉——教学设计的境脉与适当利用其学习成果的境脉——之间的类似性，有助于促进迁移，亦即有助于学习者把学到的知识运用于实际。

决定真实的成果——第二个普遍特质是"学习者的决策必须建构有助于同真实的成果相结合的经验"。在所有的教学设计中学习者均是参与者。在链接经验的场合，所谓的"参与"意味着，学习者能够基于现实采取行为，并在得到反馈的真实环境中来进行决策。

问题取向——第三个普遍特质是"经验在某种程度上必须以问题为取向"。许多经验学习中的核心课题，亦即包含了经过分析的、应当解决或应当求得结论的问题与情境。经验中所进行的决策是分析与实验过程的一部分，借助这种过程可以提供有助于学习的反馈。

最佳难易度——第四个普遍特质是同第三个特质相关，"经验必须控制在足以激发学习者挑战意愿的难度"，但并非"越难越好"。

原理三，经验的反思。经验之后进行的反思存在若干形态，众多研究者提供了反思价值的理论依据。恩多耶（A. Ndoye，2003）的研究提供了一个反思有效性的实证依据。他调查了塞内加尔一户花生种植的农业实践，发现农户种植成功与否的差别就在于，是否实施了"反思"——围绕新型的农业实践，同别的农户展开讨论，并在此基础上展开反思。确实，扎根经验的学习中反思的价值是叙事的证据所不可或缺的。利用卷宗与日记、小型讨论、报告活动及其他类似的反思方法，可以发挥核心的作用。评价反思中的问题取决于反思的界定，比如至少有两种要素：回忆"发生了什么"与理解"为什么会发生"的过程。哈顿、史密斯（N. Hatton，C. A. Smith，1995）倡导四阶段的反思框架。从最低水准的单纯的"说明性描述"到最高水准的"批判性思维"。但是，问题并不是所有学习者都拥有批判性思维经验的能力。这种经验教学采用的一种方法就是，建构高度的社会建构主义的学习环境。在这种学习环境中，学习者在批判性地思考自己的经验基础上能够相互激励，进而揭示了应当采用的刺激反思的基本要素。

教师的专业性——刺激反思的基本要素之一是"教师的能动作用"。教师处于发现经验之意义的社会过程的有利地位。其中教师的作用主要体现为帮助学习者明确自身的见解、消弭有碍于理解的隔阂同学习者一起挑战课题。就是说，可以借助如下的作用加以实现——促进学习者与师生之间的交互作用；提示反思性反馈借以提升讨论的品质；对学习者的贡献作出批判性反馈；对学习者的朴素概念提出疑问。教师的作用在于激励学习者能够达到超越浅层次反思的水准。

共同体的建构——刺激反思的基本要素之二是"建构共同体"。要拥有共同体的亲情感，重要的是进行有意义的对话。建构共同体也是形成经验框架阶段的一部分，经验终结之后的反思也应当在开始前继续。要优化批判性反思的环境，就得传递这样的感悟与氛围：学习者能够坦率地说出反对意见和疑问，反之，也能够坦率地接受来自别的学习者与教师的反对意见与疑问。参与者是平等的，各自对于他者的经验承担着积极批评的作用，这是共同体建构的重要因素。

过程——刺激反思的基本要素之三是"实际的反思过程"。亦即"发生了什么、为什么会发生、学到了什么、这些知识在将来的经验中怎样运用"，反思是从学习者个人（或学习者共同体）回忆发生了什么开始的。一旦确认"发生了什么"，反思的第二步就是让学习者回答"为什么会发生"。接着的第三步是让学习者说明"从中学到了什么"。最后让学习者考察将来直面问题之际会怎样运用知识。最后的一步是预测未来的事件。这种预测的多样性会成为学习的刺激，有助于形成运用并评价知识的框架。在此一连串的阶段中，需要高阶认知。因此，教师在反思过程中承担的引领作用愈来愈重要。

(三)"经验学习"的境脉依据原理

针对"经验框架的形成"（原理一）的变通策略——在远程学习或线上学习中，难以产生超越师生在一对一关系中所构成的共同体验，因此，需特别注意共同体的形成与沟通的方式。不过，尽管是远程，也可以借助网络技术形成有效的"学习者共同体"，这是完全从线上环境的经验学习的视点来说明的。在混合了线上学习与线下学习的场合，同学之间亦可借助网络技术在不同时间与场所开展学习共享。在线上学习的情境中，如下几种方法值得推荐：1. 格外注意共同体的形成与沟通的方式；2. 确立学习者之间适当的社会结构，使之感受到人际关系，是线上学习环境沟通的秘诀。比如，运用包括信息交流活动的"线索"在内的电子信箱，有助于强化共同体的感觉。因此，教师在教学设计中需要让学习者有充分的机会相互了解，认识到参与者之间是相互平等的，成功经验的求得是相互依存的。倘有适当的社会结构，便可促进理想的学习；3. 在诸多可能引发新颖的经验与伦理问题的场合，可以而且应当嵌入讲解教学的设计。这种基于教学内容的讲解教学的形态，有助于学习者获得首尾一贯的经验，以及解释这种经验所必需的基础知识。这种讲解教学特别适于新的经验框架的建构；4. 在诸如比赛、模拟、角色扮演等活动中，应当设定所期待的氛围与行为规则。模拟现实的情境，一方面为学习者创造了机会——使他们获得用别的方法不可能有的情境；另一方面也必须让学习者认识到在这种替代性情境中所期待的角色作用。5. 伦理环境的设定。当经验的方法（特别是角色扮演）旨在让参与者通过立足于他者的立场，深度理解共情而采用的场合，需要注意伦理的问题。在要求扮演残疾人之类的角色之际，参与者或许会产生愤懑或胁迫状态，在这里，如何设定适当的伦理环境尤为重要。在形成教学设计框架的阶段可采取如下方法：参与自由，感到难堪者（无论参与者还是观察者）随时可以中止。

针对"经验的激活"（原理二）的变通策略——经验的激活是同唤起作为学习之基础的既有经验、在教学过程中连续地产生新的学习经验联系在一起的。在这里，可从先行经验与新鲜经验两个视点的角度，梳理变通的策略。其一，旨在激活先行经验的策略：1. 在教室中有众多学习者的场合，采取课堂讨论；2. 在线上课堂有众多学习者的场合，利用告示板；3. 当学习者拥有同学习课题直接相关的先行经验的场合，为激活既有经验、进行反思，可以让学习者自身创作故事。创作出来的故事大多包含了事件本身的叙述与事件的解释两个方面，所以难以区分经验及其经验的反思。不过，在经验学习中通过适当地运用故事，在故事创作之后就能组织正式的反思过程；4. 当学习者受语言或者心理的制约，不能进行反思的场合，也可采用数字媒体的手段，诸如通过制作视频来表现故事。采用这种方法的好处在于，学习者不必限于通过文字来表述，而是代之以视觉手段来进行自我表达。其二，旨在激活新鲜经验的策略：1. 当时间充裕、能够直至获得新鲜经验而展开学习，就应以先行学习与先行经验为基础进行；2. 当所学的技能在现场难以应用（比如有危险，不可能实施）的场合，应当选择模拟或者角色扮演；3. 当学习者希望促进理解并习得文化经验的场合，模拟与角色扮演尤为有效；4. 倘若必要的游戏与模拟难以办到的场合，应当花充分的时间，专心致志地开发并付诸实施；5. 在自我概念的发展与相互依存关系的建构被视为重要成果的场合，应当采用野外体验学习；6. 当学习者在工作岗位上能够进行教学或必须进行教学的场合，应当采用活动学习；7. 当教学能够或者必须在某些工作环境中进行的场合，应尽可能利用大学的资源，进行在职学习；8. 在技能教学中，那些富于实践经验、尤其擅长技能操作的人，或可成为"指导教师"；9. 在教学时间充裕、而且学习者能够自律地行动的场合，可采用师徒制、服务型学习。这里所谓的"服务型学习"被定义为包含了现实世界环境中现场的志愿者服务活动在内的经验学习。这些策略的编制，视实施环境与学习目标的不同而有所不同。可以说，这些策略对于弥合理论与实践之间的鸿沟，是极其有效的。

针对"经验的反思"（原理三）的变通策略——日记与档案袋是有助于反思的手段，可以让学习者体悟到经验的文字化与经验的反思这一结构化过程。这种活动的成功与否依赖于学习者个人的反思能力，同时它又是旨在强化这种能力的一种活动。研究表明，经验的文字化与反思是在社会共同体内发生的：最初是内在的过程，最终是经验的确认与反思或是新的意义的解读。人是能够从经验中获得学习的。从实际的经验中学习、在经验学习中得以产生的最有效的学习，正是借助经验之解释的分享与经验的反思。

四、"问题教学"设计模型

（一）何谓"问题教学"

从教学设计理论的视点看来，"问题教学"（Problem-Based Instruction：PBI）（注③）是旨在"支援学习者的知识结建构、提供信息时代有意义的学习经验，以现实问题为中心展开教学"而倡导的。这是在公共教育的教育实践中经年累月的教学观变化与社会影响变化的结果。伴随着从农耕时代到工业时代的变化，公共教育采用了"教师中心"的教学。在现今的信息时代（知识社会时代），主导的劳动形态从体力劳动被置换为知识劳动。教学方法也从学习者等级化的方法，转向援助所有学习者发挥各自潜能的模式。PBI 就是在学校教育中持续实施、获得成功的一种教学革新的典型。在产业时代转向信息时代的变革中，PBI 作为克服医学教育传统教学问题的一种实用方法，得以发展起来。如今，PBI 已在中小学和大学普及，并于全世界推广。

PBI 的渊源是经验主义教育。根据其学习理论，学习者通过问题解决的学习，能够学会知识内容与思维方略。PBI 是以复杂的问题为中心（不是唯一的标准答案）来建构教学、借以促进学习者的课题解决的一种方略。PBI 不是从灌输学科特定知识的讲义与教科书知识开始，而是从提示问题开始的。学习者面对这种问题，形成相匹配的思考与解决方案，进行当下"知道什么""不知道什么"的判断，然后制定学习目标，掌握有助于问题解决所必需的知识与技能。再运用新的信息，重新审视问题，最后反思自己的问题解决过程。在此，学习者作出假设的演绎性推理，教师促进其学习与元认知技能的发展。

不宜把 PBI 同"案例研究"混同起来。两者确实有相通之处，但有根本性的差别，最根本的差异同教学目标相关。"案例研究"是通过提示印象深刻且复杂的典型案例，旨在让学习者把握伴有抽象内涵的概念关系。在这种场合，可以说提示详细描述的案例是一种出色的方法。精彩的"案例研究"中包含旨在达到预设的结论所必需的信息，在诸多的案例中只有一个（与近乎几个）正解。学习者在过程中发现重要的线索是学习的课题。这样，从状况提示到解决的提案，摸着石子过河，学习者倘在尔后的实践中碰到同样的情形，就有了可供参照的经验。PBI 不同于"案例研究"，选择的问题并没有明晰的定义。从所给出的基本问题中分析构成要素也是学习者作业的一部分，解决的方略范围是事前尚未决定的。而且，通过调动周边的资源，问题解决的策略也会改变。雷斯尼克（L. B. Resnick, 1989）指出相关的认知理论有三个，即：1. 所谓"学习"是知识的建构过程，不是信息的记录；2. 学习依存于既有知识。人们运用该时段所拥有的知识建构新的知识；3. 学习针对所反思的情境，进行高度的调整。在认知弹性理论看来，处理复杂棘手的现实世界的问题，有助于把学到的技能迁移到未来现实世界中复杂问题的解决，学会把知识、技能运用于新的或劣性结构的问题。同样，PBI 是将学校的学习问题迁移到日常生活问题的一种方略。

（二）PBI 的价值观与基本原理

PBI 的价值观可以概括如下：

• 学习目的——发展问题解决技能与决策技能；强化学习者的推论与自我判断能力；强化迁移能力。

• 优先事项（衡量教学成功的标准）——重视效果甚于效率；重视内在动机甚于外在动机。

• 教学策略——重视自主判断；处理没有标准答案的复杂而真实的问题；教师是导师，是学习过程的帮手，是元认知的教练；设计反思实践的情境。

• 权限（围绕上述三个条件的决策）——学习者应对自身的学习负有更多的责任。

关于设计有效的 PBI 的原则，在研究者与实践家之间有着惊人的一致见解。

原理一，选择的问题应当具备真实性、同学科课程相吻合、有助于促进跨学科思维。PBI 被视为支援高阶思维能力发展与凝练的一种教学设计。在 PBI 教学中学习者必须选择基于自身生活经验的某种知识的问题，学习者通过调动既有的知识、解决问题、同新的知识融合起来，获得深度的理解。斯廷森（J. E. Stinson，1996）倡导如下的设计原理：1. 跨学科——学习成果应当是囊括性的，不应当僵化学科的边界。因为跨学科可以避免学习的可能性受到限制，也旨在从多元的视点出发观察问题。2. 真实性——问题应当反映专家的实践，即促进知识的迁移。3. 软结构——问题应当具有软结构。因为现实的问题是棘手的，学习者有必要从混沌的、不清晰的状况中锻炼把握意义的能力。4. 现代性——问题应当是现代性的。当嵌入了围绕现代状况的讨论之际，有助于提升学习者探究问题的力度。

原理二，导师的作用在于支援学习者元认知技能的发展，以及呈现作为问题解决者的专业性。具体如下：1. 导师应当反复地提出问题，直至确认学习者知识的深度。2. 导师应当关注小组的学习过程——确认学习者的全员参与，使他们得以把握问题与问题解决过程，能够明确地说明所提出的解决方案。3. 导师应当促进学习者元认知水准的思维，支援他们展开自主学习。4. 导师应当尽量避免成为信息提供者，为此就得促进学习者的信息存取能力，促进他们掌握必要的知识、技能，同伙伴协作。5. 导师应当关注调整问题的难易度，以免学习者产生畏惧问题或受挫的情绪。

原理三，实施有助于确认学习目标达成的真实性评价。具体地说：1. 设计者或导师必须让学习者明确所提出的问题中所求（预期）的学习成果是什么，评价的方略应同所求的成果相吻合。2. 终结性评价是 PBI 周期的终结。在学习小组表达问题解决策略的场合实施，通过专家的点评或者同以往推崇的解决方案相比较，对小组作业的结果作出适当的检查。3. 形成性评价在 PBI 周期的所有时段实施。通过小组记录学习者如何理解问题、进入了怎样的解决阶段，促进所有学习者的参与，并且帮助他们积极地处理信息。

原理四，持续地召开报告会，旨在确认从经验中学到的东西。关于报告过程的设计要点是：1. 报告的目的在于，通过学习者把学到的知识加以语言化和梳理的认知过程，有助于在既有知识的基础上统整新知识；2. 导师或报告会组织者的作用在于平等地倾听所有参与者的声音，集思广益；3. 根据报告的程序进行，了解旨在促进报告成熟的基本的专业性提问；4. 进行有助于促进新知识嵌入既有知识框架的提问。5. 为利用概念地图、梳理学过的知识内容，准备必要的材料。

（三）"问题教学"的境脉依存原理

境况一，在学习者缺乏 PBI 经验的场合——针对学习者的学习经验，提供脚手架。在实施 PBI 之际，学习者需要把自己理解的知识用适当的语言表述出来，在小组活动展开协作，并能进行独立的调查。这些技能是通过中小学的课程与教学，以某种方式逐步形成起来的，然而这些技能不是整合的，而是以碎片化的居多。在这种学习者不能适应 PBI 过程的场合，教师需要针对学习者的学习经验，着力提供脚手架。另一个策略是，问题的选择与复杂性的设定，应当符合学习者的年龄与发展阶段，经常作出调整。PBI 的学习不是累积式的，而是螺旋式的。基于问题情境的变化，让学习者把既有知识运用于新的情境之中，他们的知识基础才得以愈益坚实。这也就是赖格卢斯倡导的"精致化理论"。

境况二，在大班中难以实施 PBI 的场合——斯廷森（J. E. Stinson，1996）提出的教学方略是，把超过 30 名的班级学生分成小组探讨同样的问题，教师进行指导。不同的小组是从不同的侧面探讨同样的问题，小组之间可以分享丰富的资源（教科书、纪实、图表等）；多个小组探讨同样的问题，可以复印相关的资料，支援各个小组早期的调查活动。比如，在给不同的小组布置水灾、湿地污染或有害的废弃物的课题的场合，可分别给每个小组配备若干的纪实、调查报告、视频资料，各个小组就可以细致地分析和评价这些资料，展开各自的调查研究。

在 PBI 中，当教师置身于不相信"学习者中心"的教学方式比"教师中心"的教学方式可以产生更有意义的学习的场合，PBI 是不会成功的。教师需要改变教育信念，解决一系列实施上的课题。为此，萨弗里（J. R. Savery，2009）界定了"问题教学"（PBI）的四个基本构成要素如下：

1. PBI 的问题是基于社会现实的实践而提出的非结构化的、真实性的且有意义的问题。这种问题是超越了学科边界的、反映现场实际的问题，让学习者学会棘手的、混沌（未结构化）的问题解决，拥有现实的价值。

2. 在 PBI 中，学习者为解决问题而彼此协作，教师不仅是信息提供者，而且发挥着学习促进者的作用。教师首先提供教学资料和文本资料。从模型化——以问题解决为框架——的角度看，需要提供的是事实。不过，教师不是传递知识，而是提供有助于学习者建构意义的脚手架。在这里，教师的能力——帮助学习者反思既有知识、学会元认知与自主调节，是不可或缺的。

3. 在 PBI 的进展之中，同所有的教学模型一样，反映教学模型之价值观的学习者的知识评价，是不可或缺的。确实，教师应对学习者所掌握的学科知识内容进行评价，但也应当关注学习者的问题解决能力，及其作为问题解决之结果而发展起来的高阶认知能力的评价。

4. 在 PBI 中，教师必须自始至终地支援学习者步入表达学习经验的情境。学习者在课堂中致力于问题解决之际，敢于挑战深水区。因此，教师最重要的作用在于，帮助学习者明确表达问题的解决方略，结合课堂中提出的种种解决策略，围绕学科的概念与知识内容的既有知识，同新学的知识结合起来。[6]

五、"情感教育"设计模型

（一）"情感教育"的界定及其模型

1. "情感教育"的界定

"情感教育"（Affective Education）是以聚焦"情商"（Emotional Quotient, EQ）为内容、以所有环境为对象而进行的教学设计。[7] "情感教育"的价值观可以概括如下：

● 学习目的——情商的重要性；情感教育对认知学习的重要性；建构合理化思维的情感与认知的重要性。

● 优先事项（衡量教学成功的标准）——无特定的优先项目。

● 教学策略——为所有学习者的情感提供健全的环境，借以促进学习；不宜教条式地施教。

● 权限（围绕上述三个条件的决策）——模型主要是理论家提供的，尚需教师的现场应对。

布卢姆（B. S. Bloom, 1956）的"教育目标分类学"是教育领域中最广为人知的模型，它不仅重视认知领域的目标，同时也重视情意领域的目标。但正如布卢姆所说的，"情意领域目标的建构极其困难，其成果亦未必令人满意"。但不管怎么说，从此结束了历来忽略"情意目标"的局面，却是无可争辩的事实。根据布卢姆的界定，"心智运动领域"就是三个学习领域中的一个。长期以来情意目标的地位未能在学校教育中确立，是由于情意领域幅度广泛，难以界定。同"情意"相关的术语，纷繁驳杂。诸如，自我、动机作用、兴趣、态度、信念、价值观、自尊心、道德感、自我发展、情感、达成需求、好奇心、创造性、自立、自我成长、团体动力学、心像、个性等，凡此种种术语，都为"情意领域"的术语所采用。

晚近的研究表明，秉持"情感与认知是两种不同领域"的研究者越来越多。在西方文化中早就存在有关"认知"与"情感"之关系的典型的思维方式——以为

"情感"并不是（确切地说，不应当是）影响思维与智能的纯粹合理性因素。即便对"认知"产生影响，那也无非是一种否定性的"认知冲动"。不过，"情感性"的经验拥有"认知"的底色乃是众所周知的。晚近的研究提供了富于说服力的例证，表明即便是最知性的活动也充满着情感的底色。这就要求我们与其以二元论思考"认知"与"情感"，不如把学习视为这两个侧面的统一。围绕认知与情感之关系的研究可以区分出若干不同的方向。比如，神经学家对脑缺陷者的调查表明，情感是合理的思维不可或缺的；情感的欠缺有碍于合理性的形成。格林斯潘（S. I. Greenspan, 1997）关于自闭症儿童的研究发现，情感对于把握感性意涵的能力、有意识行动的能力、理解"形""观念"或"符号"的能力等认知性能力的发育，会产生影响。萨尼（C. Saarni, 1999）依据咨询心理学家的活动，界定了同情感能力相关的八种认知技能，包括"自我效能感的能力""使用有关情感性语汇的能力""区分经验的能力"，等等。梅耶等人（J. D. Mayer, 1993, 1997）则界定了"情绪智力"（Emotional Intelligence）的概念。戈尔曼（D. Goleman, 1995）的同名著作倡导"情商"的五个领域，即（1）自我意识——了解自己的情感；（2）管控自己的情感——自我调控；（3）自我激励——自身的动机作用；（4）同理心——认识他者的情感；（5）人际关系——妥善处置关系。戈尔曼得出了一个有说服力的主张：智商与智商可以更好地反映人生的成功。

2. "情感教学"的若干模型

在中小学现场实施的情感教育大体可以区分为如下三种。

教育学研究中聚焦情感能力的教学研究——在积极地创建"学习共同体"的学校中涌现了诸多的案例。巴蒂斯蒂奇（V. Battistich, 1997）等人揭示了创建"共同体"发展的若干特质："成员彼此之间的挂心、相互支撑、积极参与、协同活动与判断、感受小组的归属感与一体感，以及拥有共同的规范、目标与价值观。"路易斯（S. Lewis, 1996）等人揭示了"拥有关爱的学习共同体"所必须的五个相对独立的原则，这就是：温情的、协作的、稳定的关系性；建构性学习；重要的挑战性课程；内发性动机；对学习的社会伦理侧面的关注。作为温情脉脉的学习共同体的学校，师生拥有一定的同情商相关的能力，积极地致力于情感能力的获得。

旨在促进认知发展的情感与思维相结合的研究模型——为了优化认知技能的学习，而着眼于情感与思维关系之教学的研究，包括"基于脑的结构的教育"研究、"综合主题教学"等模型，这些模型显然有别于以"情商"作为目标的教学模型。不过，这些模型是比较新的、有助于我们认识在学习与整个学业成绩中情感的重要性。

以情商作为教学目标的模型——诸如，促进思路转换的项目、社会性开发项目、创造性地解决冲突问题等项目，都是旨在为理解情感、发展情商、发展社会性学习（提升社会意识、表达能力、管控能力与社会性问题解决技能）而设计的。但各个项目所面对的学习者、课程教材、采用的教学方式，又各具特色。

（二）发展"情商"的基本原理

这里以梅里尔（M. D. Merrill, 2002）ID 第一原理作为讨论的框架，说明要发展"情商"，就得设计有助于从情感侧面使所有学习者的学习经验得以最大化的环境。

问题中心原理：采用叙事——"当学习者致力于现实世界的课题解决之际，有助于促进学习"。在这里，所谓"情感"是一种经验。因而情感并不是可以抽象化地施教的；因而如何富于情感地教学一直是问题中心的教学必须关注的。那么，在课堂教学中嵌入情感问题的最优方法是什么？显然，对于学习者而言，直接面对现实的情境诉诸情感，有可能产生不必要的紧张和焦虑。因此在处理情感之际，最好的办法是避免采用单刀直入的方式，而是提供一个良好的切入点——要求思考"怎样感受才是适当的、为什么"。比如，围绕儿童或许可能直面的环境中牵涉到的情感问题，展开讨论；或者围绕人们在不同环境中是怎样感受问题的，展开讨论。梅耶（J. D. Mayer, P. Salovey, 1997）甚至把文学比作"情商的第一故乡"。中小学教师一般都会在课堂教学活动中嵌入故事。这里教师必须做到的是，有意识地让学生探讨出场人物的情感，把故事中的事件同儿童自己生活经验中发生的实际事件结合起来。发现学校的学习同实际生活的关联，有助于提升儿童对情感的理解与学习的关注，促进情商的内化。

激活原理：教会表达情感的语汇——"当学习者获得有关联性的经验之际，有助于促进学习"。这个原理假定，"当提供（或回忆）旨在组织新知识而使用的结构之际，有助于促进学习"。凡是观察过冲动性攻击行为的儿童，大多拥有明确地表达自我情感的语汇与概念性结构。教师可以采用激活的方法是，教给学习者有关情感的语汇，提供情感表达的基本技能所必要的知识结构。当儿童产生愤怒的情感之际不至于走向极端，能够适当地进行情感管控。诸如直言"我现在很生气"，进而说出"这是我愤怒的原因"。这样就可以说，这个儿童的"情商"正在获得发展。

例示原理：提示情商技能的榜样——"借助例示来提供信息，比之单纯地用语言讲解来提供信息，更有助于促进学习"。对教师而言，促进情商发展的最佳方法是借助榜样的示范作用。换言之，教师应向儿童提供具体的范本，使之观察适当的情感性行为。通过同他者的沟通中拥有的积极情感，让他们体悟到理想的情感性行为究竟是怎么一回事。提示范本并不仅仅意味着用健全的情感性方法对该环境作出反应，它也是一种健全的情感教学法。尤为重要的是，教师应当在课堂中奖励人际决策与问题解决的方法。当儿童在课堂中产生惧怕失败之类的潜在的消极情感之际，教师应当提示让儿童拥有自信的范本，让儿童有情感地参与课堂教学。研究表明，教师在给予儿童提示富于情感的范本刺激的同时，自身也以同样的情感状态参与，这样，不仅能够提升儿童的学习经验，同时也能更好地创造健全的课堂环境。

应用原理：循循善诱地应对情感——"当学习者必须使用新的知识、技能来解决问题之际，有助于促进学习"。从这个原理出发，重要的是强调在练习中保持连贯性、采用多样化的练习，减少学习者被动听讲的状态。要发展"情商"就得寻求问题取向。就是说，必须具备所给出的情境中认识情感的能力以及决定如何适当地应对这些情感的能力。情感反应的妥当性是依存于情境的，从某种状况到别的状况迁移情感的技能并非轻而易举，况且相关的方法也不明确。显然，要培育儿童的情感能力，就得使能力适应境脉的同时，具备多种多样的实践经验。倘能如此，那么儿童就能学会采用新的方法施展技能，或者应用于此前未遇见的境脉。处理情感问题需要精雕细刻。举例来说，往往可以观察到由于儿童不能很好地控制情感，扰乱了课堂教学，这种案例往往被视为应当处置的问题。但从长远的目光看，这种状况或许是儿童情感教育的一个良机。根据格林伯格、斯奈尔（M. T. Greenberg，J. L. Snell，1997）的研究，"圆满地处置情感、围绕情感问题状况的讨论、教会管控情感的健全的方略，有助于儿童在学习方面乃至在人际关系的境脉中，维持注意力"。教师为了确认"儿童能否以语言来表述干扰教学态度的原因——情感"，需要花一番功夫。这并不意味着责备儿童，而是意味着向儿童提示管控情感的适当方法，因而不应陷入作为干扰课堂的问题来处置的陷阱。教师需要适当地提供儿童的情感经验得以宣泄的时机。比如，在成功的时候让他们尽情地体味喜悦，或者当顺利地展开学习之际，激励他们积极的情感表达。另一些鲜为人知的事例也需要细致地进行情感处置，诸如在语文、历史、社会学科与自然学科之类的认知性教学中引进提升情商的活动。在历史事件或围绕某本书的作者的意图展开讨论之际，教师向儿童提出一系列的提问——表现了怎样的情感？情感是如何左右出场人物的？管控这些情感的方法有哪些？在剧本的出场人物之间的关系之中，情感是怎样起作用的？如此等等，促进情商的教学是费时费力的。

综合原理：为培育"情商"而提供能动的综合经验——通过例示、反思及其他创造性的活动，"当学习者把知识、技能同日常生活结合起来之际，有助于促进学习"。所谓"情感"终究是感性的经验。然而，倘若没有学习者自发参与的学习经验，情感是不可理解的，而情商的培育也是不可能的。支撑情商发展的综合性活动的经验，多种多样。诸如，叙事性探究与学习者对自身情感反应的反思，从认知的、心智运动的、社会性发展的教学中嵌入促进情商的活动，等等。"情感"是认知与感觉运动浑然融合在一起的。所以，当教师把所有的教学活动都当作一个综合的整体加以运作的时候，对学习者的任何一个领域（认知、情意、感觉运动）的发展而言，都是最为有效的。

（三）"情感教育"的境脉依存原理

在现实的课堂中儿童的发展水准参差不一，而制约儿童情商发展的内外要因又极其繁多。尽管上述的基本原理是理想的、原理性的，但终究为我们提供了如何促进学习者情商发展的重要线索。

1. 考虑学习者的情感发展水准——关于儿童情感发展的研究已经积累了不少经验。对人格的多样性，确实需要重新认识。萨尼（C. Saarni，1999）研究有关情感管控（处理）、表现行为以及人际关系建构领域的情感发展范式表明，在其他所有条件相同的前提下，大龄儿童比低龄儿童更善于情感的调控、表达和人际关系的建构。在设计旨在情商发展的教学之际，教师必须细致地考虑到儿童是否获得了进步，亦即是否达到了旨在实现教学目标所必须的适当的发展阶段。换言之，教师应当致力于聚焦特定的情感能力，求得儿童整体发展水准的教学设计。其一，发展儿童管控情感状态与情感表达的能力。一般认为，低龄儿童比大龄儿童更能感受到强烈的情感。实际上基于自我报告的情感的激烈程度，是随着年龄的递增而衰弱的。加上情感激烈程度的差异，不同年龄层的人，管控自我情感反应的能力也是多样的。就是说，儿童管控自己的情感状态及其表达的能力，各不相同，而年龄是一个主要因素。教师应当对那些处于能管控自身情感的年龄特征的儿童，提供支援。授予儿童两个有价值的信条——表达情感的方式多种多样；能够掌握适当地表达情感的方法。其二，发展儿童旨在回应他人情感的能力。当幼儿能管控自身的情感表现与反应之际，也能理解他人拥有的情感。教师必须认识到，儿童认识并回应他人的情感以及产生影响的能力，在发展阶段上是各不相同的。这是因为，儿童随着年龄的递增，语言的凝练性增强，表达、处置情感的语汇也会增加。利用文学和故事可以有助于提高对他人情感的认识、反应以及影响作用。

2. 考虑对儿童情感发展产生影响的内部要因——在选择旨在发展儿童管控情感能力发展的教育手段之际，需要抓住两个内部要因。其一，性格会影响儿童所感受的情感的强度。亦即，教师需要探讨"性格与情感的强度"。其二，脑的成熟会影响到儿童情感性经验的积蓄能力。亦即，教师需要探讨"儿童积蓄情感性经验的能力"。

3. 考虑对儿童情感发展产生影响的外部要因——儿童的性别与文化背景之类的外部要因，会对儿童情感管控能力的发展产生影响。这是教师选择教育方法之际必须关注的。特别是家庭生活、家长的性格特征与情感表达的方式，会对儿童的一言一行及其未来的情感发展产生影响。戈特曼（L. Gottman, 1997）等人的研究表明，在温和的家庭里成长起来的儿童，由于学会了如何管控自己的心情，因此不会过度兴奋、不会有过分的攻击性，或者不会畏首畏尾，而且对他者也会友善相处、不断扩大朋友圈。相反，在疏离的家庭里成长起来的儿童，消沉、愤怒或者目睹闹纠纷的家长，儿童或许无法习得情感管控的方略。希切根茨（J. A. Schikedanz, 1994）对"权威性家长"与"威权主义家长"进行的比较研究表明，威权主义家长一味地要求服从，往往采用高压的、惩罚性的手段，却没有任何关于要求的解释，也没有让发展中的儿童学会规则的宽容的环境。威权主义家长培育出的儿童，往往不能把情感行为的标准内化为自身的东西，面对情感状态难以用适当的方法处置。

注①

教学设计的种种相关侧面的设计理论的集合，就是"教学设计理论"（Instructional Design Theory）。它由下列的理论侧面构成：1. 教学设计应当是怎样的。这可以谓之"教学现象设计理论""教学程序设计理论""教材设计理论"。2. 教学计划的编制过程应当是怎样的。这可以谓之"教学计划设计理论"。3. 教学资源的形成过程应当是怎样的，这可以谓之"教学建构设计理论"。4. 教学实施的准备过程应当是怎样的，这可以谓之"教学实施设计理论"。5. 教学的评价过程（形成性评价与终结性评价是怎样的，这可以谓之"教学评价设计理论"。在上述这些术语中，"教学现象设计理论"是唯一的旨在理解教学设计自身之本质的一种指引，其余的设计理论均为教学系统设计的过程提供指引。（C. M. Reigeluth, A. A. Carr-Chellman, 主编. 教学设计的理论与模型：走向共同知识基础的建构（第3卷）[M]. 铃木克明，林雄介，主译. 京都：北大路书房，2016：9.）当然，即便在这些设计理论的名称中略去"设计"的字眼，亦无关宏旨。这些设计理论是相互关联的一个整体——输入与产出是彼此支撑的。不过，分析理论与评价理论承担着更强的链接其他理论的作用。"教学设计理论"旨在改进基础教育学校（从幼儿园到高中）的教育活动，特别是提升教学活动的"效果·效率·

魅力"之手法的集大成的模型与研究领域，以及运用这些知识实现学习支援的过程。这里的"效果"是指寻求设计的教学能否使接受教学的儿童获得深度理解；怎样才能更好地达成目标。在教学创造方面也应当考虑到"效率"，指的是物理学空间与时间方面都不能浪费，应当选择适于教学目标的教学方法，最大限度地发挥课时的效率。"魅力"则是指，儿童对教学的期待感。这种教学不仅使儿童"知道什么、学会什么"，而且点燃起儿童持久学习的"热忱"。就是说，"教学设计理论"寻求的是"优质教学"。

注②

赖格卢斯致力于研究教学范式的转型、优质的教学设计，以及学习者中心范式的技术系统设计，系当代美国著名的教学设计研究的代表人物，由他主编的《教学设计的理论与模型（*Instructional-Design Theories and Models*）》（4卷本），云集了一批知名教育学者推出的教学理论与设计模型，被誉为当代教学设计研究的"最高杰作"，不可不读。按照赖格卢斯自己的说法，第1卷《教学设计的理论与模型：教学理论之间的共性与互补》（1983）是描绘20世纪80年代初期的教学理论的"特写镜头"，旨在提升人们对ADDIE模型及其他教学理论模型的认识。这些几乎全是经典的、当今依然有用的理论。第2卷《教学设计的理论与模型：教学理论的新范式》（1999）以20世纪90年代后半叶以来涌现的研究进展的事例作为支撑，作出精要的梳理，提供人类学习与发展所有不同领域中学习者中心的学习经验，旨在提升人们对理论的多样性与教学理论价值之重要性的认识。第3卷《教学设计的理论与模型：共同知识基础的建构》（2009）旨在促进术语的共同利用，为建构教学研究共同的知识基础，迈出了可贵的第一步。第4卷《教学设计的理论与模型：学习者中心的教学范式》（2017）则是旨在阐述教育范式从"教师中心"转向"学习者中心"的理论，以及教学设计与评价、课程设计、教师研修的理论。其中第2卷已出版了中译本（赖格卢斯. 教学设计的理论与模型：教学理论的新范式（第2卷）[M]. 裴新宁，郑太年，赵健，主译. 北京：教育科学出版社，2011年版）。

注③

"学习者中心"教学设计的主要焦点之一是，为支持学习者中心教学中的内发动机作用与协作，把现实社会中的课题作为教学的中心任务。晚近出现了各式各样的以学习任务或问题解决为中心的教学模型，诸如"问题教学"（PBI）、"问题中心型学习"（PCL）、"发现学习"（DL）、"任务中心型学习"（TCL）、"任务中心型教学"（TCI）、"任务基础型学习"（TBL）、"项目学习"（PBL）等。本书中探讨的"问题教学"（Problem-Based Instruction：PBI）与"项目学习"（Project Based Learning：PBL）的术语界定，大同小异。但从教学设计的角度说，PBL 是作为 PBI 的结果而发生的学习。在认识论、目的与方略上，可以区分为两种不同的学习模型。比如，纯粹的"项目学习"（PBL）是基于建构主义的学习观；而"问题教学"（PBI）则是基于认知信息处理理论、成人教育学、运动学习和认知师徒制等的教育学信念。这种认识论上的差异导致两者的目的也略有不同。PBI 的目的是在寻求"有效果、有效率"教学的同时，侧重于知识的迁移并运用于现实的境脉。与此形成鲜明对照的是，PBL 的目的侧重于寻求灵动的知识、深度的理解、问题解决技能、自我导向的学习技能、有效的协作，以及内发动机作用的发展。

参考文献

［1］［2］［4］［5］［7］　C. M. Reigeluth, A. A. Carr-Chellman. 教学设计的理论与模型：走向共同知识基础的建构（第 3 卷）［M］. 铃木克明，林雄介，主译. 京都：北大路书房，2016：83 – 102，108 – 116，131 – 142，159 – 174，275 – 294.

［3］［6］　C. M. Reigeluth, B. J, Beatty, R. D. Myers. 教学设计的理论与模型：实现学习者中心的教育（第 4 卷）［M］. 铃木克明，主译. 京都：北大路书房，2020：333 – 334，336.

第五章　教学设计模型
——以赖格卢斯的模型说为例（下）

围绕"教什么、如何教，如何评价"的决策上，信息时代的教育模式比之产业时代的教育模式发生了根本的戏剧性变化，而且由于这些决策彼此产生影响，所以需要基于这些要素之间的相互依存关系，探讨有助于同时实现"有效果·有效率·有魅力"的优质教学的设计。本章旨在对赖格卢斯的研究团队围绕"翻转课堂""创客教育""游戏学习""移动学习"等教学设计的论述，做系统的述评。这些设计模型（基本框架）为我们理解有别于传统设计的"学习者中心"的教学范式，提供了思考的线索。

一、"翻转课堂"设计模型

（一）"翻转课堂"的界定及其理论脉络

1. "翻转课堂"的界定

"翻转课堂"（Flipped Classroom）[1] 将通常由课内实施的教学移到课外，所以极大地依存于技术。一般而言，典型的翻转课堂的主要目标是，基于完成有意义、有魅力的课题的同时，能够确保教学中同学习者一起理解教学内容的时间。这种鼓励学习者建构意义贯通的知识表达的"课题中心型教学设计"，体现了"学习者中心教学"的特质。

在 10 多年前的大学课堂里率先采用了"翻转课堂"的术语，并付诸设计与实施。随着教育技术的进步，对中小学教育所有年级的教育者而言，翻转课堂可谓"魅力无穷"。不过，教师让学习者在课外阅读教科书、在课内完成学习者中心的课题这一方法，早在 2000 年之前就已经出现了。有人倡导普遍实施"翻转教学"，但这个模型并非在任何环境下都能采用。在"翻转教学"中学习者能够定期会面，在课外必须能够通信联络，而所设计的课内教学，必须涵盖作为学习共同体的一员来完成的学习者中心的课题。要寻求翻转课堂的成功，就得有录像视频和家庭作业。要运用翻转课堂模型、实现学习者中心的指导，就得有缜密的教学设计。

翻转课堂设计的重要性是不言而喻的。随着教育超越产业时代、进入信息时代，教师的作用发生了巨大的变化。教师在教学中远离作为信息源的作用，最适于翻转教学的模型。教师有必要支援学习者使用容易找到的大量信息，学会思考的方法。假如教师想在教学中达成这个目的，那么，学习者就得相互交流各自的思考、琢磨他人的推论。这可能需要花相当长的时间，而时间在课堂教学中是弥足珍贵的。加上左右未来的重要考试和学期结束时的试验，在学科教学的项目内容中，教师面临着支援学习者"学会"所规定的项目内容的课题。在这种境脉中，翻转课堂为关注两个方面——采用学习者中心的教学方法，扎实地掌握所有的教学内容——的实践者，提供了可行的模型。

2. 翻转课堂的理论研究脉络

作为建构主义的翻转课堂所依据的教育信条是：（1）在学习中"经验"与"信息传递"两个方面均是重要的；（2）当学习者思考怎样转换思维对象之际，有助于知识的建构；（3）当学习者借助他人的帮助观察到了什么，能够获得最佳的理解；（4）教学设计必须阐明学习共同体中每一个学习者的学习将会受到怎样的影响。

杜威主张，学习始于"经验"。在课堂教学中教师通过聚焦学习者的经验，就能把学习者先行的体验迁移到尔后的体验之中。在杜威看来，一切的经验都是原动力，其价值唯有靠理解其经验接近什么、涵盖什么来判断。因此，当教师面对学习者的经验，能够把握学生不仅在"做什么"，而且"意味着什么"的时候，才能发挥形塑学习者的经验的作用。晚近的研究表明了杜威的理论——有效地建构课堂之外的信息传递与课堂之内学习者的经验之间的交互作用，在翻转课堂中具有极其重要的意义。正如杜威说的，"替代经验的'知识内容的传递'，对解释经验、拓展经验而言，是极其重要的"。

在探讨"经验"的作用的问题上，皮亚杰（J. Piaget, 1970）的理论有助于更深刻地理解学习者借助经验从低阶知识状态过渡到高阶知识状态的方法。皮亚杰的发生认识论研究发现，合理知识的组织化与促进从低阶状态转向高阶状态的心理过程，是同时发生的。更具体地说，为了理解特定的状态，就必须观察借助这种状态可能的变化是什么。这就意味着，人类的知识从本质上说是动态的。人类唯有观察旨在用某种方法变换思维的对象而采取行动的场合，才能建构知识。皮亚杰运用不同的方法教会儿童数 10 个小石头、形成算术的交换性的早期理解的例子，就可以说明这个过程。首先，让儿童把小石头排成一条直线。从左到右地数一遍，再从右到左地数一遍，答案都是 10，他们非常吃惊。然后他把小石头从直线变换成圆形，从两个方向去数，答案仍然是 10。同排法与顺序没有关系，总计一定是 10。这个儿童反复地把小石头这一实物同数学的概念，一一对应起来。不过，他是通过反复观察之后，才过渡到更高的知识状态的，皮亚杰把这种过程称之为"反思式抽象化"。这样，翻转课堂的教学设计就得组合两种方法——学习者参与"反思式抽象化"的方法；这种"反思式抽象化"的结果也用于强化学习者学习的方法。

在维果茨基（L. Vygotsky, 1978）的著作中也可以见到这种"反思式抽象化"的运用。维果茨基证实了儿童的口头语言能力有助于心理过程之基础——认知功能与沟通功能——的发展。在他看来，人是在个人史与社会史的双重过程中得以实施，并通过引导其心理过程，才使儿童的知识得以向更高水准发展的。维果茨基的人类发展论给翻转课堂的设计带来的启示是，对于学习者的学习而言，与其说是具体地借助观察学习者能够做什么，毋宁说是具体地借助观察学习者在他人的帮助之下能够做什么，如何可以获得更好的理解。关注学习者知识建构的社会性，是翻转课堂的课内外活动设计所不可或缺的。

莱夫与温格（J. Lave, E. Wenger, 1991）旨在发展学习的社会理论，运用"实践共同体"的见习作为比喻，发展了维果茨基的理论。温格注意到"学习共同体"对学习者产生的影响，论述了学习共同体中"老参与者"与"新参与者"双方的"充分参与"（或者"最充分地参与"）是怎么一回事。温格主张，设计者难以为每一个学习者规划"学习该是怎样的",不可能正确地"开出处方"。不过,设计者应当提供学习者参与学习过程的最大机会的教育体验,因为这是每一个学习者参与课堂的学习,是旨在同化而作出的决断。在温格看来,设计者在设计教学活动之际,直面如下种种的二元关系——"参与·具象化""设计·回应""地域·世界""同化·商议"。温格对上述四种二元化的"描述性原理"作出了阐述:

其一,设计者配置表达教学中的概念的特定人造物。这种人造物使得概念具象化,旨在形塑更为具体化的过程,谓之"具象化"。设计者还须因地制宜地为学习者提供彼此之间形成关系的机会,使学习得以产生,这就叫"参与"。旨在教学实践的设计无非就是实现"参与"与"具象化"之间的平衡关系。

其二,教学的实施不是设计的结果,而是对设计的回应。因此在设计与实施的实现之间,往往内蕴着回应设计的不确定性。设计者应当认识到,这些不可预期的回应是对所设计的教学的一种正常反应。

其三,在教学设计之际必须考虑到社区的学习共同体成员各自的回应,但这并不意味着每一个人可以各行其是,社区的共同体处于更广泛的整体的共同体之中。这就是说,任何一个共同体都不可能完美地设计别的共同体的学习,也不可能完美地设计自身的学习。设计包含了界定并解释学习共同体成员的指引、能够适应的范围。在这里,特定的立场优先于别的立场,是在所难免的。

其四,设计,形成同一化与协商的领域,指引着种种形态之下的参与关系或是非参与关系的人们的实践。

上述的温格这些描述性原理,以极其敏锐的洞察力阐释了教学设计所处理的复杂空间,对开发翻转教学的设计原理有一定的利用价值。温格也提供了旨在探讨每一个学习者是怎样于教学设计中展开交互作用的框架。他以三种不同却彼此关联的归属状态——协商、想象、磨合——为中介,主张发展学习共同体成员的个性。借助"协商",成员积极地参与意义的协商;借助"想象",成员拓展共同体内的自我经验,形成共同体的成员意味着什么样的形象;借助"磨合",成员同共同体内更广泛的结构相结合,为共同体更广泛的活动作出贡献而行动。有效的教学设计可以全方位地落实温格的描述性原理所阐述的所有设计中涵盖四个维度的三种归属方式，进而发挥作用。翻转课堂的设计者必须认识到温格的二元性与归属方式。由于翻转课堂极大地依存于传递信息的技术，设计者可能容易丧失温格的二元性所力求的某些均衡性。比如，翻转教学单纯使用录像视频，不求来自学习者的有意义的应答，而在学科内容具象化的场合，由于具象化超越了参与，从而有损于学习。

诸多的研究提供了翻转课堂的描述性模型，不过，所报告的证据在本质上是相对的，大多难以对翻转课堂的设计作出判断。但也有可用于支撑翻转课堂的特定设计原理的研究。斯特雷尔（J. F. Strayer, 2017）倡导的翻转课堂设计的要素就是一例：（1）提供课前接触教材的机会；（2）提供开展课前准备的诱因；（3）提供评价学习者理解度的框架；（4）把课内外活动明确地结合起来；（5）提供明确界定的、适切的指引；（6）提供旨在让学习者完成课题的充分的时间；（7）提供有助于形成学习共同体的支援。吉本斯和罗杰斯（A. S. Gibbons, P. C. Rogers, 2009）指出，就像建筑家设计大厦那样，在教学设计的场合需要注意如下七个层面的设计。所谓"七层面"，即内容、方略、建言、控制、表达、媒体逻辑、管理。总的说来，"教学策略"是基于各种教学模型——讲授教学、讨论教学、经验学习、项目学习、模拟教学——的构成要素（或方法）的理论而提出的，翻转课堂可以基于不同的教学设计模型进行设计。

（二）"翻转课堂"设计的价值观与基本原理

1. 翻转课堂设计的价值观

在关于翻转课堂的学习环境的描述中，往往可以看到学习者在家里观看教师的教学视频，在线上教学环境中完成传统的家庭作业。当学习者处于碰到问题的场合，倾向于向教师或同班同学求助。不过，贝克（J. W. Baker, 2000）等人揭示，"学习者中心"的翻转课堂的教师秉持这样一种信念，即学习者的思考与推论应当成为课堂教学的核心。理想的翻转课堂与其说注重在教学中求解传统型的作业，不如说是重视非定型问题，亦即重视需要求得解决问题的战略性思维的问题。这种界定（参见表 5 - 2）有别于那些翻转课堂的原版，可以说忠实地体现翻转课堂的愿景以及翻转教学设计的价值观。

● 学习目的——重视学习者的思维与推理应当成为课堂教学的核心。翻转课堂的教师所重视的与其说是传统型的课外作业，不如说是非定型问题，亦即需要战略性思维才能解决的问题。翻转课堂中有效的策略是，学习者在课前就预先思考了上课时用于问题解决的重要概念以及沟通能力的提升。

● 优先事项（衡量教学成功的标准）——教师必须在课前就同学习者取得沟通，准备好上课时的非定型问题的解决。而引进信息技术向学习者有效地传递信息，进而引出学习者的某些反应，有高度的价值。

● 教学策略——教师为促进上课的效率性，必须在课外进行指导，让学习者作好上课的准备。学习者单靠教师的讲解是不可能成长的，在翻转课堂中师生经历如下的经验——运用教学内容思考非定型问题的解决策略、表达自己的想法、评价他人的推论，是不可或缺的。通过精心准备的凝练的录像视频来传递信息（学习者理解教学内容的脚手架），也可以提升教学的效率。

● 权限（围绕上述三个条件的决策）——学习者在课内外的学习中负有责任。课内课题是以发挥学习者自身的预习作用，完成课外的活动为前提来设计的。学习者倘若不在课外作准备，不在课中积极参与讨论，那么，翻转课堂的学习共同体成功的可能性随即减小，多有阻碍。

2. 翻转课堂设计的基本原理

把传统的课外活动与课内活动的位置颠倒过来，是"翻转课堂"的起点。这里所体现的翻转教学设计的基本原理可归纳如下。

原理一：运用课外的课题，促进学习者的反思，引出学习者的反应——实施翻转课堂的教师必须决定作为学习者理解教学内容的"脚手架"而使用的信息，并以某种方式把这种信息具体化（具象化），在课前借助技术将这种具体化的信息传递给学习者。通过课前的信息传递，学习者能够完成有助于深度理解的课内课题。课外课题并不是单纯传递信息的场所，而应当把它视为"过程的开始"，亦即成为课内课题的"出发点"。从学习者中心教育的观点出发，如下场合的信息传递并不是理想的：（1）教师并没有提供学习者思考、解释或理解方略的机会；（2）单纯聚焦步骤性知识；（3）教师的责任不是发展学习者的判断力、而是成为事实的最终决定者；（4）学习者的认知活动局限于最小限度；（5）强调唯一的标准答案；（6）教育性、生产性的探索过早地结束。不过，信息传递未必是同"学习者中心"的学习相对立的。可以说，教师旨在刺激学习者的知识建构而引入新观念的场合，有助于"学习者中心"的学习。这种类型的信息传递可用"开始"的术语来表述，其行为包括如下各例：（1）描述新的概念（比如，同观念与数学符号相关的意义，某种功能性的理由，印象，关系，概念与表达之间的某种关系与链接）；（2）以对话中插入新的信息的方式，归纳学习者的作业；（3）向学习者提供旨在测定与反驳观念所必需的信息；（4）围绕新的方略与观念，询问学习者是怎样思考的；（5）教师提示以前并没有、今后谁也不会那样做的反例。在设计"学习者中心"的翻转课堂的场合，课堂外的课题应当从要求学习者对学科内容概念层面的理解，开始行动。教师必须通过引出学习者的应答，引出开始的行动。借此，教师确认学习者是怎样解读所传递的信息的，再利用这种评价引领后续的课堂内的问题解决。所谓"引出行动"，就是要求学习者"明确、分享、讨论、反思、深度理解"学科的内容。教师采取因应教学的策略，思考用不同的方式引出学习者的反应。无论如何，重要的是要认识到，设计课外课题（借以引出开始后的反应）的场合，在教学设计及其实施的实现之间存在不确定性。应当确立起这样的观念——学习者是作为对设计的回应，进入学习共同体的实践的。进而这个原理表明了信息传递本身的重要性，以及知识建构中"反思式抽象化"的重要性。

原理二：运用课内的课题，作为学习共同体的一部分，建构新的知识——"学习者中心"的翻转课堂作为学习共同体的一部分，通过要求学习者完成课中的课题、反思并变换探究中的内容，设计建构深度理解的教学。确实，学习者个人必须进行意义的建构，同时也必须帮助他人进行意义的建构。在翻转课堂中教师是从学习者所显示的对课外课题的应答，来揭示学习者理解了什么开始的。课内课题的设计也是同样。在课内的课题中要求学习者必须反复琢磨自身当初的推论，同样也要求对共同体中其他成员作出的推论进行探讨。要求学习者运用既有的经验，或从课堂中新的经验出发进行探讨，这就需要匹配提高反思水准的课题。通过要求学习者同学习共同体中其他成员的反思与对话，最终使得学习者对教学内容的理解得以凝练与深化。这个过程是借助学习者的协商（积极地参与意义的建构）、想象（从不同的学习经验出发，推定有助于共同体成员意义协商的方法），以及磨合（基于课堂的结构有助于课堂中广泛的意义建构的活动）来支撑的。上面举述了教师采用的把课外课题与课内课题相链接的方法。下面再考察一下众多的教师感到有用的五种实践方法，这些方法将使得课堂讨论生动活泼。（1）在布置课题之前，教师预测学习者为完成课题而使用的方略与思考（包括误解与先行知识的落差、混沌）；（2）课题开始之后，教师控制学习者的作业，评价学习者在作业中的思考；（3）教师在控制期间，选出向全班同学做发言与解释的学习者；（4）在此选择的基础上，教师思考学习者发表作业内容的顺序。这四种实践为形成尔后课堂内的讨论奠定基础。这样，借助翻转课堂的方略，运用这四种实践，教师就能为必须"当场"解决的问题——回答学习者的疑问，解决误解与推论的落差或混沌——减缓压力。这也是第（5）种实践方法，亦即在讨论中，教师把学习者的思考、方略与表达，同赋予动机作用的重要的教学内容结合起来。设计者根据原理进行设计之际，将这些作为教师运用的实践方法。不管教学如何展开，这个原理的焦点在于教学时间的安排，指向学习者通过运用经验，作为学习共同体的一员来反思并变革自身对教学内容的理解。学习者交流所在的共同体内自身运用的方法，在此过程中或许可为学习者超越原先的周遭地域学习共同体范围中所思考的意义建构、为探寻更广泛的世界性学习共同体的意义建构，提供机会。

　　原理三：课外课题与课内课题中运用同样的教学方法，将两者链接起来——教学的策略与方法（比如，讨论教学、项目学习、模拟教学）决定学习者的学习方向。在教学的周期中使用的所有方法均需在支撑学习者的整体教育的格局中统筹安排。否则，各种方法之间倘若不能相互匹配适用，学习者就难以充分地参与课内探讨教学内容之意义的过程。倘若设计者在编制同课外课题相对应的课内课题之际，保持教育举措的连贯性，学习者就能更清楚地理解课题所必须的实践是什么，从而就能更深度地参与学习。

（三）"翻转课堂"的基本要素（教学策略）

"翻转课堂"的设计可以采取两种教学策略，这就是"讨论学习"（DA）策略与"问题学习"（PBI）策略。[2] 在这里，教师需要把课堂内外的课题，包括其他的构成要素（比如，形成性评价、终结性评价、脚手架、反馈）链接起来，使学习者能够在翻转课堂中体悟到整合的教学策略。

采用"讨论学习"（DA）的设计策略——吉布森（J. T. Gibson, 2009）主张采用"讨论教学"A—G 的七个基本要素（见第四章"讨论教学"的基本要素）进行翻转教学的设计（表 5-1）。

表 5-1 采用"讨论教学"策略进行"翻转教学"设计

1. 课外的课题——在课外的课题中，重要的是创设让学习者把学到的知识（比如，分析与解决策）同教师与学习共同体的他者共同分享的机会（DA 要素 A. B. D. E. F. G）（基本原理 1）。
2. 课外的课题——课外的活动旨在链接学习目标与分享的信息，教师为学习者提供反思分享信息的机会（DA 要素 E 和 F），因此，要求在课外的活动中学习者必须思考：在上课之前同共同体成员分享的信息，在尔后的教学中如何作出回应或点评（DA 要素 A. B. E. F）（基本原理 3）。
3. 课中的课题——由于讨论已从课外的活动开始，教师在上课中主要是聚焦课题，为学习者提供面对面讨论的机会，亦即形成生产性的学习环境：对他者提出的观点，怀有敬意，同时作出批判性的回应（DA 要素 A—G）（基本原理 2—3）。
4. 课内的课题——在课堂讨论中，教师应当要求学习者基于学习共同体成员分享的信息，引出有根据的结论（DA 要素 A. C. E. G）（基本原理 2）。

资料来源：C. M. Reigeluth, B. J, Beatty, R. D. Myers. 教学设计的理论与模型：实现学习者中心的教育（第 4 卷）[M]. 铃木克明，主译. 京都：北大路书房，2020：334-335.

采用"问题教学"（PBI）的设计策略（J. R. Savery, 2009）——主张采用"问题教学"的四个基本要素（见第四章所述"问题教学"的四个基本构成要素）进行"翻转教学"的设计（表 5-2）。

表 5－2　采用"问题教学"策略进行"翻转教学"设计

---

1. 课外的课题——提出探究的问题（PBI 要素 A），针对学习者的情况，提供相关的文本资料、辅导与范例（PBI 要素 B）（基本原理 1）。
2. 课内的课题——在真实的复杂情境中，向学习者提示发现劣构问题（PBI 要素 A）的解决方略（PBI 要素 A），同时提供有助于学习者理解的脚手架并促进其反思（PBI 要素 B）（基本原理 2）。
3. 追加课外的课题——拓展课内的作业，帮助学习者的元认知处理与问题解决技能（PBI 要素 B）；帮助学习者进行问题的陈述（PBI 要素 D）（基本原理 1 和 3）。
4. 追加课内的问题——评价学习者的知识掌握程度与问题解决技能（PBI 要素 C）；帮助学习者把课内外问题链接起来，进行问题的陈述（PBI 要素 D）（基本原理 2 和 3）。

资料来源：C. M. Reigeluth, B. J, Beatty, R. D. Myers. 教学设计的理论与模型：实现学习者中心的教育（第 4 卷）［M］. 铃木克明，主译. 京都：北大路书房，2020：337.

　　"翻转课堂"并不是师生之间相互疏离，而是增进彼此的交互作用，形成学习者通过意义协商，理解学程内容的环境。

二、"创客教育"设计模型

（一）"创客教育"的概念

　　"创客教育"（Maker Education）是把学习环境的设计置于支援学习者制作有形的作品、使之获得体验的一种"学习者中心"的教学模型。[3]"Making"（创制者）作为现代流行的一种文化的、教育的现象，源自美国麻省理工学院（MIT）的"数字制作技术"的开发，它是借助模拟技术与设计、工学、传统工艺相结合的实践，制作物理性作品的潮流。所谓"创客运动"（Maker Movement），顾名思义，意味着从这些实践中形成的广泛的共同体。这种共同体秉持的目的与价值观是：通过公众分享软件的知识与技术，来促进个人作品的创造。聚焦革新、协作与分享资源，志同道合者形成的组织，起初仅存在于高等教育机构，而今发展为创客教育实践的广泛的共同体。我们可以在谓之"创客空间"（Maker Space）的"工作室"（Studio）里看到创客文化中心的开放式取向。在这种广泛的创客文化的境脉中，研究者与教育者开始探讨旨在促进儿童学习的创客技术的作用。我们可从缝合在衬衫、背包之类的纤维织品里的电子纤维的开发，看到手工艺品与技术的融合。这种融合的结果，给我们带来了称之为"电子智能纺织品"的内嵌纤维温度传感器的棉织品。这些电子纤维较容易嵌入织物，能进行编程设计、制作智能交互式纺织品。电子智能纺织品纤维由非绝缘的导电性的细丝构成，导电丝线的密度要细于正常的经纱才能满足织造工艺的可织性。因此，电子纤维的编织过程比之传统编织的纤维设计，需要付出更多的心力。这个事实表明，电子智能纺织品的设计是有助于促进同纤维网相关的若干工学原理的学习的。不过，创客取向的设计不仅有助于工学取向的素养，而且每一个儿童借助制作过程的真刀实枪"做"的活动，还可以发挥这样一种作用——给予每一个儿童创作有意义的、能体现个人价值的作品的机会。

"创客教育"被视为划时代的新生事物。不过，创客取向的过程是同20世纪的学习理论一脉相承的。早在20世纪20年代，杜威与维果茨基就论述了基于真实性经验的问题解决型学习与设计学习的体制化来改进教学的可能性。在创客文化的境脉中，"学习"被视为经验与审美的过程；"最近发展区"中的知识被视为学习者同社会情境相接触的过程；借助协同性的数字技术参与项目学习的过程则被视为情境认知论中的活动系统，等等。纵观"创客教育"的实践可以发现，创客环境的设计体现了一连串的教育价值：

• 学习目的——赋予个人创设的有意义的贵重的物体以高度的价值；赋予概念性理解与所处理材料的理论性、物理性的关系以高度的价值；

• 优先事项（衡量教学成功的标准）——效果与魅力重于效率；

• 教学策略——赋予"做中学"与"能动学习"以高度的价值；赋予学习共同体中"境脉学习"以高度的价值；

• 权限（围绕上述三个条件的决策）——赋予自我主导型学习以高度的价值。

这就是说，"创客教育"尤为注重如下三点：第一，"做中学"的学习——"学习"可以通过在有意义的境脉中做了什么而得以促进。"创客教育"的价值与其说是"旨在制作的学习"的取向，不如说是"旨在为学习而制作"的取向。这是一种视制作过程甚于完成作品的思维方式。个人伴随着制作与创作的深化而置身于环境之中，更容易把材料的理论特性、物理特性及其用途结合起来。比如，学习者在设计纤维温度传感器的场合，会使用纤维的知识与材料的导电性知识。儿童的日常生活里充满了各种设计类产品、生活在同设计产品相处的数字世界里。通过创客教育的设计，他们或许会开始认识到，电子计算机的要素在他们所体验的世界中实际上是怎样运作的。正如阿克曼（E. Ackermann，2001）所说："知识绝不是一方提供，另一方加以抽象、记忆、检索、运用的信息。知识是学习者同世界、同他者、同事物借助交互作用而获得的经验。"不过，仅止于此，还不能充分说明"学习"是怎样发生的，也不能充分说明在共同体境脉中"学习"必然发生的理由。事实上，杜威（J. Dewey，1938）早就提示了必须基于有意义境脉，来思考教育与教学的基本结构。在他看来，"系统化"的学科知识的教学难以基于学习者的既有经验与学习者的需求，因而主张促进有意义的交互作用、改进教材编制的必要性。在创客教育的文献中旧有的学校教学活动是生产性低的，或者可能沦为非生产的活动。因此，我们必须认识到教育结构的重要性与作用。

第二，共同体中的学习——学习的社会文化理论，考察学习得以发生的社会环境是怎样影响学习者个人的。"学习"是在物理的、社会的、文化的环境中形成的，因此需要研究这种环境要因对学习的发展会产生怎样的影响。人的学习浸润在其所处环境的境脉之中，唯有发展学习的境脉性，真实性的学习过程才可能展开。因此，阿克曼（E. Ackermann，2001）强调，知识不是"买卖的商品"，而是通过同教材、伙伴或熟练者的交往，能动地建构的经验。要在共同体中培育真实性的、基于兴趣的知识建构，就得参照社会文化框架。这是创客空间的组织业已证实了的——谁都能通过参与共同体的活动，推进个人以及协同的学习，分享专业知识。

第三，能动且自我主导的学习——关于能动且自我主导的学习的诸多观念，渊源于杜威的主张——有关联性的深度学习是在学习者自主控制的环境中产生的。这并不意味着一概地排斥教师的指引，而是指通过让学习者感受到在受指引的环境中寻求价值的自由，来促进自我控制。不过，要警惕可能会产生低效的或无效的活动。

因此，创客教育必须考虑到教学设计的重要性与价值。

（二）"创客教育"的设计

创客教育的教学设计起码需要回答如下的问题：创客教育同公共的学习环境与正规的学校课程，存在哪些契合点？扎根于创客文化实践的学习环境应当是怎样的？

1. 设计的出发点——要使设计与制作富于生产性、独创性，就得以学习者的个人动机、兴趣与交互作用为出发点，最终在共同体的境脉中实现作品的开发。比如，当儿童从事机器人研究项目之际，或许书本上的机器人技术性的原理性知识会加速推进该活动；或许在丰富的线上共同体的境脉中，儿童彼此之间会获得灵感，从而在生成的、分享的共同体中得以激励所有的创客活动。兴趣引领的共同体难以变换为公共的学校课程的理由之一，就在于非正式的学习境脉中创客空间的特质，难以在教室中复制。在这些创客空间里的非正式共同体中，个人可以追求各自不同的目的。因此，谁都可以成为其中的一员，自由进出。但在课堂这样的公共情境中，或许需要基于自定目标与学习者的选择来实现学习成果，不过，创客空间事先规定好了谁是成员，不能自由进出。杜威主张，学习的目的在于自我主导型的实践。换言之，可以发现，学习者能动的协作是一切有意义教育情境的基本要素。因此，学习者借助创客实践而发挥的学习潜能，存在于众多的教育情境之中。但另一方面也可以说，秉持学习者的兴趣与自我主导为优先的出发点，是实现这种潜能所不可或缺的因素。

2. 提供工具、材料、资源——要制作作品，就得提供适当的工具、材料与资源。在创客教育的作坊里既有固定的专用空间，也有用于多种目的的多功能空间。随着技术的飞速发展，激光切割机、3D打印机、乙烯基切割机等创客空间的制作工具，品目繁多、价格低廉。不过也有人指出，在教育环境里配置创客教育的物资设备的过程中，难以确保装备作坊工具所需的费用与专用空间。对此，一方面必须在固定场所确保专用的创客空间，让学习者能够移动到专用空间进行作业，另一方面也可以把技术直接引入传统的理科教室之类的空间，同学校课程的活动直接挂钩，加以利用。基于学习者的兴趣，同学习者一起建构这种活动，或许可以避免创客教育方面的一些制约。

3. 确定设计的目的——设计目的是境脉中的重大要素。设计目的通常是学习者主导、同教师之间协商建构的。"设计"可以界定为整合多种领域与多元观念的过程，由于它是穿梭于微观与宏观之间的信息变动的传递，所以是创造交织着生态学与要素群、体现个人与整体之特征的符号系统的一种方法。创客技术的设计并不是技术中心的设计，而是人类中心的设计。两种设计秉持不同的课题：技术中心的设计课题是"我能创制什么"，而人类中心的设计课题是"我为什么创制，谁来分享"。

4. 设计目的的结构化——创客空间是一种复杂的学习环境，因此，探讨设计课题的结构化是最有效的方法。那么，创客活动的结构怎样才能有助于学习者超越现有的能力水准呢？关于这一点，利用乔纳森（D. H. Jonassen，2010）的问题解决设计的框架——通过周边的熟练者与行家反复引导的支援而获得成长——可以得到更深刻的理解。该框架表明，设计问题是一种极其复杂的劣构问题。另一方面，大部分的设计者是从问题空间开始，基于兴趣与观念，来投入作品创制的周期（图 5－1 设计周期）的。

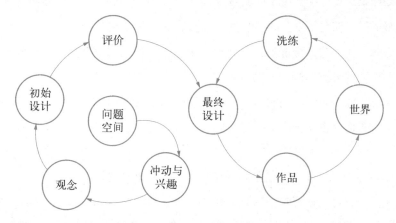

图 5－1 设计周期

资料来源：C. M. Reigeluth, B. J, Beatty, R. D. Myers. 教学设计的理论与模型：实现学习者中心的教育（第 4 卷）［M］. 铃木克明，主译. 京都：北大路书房，2020：156.

　　这种周期应当是一个循环往复的过程。学习者无论在哪一个时间点上都能朝着下一个阶段的要素移动。不过，该图也描述了初始产品出来之后所要经历的反复的洗练过程。通过这种洗练过程，就能促进学习者从某种课题形成"适当"的认知性心理模型。据此，或许可以引导学习者参与他们的观念与理解得以转变的课题。这个时节的教学可采取多样的形态。总之，设计课题是通过作品的建构、洗练与再建构的反复，而使得学习者的能力朝着合乎目的的方向拓展的。

　　5. 促进原型创制、失败、洗练的周期——把设计过程视为探究的过程，有助于理解原型的创制、失败与洗练。在探究过程中倘若思考了所界定问题的最初解决策略，那么就可以在现实世界中形成旨在验证假设的原型。比如，作为学习者的探究的一例——"能否设计更好的煤气开关，为关节炎患者提供一些帮助"，就得去创制煤气开关、验证是否能为关节炎患者提供便利的方法。学习者确立"这种特定形状的煤气开关便于关节炎患者使用"的假设。倘若通过原型的验证表明，在现实世界中并不适用，便会被视为"失败"。"失败"尽管具有否定性倾向，却是有助于最终模型的成功而发挥进一步洗练的功用，随即原型会成为学习者在尔后的周期中所利用的新知识。设计过程中尔后的技术谓之"洗练"，洗练是旨在理解物理世界中所用原型的结果而持续展开的探究过程。当原型作为结构化的问题解决策略不能发挥作用之际，失败被记录下来，运用于该原型尔后的周期。就是说，随着原型缺陷的暴露、失败的分析与理解，而导向进一步的作品建构（洗练）。直至可接受的解决策略出现之前，原型的创制、失败、洗练的周期得以持续，并且通过创客空间里的工具与过程而获得充分的支援。

　　6. 生成有意义的探究问题，支援学习者——为了激发学习者的关注、支援学习者实现学习的进步，而使用有意义的探究问题。有意义的探究问题可以从任何一种情境中生成。比如，学习者关注的事（"通过设计更好的煤气开关，能否为关节炎患者提供一些帮助？"）或者，围绕材料的好奇心与检查（"把两种不同材质的塑料结合起来，将会怎样？"）等等。这些例子中不同的探究问题，先于设计的目的与目标。但是，倘若学习者没有指向有意义的问题，那是难以发展为有意义的复杂的探究问题的。因此，教师必须引发学习者的兴趣、让学习者产生同有意义学习相关的问题。比如，让学习者想象这两种不同材质的塑料黏合在一起的场合。在这里，并没有表明为什么要进行这个试验，以什么方式来帮助学习者决策。这是牵涉到教师角色作用的问题。起初的要求是两种不同材质的塑料黏合在一起，其难度较小，或许可以观察到两种材质的塑料黏在一起的结果，但有意义的深度学习的可能性不高。倘若教师把它引入创客活动与学科教学之中，可以探讨如下的问题——

- 请给我解释一下这个材料。

- 关于这些材料，知道些什么？要描述我们世界的材质及其物理特性，该使用哪些术语？

- 这两种材质的塑料有什么不同？

- "黏合"是什么意思？这些塑料怎样才能黏合起来？

- 你知道有哪些黏合？要做到黏合，首先需要学会什么？

- 想想看，会发生什么情况？

- 你打算如何观察，如何记录观察？

- 那么，先提出问题、计划实验，记录结果。然后，再把一种材质的塑料换成另一种材质的塑料，试作出更广的推论……

通过这些探究问题，至少可以达成三种目的。一是教师支援学习者能够深度探讨一些问题；二是教师帮助学习者评价自身的知识与理解；三是促进有效探究与学科教学。教师应当采取的教学策略是，向学习者提出探究的问题、为学习者提供脚手架。

7. 提升超越创客作坊的价值——纽曼（F. M. Newmann, 2001）等人对真正的知性作业与标准测验之间的关系的划时代研究中，对400所学校的课堂进行了为期3年的细致观察，把高阶的知性作业的课堂同低阶的知性作业的课堂进行比较，发现要取得最大的利益与成果，就得有三个维度——组织、探究、超越学校的价值。在创客的境脉中，所谓超越学校的价值意味着在创客教育中生成的作品被赋予了更深邃的目的。亦即意味着学习者的活动与成果同更广泛的客体与学科教学的活动链接起来。

一言以蔽之，就是促进创客教育的活动，借以制作拥有真实目的的创作活动。

（三）"创客教育"的实施

1. 创客空间的设计——提供备有适当的工具与资源的创客空间是一个基本原则。不过，由于创客空间处于不同的境脉，其设计是多种多样的。设计受种种因素的影响：

专用空间。在有空间与资金的场合，可设置专用空间。在这种空间里，周边固定的位置上配备制作工具，中间配备足够的工作台。电动工具用装饰架与化学药品管理库、个人用安全工具，则置于方便存取的位置。为确保健康的作业环境，宜设置控烟除尘的中央空调系统。

临时性空间。在资源有限、只能配置缝纫机、3D 打印机及其他一些基本的小型制作工具的场合，可设置发挥临时性功能的空间。在持续地整合创客教育的工具、过程与课程教学的场合，这种空间尤为适用。

移动式平台。创客空间设计的一种选项是，打通多间教室，引进创客空间的技术（及其过程）。就是说，可在普通的教室里直接引进创客设计。另一种选项是，设置移动式系统（诸如，全自动 3D 打印机平台，兼备激光切割机与 3D 打印机的移动式平台等）。就是说，制作工具不是放置在固定的位置，而是便于在各种不同的场所随时随地运用的设计。这在筹措若干主要的数字工具（激光切割机、3D 打印机、乙烯基塑料切割机）的场合，或在专用空间狭小的场合，尤为便利。

2. 内容或目的优先——理想的工具与资源的组合，不仅受预算上的制约，而且也受到创客空间活动目的的引导。方向一旦改变，整个设定也会随之发生巨大的变化。可以从两个角度加以考虑。其一，STEAM 取向（注①）。在机器人工学与工学项目等 STEAM 教育取向的场合，必须准备品类多样的制作工具。其二，设计与制作取向。在设计与工艺教育取向的场合，大多只需准备比较简单的手工艺工具，就能把创客项目统整在正规的学校课程中，从而更好地支撑学校教育中创客文化的发展。

3. 向学习者提供指引——在专家或者教师应当提供的条件中，起码有两个维度可以考虑。其一，使用材料与工具的维度。就是说，不同的工具、材料，在创客项目中的运用方法是不同的。其二，旨在促进创客活动与学科教学链接的特定形式的学校指导维度。就是说，当创客项目引进学科教学和整个学校课程之后，教学的模式将会发生变化。另外，在需要帮助学习者完成项目的场合，可以考虑提供反思与研修的机会。

三、"游戏学习"设计模型

（一）"游戏学习"及其类型

"游戏学习"（Game Learning）[4] 是利用有意义的选择性与游戏化元素，聚焦问题解决，诱发学习者动机作用的一种教学设计。教学内容的游戏化必须符合情节、挑战性、好奇心、神秘性等要素，适于线上线下的实施。整个学习环境的设计应当让学习者感到"安全"，有学习的动力。"游戏学习"的价值观可以归纳为如下几点：

- 学习目的——重视动机作用与协商；
- 优先事项（衡量教学成功的标准）——魅力与协商以提升效果为目的，相对来说并不重视效率；
- 教学策略——学习课题应对未来学习者提供适当的挑战；
- 权限（围绕上述三个条件的决策）——通过强化学程结构与日程表，主要由教师管理成绩、优先顺序和手段。学习者的选择受规则与参数的制约。

1. "游戏化"——这里所谓的"游戏化"（Gamification）是指，运用游戏元素、游戏机制与游戏思维，促进学习与学习动机作用的新型教学方式。在游戏化中学习者并不是从头到尾参与整个游戏，而是通过积分、攻克关卡、实现任务的方式，获得证据，参与游戏所涵盖的元素。随着特定软件的出现与技术的进步，游戏化的开发与推进越来越普及。"游戏化"的术语是佩林（N. Pelling, 2002）倡导的，作为文字记录下来则是 2008 年之后。不过，这个术语直至 2010 年后期仍未得到广泛的认识。术语本身是比较新的，但关于游戏化的基本思维方式似乎得到了认同。一般被界定为"运用游戏思维与游戏机制，引领用户解决问题的过程""运用游戏的技术，使活动变得更有魅力与有趣"或者"在一些境脉之外运用游戏设计元素"，等等。作为教学设计的境脉中关联性最高的定义，就是上述定义的综合——"运用游戏机制、美学与游戏思维，诱导用户付诸行动、促进学习，解决问题"。

2. 游戏化元素——围绕游戏化元素问题的见解比较一致。不过，在我们超越表面上的定义，对游戏构成元素、游戏机制或游戏思维作出界定之际，问题变得复杂起来。倘若这些概念不加以界定，游戏化元素就难以确定。游戏化复杂的一面是界定构成影响的因素究竟是什么。要回答"游戏是由哪些元素构成的"这一提问，就得把"游戏"分解为构成元素。有学者界定了四种重要的元素——规则、目的/可量化的成果、应解决的挑战或问题、控制感。也有一些研究者界定了如下的元素：故事、快速反馈、概念与现实的抽象化、适应、评估、终点、用户对成果的执着、协商的可能结果、时间、美学、感性刺激、用户的努力、报酬的结构、安全性·失败的自由、稳定成果的方略以及熟练感，等等。

3. 游戏元素的分类——根据调查，可以把几乎所有的游戏元素分为三类，即协商、自律性、进展感。由于规则可为学习者提供游戏化的学习体验之际的导引与边界，所以，规则的概念属于自律性的范畴。这种分类框架可为游戏化的基本原理奠定基础，包含在各分类中的元素体现了境脉依存的原理。比如，"激发与维系学习者的协商"这一基本原理，有可能通过学习者同神秘人物（他者）的竞争或把学习者引进有说服力的故事，在这一过程得到强化。这些方略是同所有的"协商"不可分割的，但在不同的教育情境中需要有不同方略的组合。

表 5 − 3　游戏元素的分类

协　商	自　律　性	进　展　感
故事	失败的自由	水准
幻想	规则	奖励

续　表

协　商	自　律　性	进　展　感
神秘性	控制	进展与惊异
竞争·对立·协作	安全	提供明确的目标
好奇心		反馈
挑战性		

资料来源：C. M. Reigeluth, B. J, Beatty, R. D. Myers. 教学设计的理论与模型：实现学习者中心的教育（第4卷）[M]. 铃木克明，主译. 京都：北大路书房，2020：350.

4. 游戏学习的类型——游戏化可分两种类型，即"结构游戏"与"内涵游戏"，属于广义的术语。所谓"结构游戏"并不是修正或变更题材内容，而是采用游戏元素，让学习者沉浸于题材之中。在这种类型的设置中，一般把"积分与水平""徽章""优胜者"以及"达成实绩"之类的游戏元素，运用于教育情境之中。试举学习境脉中结构游戏的一例：学习者在2周之间，每天通过电子邮件收取谜题游戏的学习内容。倘若做出的回答是正确的，即获得积分、徽章，认可进步。在回答错误的场合，则会当场向学习者提示围绕该问题而特别设计的简要文字说明。问题会以不同的间隔时间，反复出现。整个过程每天花30秒—90秒左右，根据学习者的选择，开始或结束一天的游戏。随着学习者题材的推进，在公示版上显示正答数优胜者的名字，向整个班级公示。借此，可以把学习者同别的学习者进行比较，评价其进步的状况。"结构游戏"是以行为主义与斯金纳（B. F. Skinner）的操作条件反射的概念为基础的。斯金纳相信，变革行为的重要事件是基于特定行为带来的成果，通过特定行为的强化是能够达成理想的成果的。人一旦采取了特定的行为，就给予报酬，报酬通过种种的计划表来提供。所谓"可变比率强化"日程表的概念是指，借助不可预测的间隔时间来提供行为的强化。"固定比率强化"日程表的概念是指，在预先决定了次数的行为发生之后，提供强化。这种活动与报酬的结构居于众多结构游戏学习的中心。在典型的结构游戏中为求学习者兴趣盎然地展开题材，游戏化学习中嵌入可变与固定两者的酬劳系统，酬劳以证券、积分、钱币等表示成功的方式来加以可视化。

所谓"内涵游戏"是运用游戏元素、游戏机制、游戏思维，使题材内涵更游戏化的一种方法。在这种类型的游戏设置中，一般把故事情节与挑战性、好奇心、神秘性、角色性格等游戏元素添进题材，借以引导学习者。比如，在一连串数学问题中补充故事元素，使学习者处于想象的境脉之中，或者以提示挑战书的方式替代学习目标的清单，开始课堂中的对话。两者均为内涵游戏化的方法。用意不在于编制整个游戏，而在于追加游戏元素，引导学习者。在教学境脉的游戏化中有学习者扮演某种角色、参与故事境脉的案例。比如在某个会计学主题的教学情境中，教师要求学习者在一小时之内完成基本步骤操作的文件编制，然后，根据学习者提交的文件的正确性与对要求的应答速度，以及是否向"模拟"审查员提交了适当的文件，来进行评分。内涵游戏的基础是动机作用理论，它是一种把任务与活动视为内发性动机作用来说明人的动机的宏观理论，同一切操作条件作用的外发性动机作用，形成了鲜明的对照。这种理论就是"自我决定论"。"自我决定论"包括三个要素：其一，自律性。这是能够自主控制的一种感觉，认为自己能够决定行为的结果；其二，胜任力。这可以定义为一种想要挑战与想要充分掌握的感觉。提升习得新技能的机会与接受适当挑战的机会等"能力—经验"的要因，使学习者觉悟到能力，而这是同动机作用联系在一起的；其三，关联性。这是个人感悟到同他者相关联的时候所经验到的。

根据研究，游戏的心理性"引力"，主要就是基于产生"自律性""胜任力"以及"关联性"的情感特性而形成的。由此看来，这不仅是动机作用，而且也是感悟生理健康提升的一种根据。

（二）"游戏学习"的价值观与基本原理

通过适当运用教育中的游戏化元素，提升动机作用，引出协商，乃是最优先的事项，具有高度的价值。在结构游戏中，教师拥有主导权，利用可变比率与固定比率的酬劳系统，提供外发性动机作用。在内涵游戏中，以促进"自律性""胜任力"

"关联性"的情感为目的，利用不同的游戏元素来变更教育题材。游戏化学习环境中的优先事项，通过慎重地运用游戏元素来提升教育的效率，这意味着迅速而又高效地完全习得教学的内容。而引发学习者学习的关键则在于动机作用。在"结构游戏"中采用"外发动机作用"，而在"内涵游戏"中则聚焦"内发动机作用"。在教育情境中运用游戏化的场合，教师为学习者提供学科结构与强化日程表，主要是由教师或设计者控制终点、优先顺序与步骤。学习者的选择性受到游戏化环境设计的限制，要达成理想的学习成果，学习者必须遵守规则与范围。在"结构游戏"与"内涵游戏"中由于动机作用的视点不同而形成了不同的理论依据。不过，从"协商""自律性""进展感"之类的研究文献中可以发现，基于游戏元素分类所建构的基本原理，大体是共同的，作为"结构游戏"与"内涵游化"的基本原理可归纳如下。

原理一，挑动并维系学习者的"协商"。游戏化的基本元素之一是"协商"。学习者必须通过活动、决策与对刺激作出反应，参与学习过程。这一点看起来似乎很简单，但几乎所有的学习者都习惯于在课堂中被动地接受，不参与教学的进程。但在游戏化中并不是被动、而是能动地接受学科的教学，显示出个人可以获得更丰富的学习。游戏中的协商原理是游戏学习设计中必需的要素。要求建构并维系有协商的环境，就得开发从一开始就引导学习者展开挑战的机制，以及使学习者通过体验有意识地进行认知性决策与选择的结构。

原理二，在安全的环境中以明确界定的规则为前提，促进学习者作出有意义而重要的选择。

1. 规则是游戏化的重要元素——学习者必须了解什么是容许的，什么是不容许的，而且学习者能够在这些规则的范围内作出决定。规则是有助于集中学习者注意力的重要元素，是一种"学习者指南"。在这些规则的范围内，学习者作出选择，赋予学习者发挥自律性的自由。学习者的"选择"与"自律性"是游戏化获得成功的重要概念。所谓"自律性"指的是，学习者针对个人目标、在没有外部压力的状态下进行活动之际，所经验到的自发性与自由。所谓"促进自律性的环境"是指，来自外部的压力被控制在最小限度、向学习者提供选择项，使学习者的目标得以认知的环境。让学习者掌握主导权，显然意味着赋予满足感。拥有控制自己行为的实感对于学习者而言是富于魅力的。

2. 学习者自行选择的意义——在游戏化的经验中，不仅是明示的协商，而且必须嵌入有意义的选择。当学习者在游戏化的环境中选择之际，系统、指导者和环境，以某种方式作出应答。学习者的选择与系统的反应之间的关联性是"赋予交互作用的深度与品质以特征"的一种方法。但这不是说，应当完全地控制学习者应当往哪儿去、做什么、学什么。根据诸多研究，在开放的学习环境中，完全地控制学习者是无效率的、而且是没有效果的。学习者的选择倒是可以（应当）借助规则与参数加以限制。不过，在这些规则与参数中应当让学习者拥有某种程度的选择项，借以决定学习者自身特定的行为、设定个人的目标。

3. 在游戏化中必须让学习者感到，自己进行选择是有意义的，它会影响到最终的成果，而且能够自律地实施。学习者在游戏化的环境中进行选择应当受到鼓励，但选择不应当带来负面的结果。学习环境必须使学习者感到展开探究、出现错误、验证主意乃是"安全"的。失败的自由或"重来"的自由是形成安全环境的一部分。在课堂设计中嵌入"失败的自由"是提升学习者协商能力有效的原动力，在鼓励学习者冒风险、尝试错误的场合，焦点从最终成果转移至学习的过程。在现代教学中教师也已认识到了这种焦点变更的有效性。在游戏化中，"失败"不过是选择项中的一个，这是好的。容许用户的失败，把负面影响压缩到最低程度，鼓励探究精神与好奇心，有助于促进发现学习。用户知道，游戏随时可以重来，因而拥有自由的感觉。用户利用由于探究选择项而多次得到的机会，可以最大限度地活用自由，失败者可以重新思考自己的选择与方略。因此，在游戏化经验中，学习内容得以深化，游戏性得以拓展。未经失败与重做而达成的经验，往往会使学习者产生"不过瘾"之感。要使学习者认识到经验是有价值的，就得让其做些什么、从而感到一定的成就感。在达成某种目标之前经历几度的失败，有助于培养学习者在获得胜利时的成就感。

136

原理三，以可视的方式，向学习者提供求得完全习得的进步证据。把学习内容与技能完全习得的进步状态呈现给学习者，是游戏化的重要元素。比如，向特定的最终目标完全习得的终点，推展题材。就像反馈进步的状况——离目标还有多大——那样，是激发学习者学习热情的有效手段。在游戏化中必须显示学习者处于教学过程的哪一个阶段、指向哪里，以及离终点还剩下多少路程。旨在让学习者"看得见"自己的进步。其基本的状况可用图标显示向山上移动的样子，或用画像把学习者离下一个水平接近了多少，呈现出来。

精致学习——有效化的目标与过程同时也是在题材范围内推进的。学习者旨在精致学习最终目标，以自己的方式逐个地完全习得，这种精致学习的探究归根结底在于这样一种教育哲学，亦即在适当的教学条件下，所有的学习者都能实现学习内容的深度习得。"精致学习"的基本理念在于实现深度学习所必要的单元教学的编制。在精致学习中首先界定已经习得的课题与将要学习的课题，然后提供追加的支撑，亦即提供旨在学习未能深度习得的概念。

脚手架——为了求得游戏学习中包含的酬劳系统与积分的授予，或者伴随难易度的提升而实现水平之间的移动，就得追加旨在提升水平的技能，类似于"脚手架"的概念。所谓"脚手架"是基于维果茨基（L. S. Vygotsky, 1978）的"最近发展区"而建构起来的概念，指的是学习者现实的发展水准与潜在的发展水准之间的距离。亦即，学习者的现有发展水准与所求的水准之间的落差，在成人的帮助之下或同更有能力的伙伴的协作，从事问题的解决，从而得以缩短差距。运用"脚手架"的技法包含了暗示、检查测验、提示、提供线索、角色扮演、分组活动等。为了支援学习，把题材分解成更小的单位，也是一种脚手架。"脚手架"给学习者提供支撑，发挥作为学习工具的功能，有助于扩大学习的可能性，完成用别的方法不可能达成的课题。"脚手架"通过运用表示达成的水准与酬劳，为学习者提供可视化的进步的信息。每当学习者从一个水准移向下一个水准，就会维持学习者的兴趣爱好，随着进步，实现一步又一步的成功，最终实现精致学习。

目标指向性——在运用游戏化的时候必须留意两种目标指向性，这就是"成绩指向"与"精致学习指向"。这两种类型的目标指向会对学习者的成就赋予酬劳的建构方法产生不同影响。"成绩指向"的学习者关注他人是怎样评价自己的表现，而"精致学习指向"的性质则更强烈地关注自己熟练程度的提升。在设计不充分的游戏化中存在逼迫学习者追求"成绩指向"的倾向，为防止学习者倾向于"成绩指向"，需要在有效的游戏化环境中运用目标与反馈，使学习者逐渐地浸润于"精致学习指向"。学习者一旦拥有了"精致学习指向"，便会更易于接受失败，更乐于求解棘手的问题，因而提供了发展题材的机会。在拥有了"精致学习"的目标之下，学习者就会拥有更高的自我效能感、运用更有效的方略。这种学习者可以在复杂的任务中表现更出色。要促进"精致学习"，就应当赋予学习者能够认识到自身努力的课题，并为其实现挑战性的课题提供必要的支援。失败与错误也应作为提供诊断性反馈与激励的机会来处置。

反馈——反馈与反馈环是游戏化不可或缺的元素。游戏化中的反馈环是为引起适当的行为、思考与愿景而设计的。在游戏化的环境中学习者接受的反馈，从对错误行为的细致的修正信息到对正确行为的认可，不一而足。也有对学习者自身行为的时机作出的反馈，或借助音声频道发布反馈信息，包括对错误的答案作警示、对正确的答案则拍手称赞之类等。

（三）"游戏学习"的境脉依存原理

下面阐述的情境要素分别同上述三个基本原理相关，揭示每一个情境要素都有其适切的游戏类型，也有同时适于两种游戏的场合。不过，大多的情境要素只能同"结构游戏"或是"内涵游戏"中的一种相匹配。应当说，促进学习的情境要素最优组合的尝试，才刚刚开始。

原理一，"结构游戏"或"内涵游戏"的决定——如何利用"结构游戏"或"内涵游戏"，取决于诸多的要素：1. 在包括追加推理小说情节的学习内容的场合，采用"内涵结构"；2. 在学习者沉浸于内容，有学习者之间的交互作用、参与对话、角色扮演等要素存在的场合，采用"内涵结构"；3. 当学习内容随着时间的推移而成为更宏大的课程的一部分、教师要求学习者持续地保持积极性的场合，采用"结构游戏"；4. 在混合了两类游戏的场合，采用两种游戏设计。

原理二，关于"挑动并维系学习者的协商"的情境依存原理——为了借助"协商"来牵引学习者，可以个别地或者组合地采用引导或维系协商的若干方法。最佳的组合是使用3—4个独特方法，形成对学习者而言富于魅力的教育环境，具体地说，有如下要素。

挑战性。"挑战"是沉浸学习的强有力的动机。所谓"挑战"是困难的、但可能实现的任务：1. 从用户的行动中产生的可变性与多重目标、隐匿的信息或是由于随机性而获得的成果是不确定的，这就是一种挑战。挑战同培育内发性动机与学习者的自我效能感相关。不过，这种挑战应当是量力而行的，不至于压垮学习者。2. 在采用"结构游戏"的场合，应当调整目标、挑战或酬劳结构。通过这种调整，向学习者传递挑战性的难度与可达感，各种挑战不仅必须同"结构游戏"的项目相衔接，而且必须同复杂的观念、概念与技能的学习相结合。3. 在采用"内涵游戏"的场合，应当提供渐次复杂的整体任务的序列。当学习者在问题解决中遭遇障碍时，应当提供信息。

情节与故事。在如下的若干状况：有助于按照年代顺序或优先顺序提示学习内容的场合；有助于引导学习者沉浸于情意领域的场合；有助于追加故事情节、让学习者理解应当在何时应用特定学习内容的场合，运用情节与故事，可以发挥引导学习者的作用。情节是结构游戏与内涵游戏均不可或缺的核心要素，情节构造是诸多游戏中频繁使用的要素。情节追加意义、提供境脉、引导行动，情节可以唤起情感，可以提供旨在配置信息的境脉，它也是人类几个世纪以来传递信息的方法。学习者往往有运用故事教学的倾向，借以传递自己的见解和他者的见解。按照惯例，"故事"一般是将经验加以结构化，赋予行为与活动以意义。通过作为教学的境脉而制作的故事，可以为学习者提供更高效习得所学内容的方法。运用故事的教学类似于案例教学和使用剧本。聚焦建构有意义、有情感要素的故事，可使学习者兴趣盎然。当学习者沉浸于故事的境脉之际，学习就会变得更有意义、更利于问题的解决与新的知识内容与技能的掌握。

角色与化身。角色和化身是许多视频游戏中的重要元素，在游戏学习中也可以成为重要的激励元素。在某个场景或某个特定人物与现实相关联的场合，通过采用化身，可以使学习者沉浸于学习环境之中。学习者借助化身展开的对话，有助于改进学习本身的性能。即便不制作具有情节和张力的完整故事，只是通过添加角色，也可以吸引学习者的深度参与。比如，在包括各种单词问题的线上学习的测试中，用"角色说明"来回答的组比之用"屏幕上的纯文本"来回答的组，正确率高30%。当化身（头像）出现在屏幕上时，学习者与其说是面对电脑，不如说是感到对那个"人"负有责任，因而激励了学习者的学习动机。不过有趣的是，研究发现，"写实"的角色并不比"卡通"的角色更有助于促进学习。

神秘性。神秘性主要用于"内涵游戏"。教学设计者可以通过变更教学内容来营造这种神秘性。当学习者意识到需要发现未知信息时，教学设计便有了神秘性。通过运用神秘性，可以刺激学习者的好奇心；通过渐次披露信息，可以激励学习者开始着手并持续地完成任务。另一种运用神秘性的方法是，一次性披露大量的信息。不过，这也可能会导致有碍于学习的情形。我们可以利用神秘性，从感官和认知两个侧面来刺激学习者的好奇心。这样做可以创造一个具有最佳复杂性的、新颖的且富于刺激性的教育环境。在这里，所谓"感官好奇心"是由环境中的光和声或其他感官刺激的变化而引起的注意；"认知好奇心"则是借助更高阶的认知结构的变化而引发的。研究表明，通过让学习者相信他们自身的知识结构并不完美、不贯通，或者杂乱无章的时候，是可以引发学习者的认知好奇心的。学习者为了以更好的方式来塑造自身的认知结构，就会产生进一步学习的动机。

竞争性。竞争往往是同"结构游戏"结合在一起的。所谓"竞争"是学习者彼此不打压、代之以全神贯注于自身学习成果的最优化。在"结构游戏"中有典型的学习者获得积分、求得优胜者的案例。当学习者必须学习大量知识内容的场合、维系彼此之间良好的社会关系的场合，或者面对所要求的学科学习踌躇不前的场合，可以运用竞争。为使竞争达到最佳效果，在"结构游戏"中讲究如下的要素，借以形成竞争性的环境：1. 学习者的努力是内发性动机，并非纯粹用金钱和奖品之类的外发性动机，对胜者的酬劳并不重要，或者不过是象征性的；2. 作为直接竞争对手的学习者数量，宜压缩到最低限度。研究表明，竞争者的数量增加，学习者的动机作用可能会低下。在大型的教室里，可以把学习者分成小型的竞争团队，来实现竞争作用；3. 竞争必须有充分的长跨度。这是因为，可以防止由于最初的成绩差而挫伤了学习者的学习积极性，保障所有的参与者坚持到最终的活动，都有可能获胜的机会；4. 必须明确，竞争的目的不在于结果而在于过程。应当明白，最终的胜负比之竞争中的学习与改进，并不那么重要。

协作性。所谓"协作"（Cooperation）是旨在彼此达成期望的、有益的成果而同他者协同的行为。通过协作，克服困难、解开谜团，该方法可在教育中追加游戏要素，主要用于游戏学习。这是众多的学习者喜欢游戏学习的社会性侧面。越多的人一起协作，就越是能够取得成果。业已发现，在多人组织起来的团队展开游戏时，严肃的游戏会变得更加有效。因此，即便在游戏学习中，团队协作的游戏会比单独的游戏更加有效。在同多个学习者打交道的场合，游戏是提高参与度的可行选择之一。特别适于需要共同努力以实现共同目标的场合。在学习者能够从伙伴那里得到学习的场合，通过讨论和协同作业，也有助于学习内容的充实。在使用角色与实现角色作用的游戏学习中，被分配到不同角色的两人，可以组织学习者团队克服障碍、实现目标。通过协作实现目标意味着协作性游戏学习的胜利。

间隔回忆。借助移动技术，可为学习者提供使用"间隔回忆"（Spaced Retrieval）概念的"游戏学习"。这个概念是以一定的间隔时间向学习者提供课程内容、帮助学习者保持记忆的有效工具。当教师每天花几分钟的时间向学习者提示极小部分的教学内容的场合，在面对面的课堂环境中亦可运用间隔回忆。这同学习者一次性学习大量内容的大规模练习，形成鲜明的对照。大规模练习的问题是，后续的内容与先行的内容会干扰新学习的内容，并导致疲劳。当你想长期地吸引学习者，或是想强化学习与应用的内容的关键时刻，间隔回忆是有效的。回忆的间隔区间越大，记忆保持的潜在优势就越大。间隔回忆有助于长期保持信息的记忆，这是由于通过间隔回忆有助于学习者对教材进行更深层次的处理。在理想的状况下，学习活动的间隔时间应当超过 24 小时，但也发现更短的时间间隔也是有效的。从最初的练习开始经历 8 年的时间之后，进行间隔回忆的学习者比之集中练习的学习者，显示出更优异的保持力。

回想练习（Retrieval Practice）。在回想练习中，学习者不是简单化地重读或重听信息，而是需要记住这些信息。在游戏学习中，测试或测题主要用作学习者回忆以前学到的信息的一种手段，向学习者呈现并要求作答。倘若回答正确，便给予积分、徽章或其他的奖励。回想练习被用于"结构游戏"，通过测试的成绩来测定学习成果。倘若学习内容被正确地回忆出来，最终完全习得，便给予奖励。在这个过程中包括反复练习出错的问题，直至完全掌握为止。在必须记忆并回忆学习内容的场合，游戏学习境脉中的回想练习是最适宜的。相关文献的研究揭示，认识到回想练习的长处，至少已有 100 多年的历史，并且在众多不同的人群中得到了证实。在记录学习者的回答、跟踪学习者表现的游戏学习中，通过引人入胜的方法呈现问题，可使学习者乐于参与并回想这种过程。通过回想练习，可以提升回忆的效率；通过应用测题的手法，学习者学过的内容得以强化。此外，通过从记忆中取出信息的行为，会带来记忆的一系列变化，包括强化记忆的痕迹，形成追加的检索渠道。这种记忆变化的结果是，提升未来的记忆成功率，并使测试成为形成长期记忆的强大因素。总之，测题是学习者直面的一种游戏要素，对问题的回答是同积分、徽章之类的附加游戏要素联系在一起的。作为应用回想练习的游戏学习的一例，学习者每天接受测题，并且作出回答。在回答出错的场合，教师会根据回答，提供即时修正反馈。之后，该问题将返回到问题池中，以备将来随机出题。

原理三，关于"鼓励学习者在明确界定的规则与安全的环境中，作出有意义而重要的选择"的境脉依存原理——在向学习者提供适当步骤跳过一些课程元素或学习者自身决定接收内容序列的游戏化学习中，学习者被视为有高度的控制权。相比之下，几乎不给予学习者课程与教学的选项，被视为程序控制。内容的排列、节奏，以及对学习者支持的访问，在不同的教学设计中，给予学习者的控制权是有所不同的。

　　允许学习者有最小限度的控制。存在着学习者只能最小限度地控制游戏化要素的情形。比如，限制碎片化知识类型问题的回答次数，或者只给予推理性问题解决的一次性推测机会。对不擅长于某学习主题学习者，最好也尽可能地限制其控制权。此外，也可能存在网罗的内容庞大得不堪重负的情况，这就需要把学习内容加以合理地分割。允许最小限度的控制，是"结构游戏"与"内涵游戏"均拥有的功能。比如，在"结构游戏"的设计中，必须使学习者线性地展开，以获得高分；或者控制学习者对游戏中定期显示的问题作出回答；在"内涵游戏"的设计中，只有当学习者达到某个目标之后，才会显示追加的内容或信息，诸如关于历史事件的线索、解决代数问题的技巧。限制学习者的控制权、以指令方式提供的教学，也适于需要严格的顺序展开学习的内容，或者需要记忆的学习内容。

　　给予学习者最大的控制权。随着学习者积累了相关主题的经验，就应当让学习者拥有更多的学习控制权（诸如学习的进度与顺序），或者支援学习者参与游戏学习。如果学习者对相关内容拥有先行知识；如果主题是更高阶的教学或是课程内容更高阶的学程；如果在学习者的认知水准更高与学习内容复杂度较低的场合，在游戏学习中学习者拥有更多的控制权，学习成功的可能性也就会越高。这样看来，让学习者拥有更多的控制权，是适用于"结构游戏"与"内涵游戏"的。作为"结构游戏"的一个例子是，在准许其访问之前，不是限制学习的系统控制，而是有经验的学习者能够选择先回答并获得积分，或者有经验的限制可能决定给出最高分的内容，而忽略只能给出最低分的内容。而在"内涵游戏"中，将控制权委托给学习者表明在发起挑战、展开神秘事物的探究，甚至在角色的作用中，拥有一定的自由度。学习者可以自行选择学习的方法并决定学习的进度。

　　社会化。在学习者需要展示精致学习、进行个别学习的场合，"社会化"（Socialization）是不适用的。不过，当学习者需要比较彼此的观念与概念来建构意义，或者借助团队进行知识的建构，作为一个群体展开最优学习的场合，"社会化"是合适的。在"自我决定理论"（Self-Determination Theory，SDT）中谓之"相关性"的一种社会要素是，人感到同他者的关系。正是这种关系，激励着学习者更痴迷于在游戏的境脉中达成目标的热忱。在采用"内涵游戏"的场合，能够让学习者扮演参与者的角色，参与观察与模仿现实的行为与活动。20世纪70年代后半叶，班杜拉（A. Bandura）把学习者在社会情境中通过观察相互学习的一种学习方式，明确地界定为社会学习理论的概念。游戏学习能够提供这种社会学习情境。社会学习理论的前提是"个人的观察与模仿导致学习行为"。该领域的研究表明，人类的社会学习模型对他者的行为、信念、态度，以及社会认知功能的变革，会产生有效的影响。在"结构游戏"中有诸多的社会侧面、徽章和其他展示成果的行为是学习者分享非线性排列目标的成果，并向周边的其他人展示进步的一种方式。"竞争"是一种社会结构概念。排行榜可以分享进步与成功，但排行榜无需用于个人，可以编制团队排行榜来促进社会交互作用。

关于"精致学习进展的可视化"的境脉依存原理——奖励与动机的结构有助于确认学习者精致学习的进展。奖励有多种形式，包括通过行为与活动获得的积分，从一个水平上升到另一个水平的级别变化，或者奖杯和徽章之类的实绩。获得积分、升级或获得成绩的要素最适于"学习者未发现原本的兴趣与价值的活动的场合"。当这些要素在积分与水平或者达成的业绩无需发挥功能（无需吸引学习者）的场合；或者不能反映学习者的能力、进步和关于任务的知识水准的学习的场合，促进学习的可能性最低。就是说，在学习者拥有学习的内在兴趣的场合，这些要素并不是必要的。

积分的获得。积分是关于学习者对问题、场景或其他教学事件作出回应的一种努力，一种具有及时性、适当性、精准性水准的反馈信息。积分是提供衡量进步的有效工具。不仅是学习者自身进步的衡量尺度，而且也是对标准、对最大可达积分、对伙伴的一种测定。积分主要用于"结构游戏"，既有即便是学习者登录学程的简单行为亦可获得积分的场合，也有面对复杂任务（诸如运算数学难题）的场合。

升级。随着内容明显地从基础知识向高阶知识进展，要使得学习者逐渐进入更难的级别，教学单元的编制就显得非常重要，这叫作"升级"（Leveling up）。在游戏学习中，级别是被界定的阶段，需要特定的行为才能过渡到下一个阶段。教师宜提供促进各个级别达成的视觉感知，以便学习者能够识别各个级别的进步和精致学习，并能够理解他们自身在学习过程中所处的位置。级别在游戏学习中具有多重目的，其中一个目的就是便于管理学习空间。学习者面对一个内容庞杂、目标分散的游戏学习的设计，可能是无能为力的。通过精心设计的关卡，可以实现游戏化的三个要素。第一个要素是，分级可以帮助学习者前进与后退。学习者在各个级别中学习新的信息与见解，据此，学习者能够专注于相对较小的目标。第二个要素是，在各个级别中学习者的技能得以形成与强化。学习者可以把游戏早期阶段学到的知识技能应用到更高的级别。随着学习者的进步与级别变得高阶，他们需要记住并使用先前级别学到的技能，以便继续前进。不过，由于此时技能的应用更具挑战性，要求学习者更迅速、或在更大的压力下执行技能。学习者往往需要借助不同的组合方式，使用在上一个级别中学到的技能。第三个要素是，级别可以发挥作为一种动力的作用。学习者一旦掌握了一个级别，就会有进入下一个级别的想法，进而直至最终的学习目标的达成。这是因为在种种不同的级别中，可以向学习者提供想要参与的、更多的活动与想要达成的可能目标，最终达到更高层次的级别。

获得实绩。所谓"实绩"（Achievement）就是实现了某种任务。或者说，徽章、奖杯及其他可见的奖赏，表明他执行了某种特定的行为。学习的实绩得以认定，表明学习者能够学习某种题材，能够从一个级别进入下一个级别。此外诸如授予徽章时，可能表明学习者学到了一些重要性的东西，但尚未达到下一个级别。在大多场合，可以设置一个虚拟的奖杯架，学习者把他们的徽章上传到社交媒体账户，让他人分享自己的实绩。游戏学习中的实绩可以激励学习者采取某些行动。把奖品（在游戏学习的情况下通常是虚拟物品）以视觉方式展示给他人也是有效的，实绩必须提供学习者想要实现的、具有挑战性的目标。中等难度的学习题材容易提升实绩，这是因为它同课题完成时更大的成就感密切相关。实绩还具有激励学习者在不同级别之间移动的效果。游戏学习可以分成两个类别，即达成度与完成时的主要实绩。达成度的实绩是给予课题达到了怎样程度的信息，是通过将成绩同其他学习者的成绩、学习者自己的成绩，或者同某些标准进行比较来测定的。比如，在众多的游戏学习中使用三星评价。这是基于玩家的某种水准的成绩，给出一颗星至三颗星的评价。一颗星表示成绩足够，三颗星表示顶级。另一方面，完成实绩并不能向玩家传递如何出色地完成了课题，只是作为一种鼓励，表示课题业已完成。完成实绩分两种，即有成果的完成与无成果的完成。有成果的完成必须获得技能，无成果的完成只需参与即可。从游戏学习的角度看，为了提升内发性动机作用，使用达成度实绩比使用完成实绩更好。学习者对学习成功的自信，亦即自我效能感，是游戏学习应当关注的又一个重要因素。这是因为，它是形成更高的学习目标的承诺；更多的学习方略的创造与使用，以及对负面反馈的更积极的反应。设计者可以把握四个因素来评估学习者的自我效能感：其一，关注相关主题的专业知识水准。游戏学习的设计应当使所有技能水准的学习者都能获得实绩；其二，向学习者展示周边的人是如何获得成功的。当在成功者与观察者的能力水准相仿的场合，这种影响效果尤为显著；其三，社会说服（给予某人口头鼓励）。这很简单，就像在表演结束后对某人说"做得好""太棒了"或者"你赢得了奖杯"一样；其四，人是怎样感受的，包括压力水平、情绪状态以及体悟到的具身状态。

在现代文化中，电子游戏越趋流行和富于魅力，各种形式游戏要素的使用日新月异。可以合理地假设，在学校教育领域学生对游戏学习的兴趣也将与日俱增。游戏学习的支持者主张"游戏化是提升学习动机最有效的方式"。对于教师而言，采用游戏学习的难点在于，如何把握在何时应用哪些游戏元素，以及学习者参与游戏学习应当注意哪些事项。

四、"移动学习"设计模型

（一）何谓"移动学习"

"移动学习"（Mobile Learning）的定义——"移动学习"[5] 是利用移动设备随时随地进行学习，借助电子文本的制作、选择与分享，学会数字通信与协同作业技能的一种非正式学习环境的设计。夏尔普斯与库克（M. Sharples, J. Cook, 2009）

界定了三种不同的赋予"移动学习"研究与实践发展以特征的格局。这就是：1. 聚焦设备的格局；2. 聚焦课堂外学习的格局；3. 聚焦学习者可动性的格局。"移动学习"的定义大多具有广泛的包容性，最一般的定义是：提供人们在不同境脉中进行对话与个人对话所需运用的技术，以此来展开学习的过程。在"移动学习"的定义中强调的是，教师应当确定新型的教学方法得以实施，即保障移动设备独特功能的"可供性"（Affordance）（注②）。比如，看见"椅子"，便带来"能坐"的信息；看见"桥"，便带来"能渡河"的信息。就是说，我们可以从"环境"中读取潜在的用途与功能。不过，"可供性"是独立于人的物体的属性，但又与人的能力密切相关——比如，面对同样高度的楼梯，对于成人来说，它有着供其爬上去的功能可供性；然而对于只会在地上爬的婴儿来说，这种功能可供性并不存在。同样，对于一个无法将钥匙插入孔中的婴儿来说，钥匙并不具备开锁的功能。基于上述，"移动学习"的定义可以界定为"在提供个人的或普遍存在的关联的同时，过渡到教育学设计的学习文本，通过推进学习者创生文本及（个人的、协同的）学习者创生题材，谋求有别于传统学习环境的移动学习的可能性"。这个定义涵盖了不同场所的连续与协作，以及偶发性题材共同拥有的"可供性"。众多"移动学习"的文献强调移动学习的非正式性——一种超越有意识设计的学习环境。在兼具公共性与非正式性的"移动学习"设计中，作为指导者的教师的作用是不可或缺的。根据活动学习文献的境脉，以学习者中心的活动为媒介的移动学习设备成为促进协同学习环境的工具。

移动学习特有的可供性——在诸多移动学习的项目中使用移动设备侧重于文本信息的重新格式化与传统的微格化教学方法，模仿教师中心的活动与练习，这是错误的。这种做法往往不可避免地带来统计学上"无显著意义差别"的结果。其实，移动学习可以借助各种工具在新的境脉中通过交流与协作来改善学习与教育，还可以重新聚焦学习者创建题材与学习者创建文本。布拉南（B. Bannan，2015）等人对各种移动设备的"可供性"进行了分类，以下是当下可用工具的一些示例。

- 协作交流的可能性：（例）Twitter，Skype。
- 交互作用与非线性：（例）Google NOw，虚拟现实（VR）。

- 分散式知识建构：（例）Google+，Google 文档。

- 多样态知识表达：（例）YouTube，JumpCam，Vyclone。

- 真实性境脉化、定位材料、交互作用、任务与场景设置：（例）增强现实（AR）。

- 多功能性与收缩性：（例）Siri 之类的语音识别系统。

- 便携性、通用性和个人所有权：（例）智能手机等。

- 用户创建的题材与文本：（例）Behance 等电子文档。

一般认为，借助三个概念，亦即"用户创建题材""用户创建文本"和"真实性学习"，可以覆盖上述设备的所有可供性。晚近发展了诸多旨在界定适于运用移动设备的新型学习理论的研究，最具代表性的是"社会建构主义""对话式框架""联通主义"（Connectivism）与"根茎式学习"（Rhizomatic Learning），这些就是运用支撑移动设备特有的可供性的学习理论与框架。在这里，重点被置于学习者的学习体验本身。在这些境脉中教师的作用发生了变化——从题材或应用程序的设计者与提供者，转变为借助各种资源触发学习者的学习经验的设计者。

移动学习的种类——"移动学习"论特别关注有可能链接校内外的学习经验、设计真正具备学习经验的移动设备的能力。（1）非正式学习。是以基于课堂之外的学习经验为其特征的。一般而言，它配备了高品质的摄像头与麦克风，包括使用内置 GPS、指南针和基于接近传感器的文本数据的记录。亦可以通过网络，即时分享。（2）公共学习。一般由指导者（教师）设计，同形成性评价与终结性评价直接相连，以课堂环境中进行的学习活动为特征，这可以采用多种方法。比如，Twitter 中的现场对话、学习者创建的移动多媒体的策展与分享、电子文档、YouTube 录像、博文、SoundCloud 录音、Flickr 线上图片管理系统等项目。

移动学习的价值观可以概括如下：

- 学习目的——磨练沟通协作的能力；发展多媒体制作技能。

- 优先事项（衡量教学成功的标准）——高度重视效率与魅力，效果也重要。

- 教学策略——移动设备的利用旨在把课堂教学与基于情境的真实性学习经验

链接起来；为了设计因应场所与环境境脉的学习经验，应当利用移动设备内置的境脉传感器；学习者在创造意义的过程中，他们自身应当创设境脉与内容。

● 权限（围绕上述三个条件的决策）——学习者自主决定学什么、何时学、何地学、怎样学。

(二)"移动学习"的设计理论与基本原理

移动学习的设计理论——移动学习的设计理论寻求"学习者中心"的教学。要使得学习的基本原理、新型学习法、特别是学习者的可动性与沟通交流处于核心作用，就得发挥移动设备特有的可供性，单纯靠新技术是改变不了教学法的。倘若学习者想要比智能手机更聪明，那么，我们就更需要考虑用学习者中心的范式来教他们。技术可以增强优质的教学，但优质的技术不可能优化劣质的教育。移动学习理论认识到移动技术急剧变化的性质，以及它对整个社会所产生的影响。学习的性质凭借新的数字工具与媒体、特别是移动设备及其链接的网络与网络机制，得以强化与加速。移动学习能够把课堂之外相关联的学习经验同课堂之内的教学链接起来，它有助于弥合公共学习与体验式学习之间的差距、有助于拓展每一个学习者的自由与终身学习的可能性。由于移动设备原本是私人的和个性化的设备，因此也提高了为学习者设计定制学习经验的机会。移动学习通过学习者自身作出决定，亦即借助自主学习的实现，提供了民主化学习的机会。最后，运用移动设备中内置的文本传感器，可以因应场所与环境状况设计学习经验，并达到从前难以企及的水准。我们必须避免的，是像和尚念经那样，单纯地复制老套的学习活动，或简单化地把既有文本加以程序格式化，未能针对移动学习独特的可供性，进行重新设计。

移动学习的基本原理——凭借移动设备独特的可供性，在课程内嵌入移动学习，使得"可以达成什么"概念化，奠定了旨在设计移动学习的一连串基本原理的基础。这些原理包括支持学习者创建题材；支持学习者创建文本；支持学习者体验真正的学习经验——这三种"移动学习原理"构成了教学设计中运用移动设备的指南；也成为使用移动设备实现新型教学方法的支撑。这些基本原理相互交织，为设计真正的学习环境奠定了基础。就是说，这里阐述的移动学习原理，不是把教师主导的教学题材加以小屏幕化的移动学习设计，而是聚焦学习者创建题材与学习者创建文本，为学习者成为专家网络与共同体中的踊跃参与者提供可能的一种设计。

原理一：支持学习者创建题材

由于移动社交媒体能够提供适合个人的强有力的工具，所以学习者将会变为工作者、自主学习者和指导者。布伦斯（A. Bruns，2008）提议用"生产者"（Producer）的术语来表述可能同时兼任的两种角色——生产者与消费者。在库库尔斯卡-赫尔姆（A. Kukulska-Hulme，2010）的框架中，移动社交媒体从纯粹的领域被重新概念化为教育的领域。所有这些，对于主要利用移动社交媒体的教师与学习者双方而言，发生了概念上的巨大变化。

1. 促进学习者利用内置移动多媒体制作工具。现在的移动设备、特别是智能手机，内置高分辨相机与便携式摄像机、音频录音、导航用 GPS、录音/摄制题材的地理标签、二维码扫描仪、拓展现实、素描和图像处理用的视频按键，以及音频（iOS 场合的 GarageBand 等）、视频（iOS 场合的 iMovie 等）、协同媒体制作（Vyclone 与 MixBit 之类）等多彩而强有力的多媒体制作和编辑应用程序，能够为学习者提供内置多媒体制作工具的利用环境。因此，学习者能够随时随地拥有多功能的多媒体制作工具，比最新的笔记本电脑更为轻便，能携带续航时间长的电池的视频按键等大屏幕移动设备。由于移动终端能以独特的方式捕捉并分享灵感与重要学习项目的瞬间，因此为促进并鼓励偶发性学习的机会、为未能预设的学习经验的发生，留有了空间。

2. 促进学习者与教师利用移动社交媒体，展开沟通与合作。移动设备主要是作为通信设备来设计的。借助社交媒体能够交流分享的属性，有助于学习者的非正式（课外）学习与课堂内更为协同的公共学习经验的链接。同样，库库尔斯卡-赫尔姆（A. Kukulska-Hulme，2010）主张，由于移动学习不是聚焦教师，而是聚焦学习者，所以有助于促进教育的变革。他说："移动技术能够广泛地、极其有效地用于学习者在不同惊险场面的学习与沟通。重点不是置于'教'而是置于'学'的移动学习，要求教师更深度地理解学习者需求、状态与能力。这就是说，要求深度地理解学习究竟是怎样超越课堂，在日常生活中，在上班与旅游中，以及在教育、生活、工作、闲暇的交叉点上是怎样进行的。"这种主张同强调学习者的移动可能性异曲同工。

原理二：支持学习者创建境脉

移动学习是支持学习者创建境脉的教育。从教师指导的教学内容的分配，转向"教育学—成人教育学—自我决定学习教育学"（Pedagogy-Andragogy-Heutagogy，PAH）连续体（渐变过程）来定义的"学习者主导的学习"。PAH连续体是由一连串的学习方式——教育学是教师主导的学习；成人教育学是学习者中心的学习；而自我决定学习教育学是由支撑学习者决定的学习——构成的。在学习者决定的学习中，包含了学习者与教师围绕学习者主导的项目与评价活动的协商。学习者中心教学的学习目标在于，支撑变革性的学习经验，产生创造性的自主学习。移动学习经验的设计应当有助于促进学习者在课内外各种境脉中的创造性。

1. 促进学习者与教师围绕学习者主导的项目与评价活动，展开协商。科克伦和维拉扬（T. Cochrane，V. Narayan，2017）的研究（包括学习者与教师协商评价活动的学习经验的设计；让学习者扮演学习者创建项目计划调解人角色的设计）发现，移动设备的可供性给学习者带来了超越单纯的学科教学更多的参与性。借助地理定位信息、图像识别功能、移动社交媒体等各种多媒体题材的制作、编辑与分享功能的结合，为学习者创建题材与学习者创建境脉，提供了广阔的平台与工具。通常需要对学习者选择适于特定项目的工具，作出指导。不过，允许他们自行探讨新的移动社交媒体工具，这是同学习环境的充实，以及新型评价的方略与活动分不开的。

2. 促进学习者的创造性，促进学习者角色的重新定义。从"被动知识的再现者"转型为"学习共同体的主动参与者"——鼓励学习者尝试新的想法，并创设有安全感的学习环境是释放学习者创造力的关键。只有在支持、容许新的观念和新的活动环境中才能培育创造力，学习环境必须促进学习者之间的交互作用。移动社交媒体为学习者提供了一个接收教师与伙伴的反馈与对学习者进行形成性评价的场所，从而有助于我们作为有意识的实践共同体的一种形态，来重新认识"教"与"学"的环境。在这种研究中，学习环境的设计旨在学习者的转型，即从教师中心的学习环境中被动的"边缘参与者",转型为支援性的学习共同体中的"积极参与者"。

3. 促进内置境脉传感器的利用。借助境脉的概念,加上时间、场所、空间的交互作用和境脉感知的变量,为学习者创建的题材增添了丰富的信息层。在移动设备的可供性中,GPS 和罗盘仪的定位数据、陀螺仪和接近传感器的空间识别、超越地理边界的沟通与协作工具等,可以组合成各式各样的情境传感器。使用这些工具就可以提供学习者同学习活动所展开的环境之间动态的活跃的链接。通过利用这些独特的境脉传感器与设备的便携性相结合,为两种"现实"——"增强现实"(Augmented Reality, AR)与"虚拟现实"(Virtual Reality, VR)——体验的教育应用,提供了机会。

4. 促进量身定制电子学习档案使用的学习环境。当我们聚焦学习者拥有的移动设备与学习者拥有的电子学习档案空间之际,将有助于提供比传统的所有"教育组织的学习管理系统"(Learning Management System, LMS)更具个性化的学习环境。尽管并非是 LMS 的初衷,但一旦以教育机构的 LMS 为标准规范来设置,就会形成教师中心的学习环境,其重点往往被置于再现教师提供的题材。大多内置的 LMS 的沟通与合作的工具也都重视教师的管理,不同于非教育机构的职场环境所能利用的协作及合作研究的工具。电子学习档案即便在学业结束之后,也应当作为专业应用的、可定制的、可转移的工具。

原理三:支持真实性的学习经验

在真实性移动学习的经验中不是偏向线上考试与教师编制题材,而是聚焦学习者档案袋与真实性项目的开发,他们主张必须有以学习者为中心的项目学习型教育学为基础。移动学习在本质上是实现真实性情境学习的强大催化剂。这就是说,利用社交媒体能够设计社会建构主义的学习环境。掌握了移动设备便能随时随地展开学习,超越教室的范围、超越 LMS 的制约,实现技术的民主化。对于学习者而言,真实性学习可以构建理论与实践之间直接的联结。

1. 促进旨在参与全球专家网络与共同体的移动社交媒体的利用。移动社交媒体的利用,有助于学习者成为全球专家网络与共同体中积极的成员,在毕业之后选择在业界与职场中发挥实际的作用。海外旅游非常昂贵，甚至还会有学习者的安全性问题，而传统的学习者的职业经验存在地域的局限性。相反，虚拟的职业共同体，由于各种领域的专门化职业网络的出现而得以促进。精心地利用"推特"（Twitter）、"谷歌+"（Google Plus）、Behance 等工具而形成的网络有助于培育并维护虚拟的全球共同体。库克（J. Cook，2016）指出，在移动设备教育学中一个重要的可供性启示是，通过社交媒体和应用程序的应用，能够获得崭新的、社会的、学习的、劳动的实践。

2. 支撑真实性学习的工具与环境的设计，支撑学习者创建题材与境脉的触发器的设计。"数字天赋"的概念（M. Prensky，2001）使得众多的教育者相信，千禧一代天生就精通数字技术的各个方面。然而一些研究发现，情况并非总是如此。学习者使用社交媒体并不是为了制作与分享重要的工具与多媒体题材，主要是限于"脸书"（Facebook）、社交网络以及媒体的消费而已。因此，作为移动社交媒体的教育应用中的设计者、管理者与可信赖者，教师的作用尤为重要。教师的作用是旨在支撑真实性学习经验的资源环境的设计，以及超越以往社会用途的支撑学习者创建题材与境脉的触发器的设计。在移动学习的资源环境中包含一连串支撑学习共同体的资源分享平台。比如，旨在管理与讨论的共同体中心、同步和异步的通讯网络，以及观览、选择学习共同体各种具体活动场所的符号项目与项目管理平台，等等。触发器的设计有助于向学习者介绍这些移动社交媒体网络与平台的教育可能性，促进学习者借助这些平台展开对话与讨论。

3. 利用社交媒体，促进团队基础型项目中团队协作技能的发展。对于几乎所有的职业而言，毕业生的能力就在于能够作为团队的一名有效成员。基于移动社交媒体中沟通与协作功能的可供性的利用，设计有助于团队技能发展的团队项目。在移动社交媒体中有各式各样的促进团队合作的项目管理工具与项目协作。学习者通常擅长利用移动设备进行社交活动，但不习惯在教育环境中运用批判性思维与相关设备。

大体说来，科克伦（T. Cochrane，2015）等学者倡导的理论框架，是通过实现上述的移动学习的三个基本原理，把聚焦变革的教育学（让学习者变成全球专家共同体的积极参与者），转变成同创造性教育学与基本原理的框架相结合的产物。在这种框架中包括了从利用新的技术来替代既有的教育实践到重新界定学习目标与活动的阶段性变化得以实现的普恩杜拉（R. Puentedura, 2006）的 SAMR 框架，具体地说，就是"替代"（Substitution）、"扩大"（Augmentation）、"变形"（Modification）、"再定义"（Redefinition）；斯滕伯格（R. J. Sternberg, 2002）创造性的三个层次的概念；PAH 连续体。这种框架是沿着从教师主导教育学转向自我决定教育学的轨道，链接移动学习理论与实践的简明的指南。纳拉扬（V. Narayan, 2014）认为，这种框架表明，在"学"与"教"的两种角色之间，是可以换位的。亦即意味着"作为指导者的学习者"与"作为学习者的指导者"。同时也表明，学习者的学习类型的变革——从"被动学习者"变为"能动学习者"，指导者的指导类型的变革——从"教书匠"变为"社会建构主义者"。移动学习是"真实性学习"得以实现的强有力的催化剂，是孕育后产业时代新型教育模式的强有力的催化剂。

（三）"移动学习"的境脉依存原理

原理一，有效地"支持学习者创建题材"的境脉依存原理——在学习者的题材创建中，有三个主要因素，即：题材创建、题材策展、题材共享。

题材创建。在以学习者作品的档案作为学习目标的场合，要求学习者使用移动设备的题材创建和多媒体记录的功能，来捕捉作品创造过程中的灵感迸发瞬间。这可以借助多媒体题材创建功能、编辑程序和社交媒体文件夹来实现。如果你需要制作自己的多媒体题材，诸如长篇论文的写作，仅用笔记本电脑或台式电脑，就可以轻而易举地完成。

题材策展。如果学习目标是利用移动设备来捕捉户外学习与专家访谈之类的课外学习经验，那就可以将这些题材上传到策展收藏。各种社交媒体管理平台可提供移动网络访问或移动应用程序界面，使学习者能够管理、使用移动设备来创建题材。这些工具有助于学习者创建题材或对他人的题材进行批判性分析与选择。一些平台为一般公众服务，另一些平台则专注于特定专业人士或实践共同体。这些工具使得学习者能够创建超越教室体验的电子档案，同时也是从同事和领导那里获得反馈的渠道。在这些移动社交媒体上的题材策展工具，包含了注释及评论的功能，有助于对所收集的题材进行不同层次的批判性反思与分析。不过，移动题材的策展最适于即时的、偶发性的集会活动。

题材共享。如果学习目标是促进学习者印象和成果的相互检视，那就可使用移动社交媒体，诸如"推特"（Twitter）、"博客"（WordPress）、"谷歌+"（Google Plus）等来共享这些意见。也可以提供题材共享的选项，这些选项可以直接链接到最流行的移动通信和网络平台上。这些社交网络平台所使用的移动应用程序可以成为学习者共享题材、快速更新实践共同体的工具。利用移动题材分享工具，诸如"推特"（Twitter）、"谷歌+"（Google Plus）、"脸书"（Facebook）等社交网络上传新作品之际，学习者可以即时向自己的粉丝公开。不过，移动题材的共享包含了未成年者、病患者以及参与者未经同意的、有伦理问题、机密性或者安全问题的场合，并不适用于一切的状况。在要求机密性或伦理应对的状况下，就得使用"领英"（Mahara）和教育机构的"学习管理系统"等访问受限的题材共享平台。

原理二，有效地"支持学习者创建境脉"的境脉依存原理——所谓学习者"创建题材"涵盖了移动设备的可供性，指的是通过上下文传感器进行沟通与协作，将数字化数据添加到学习环境之中，并同环境进行对话。

沟通。当学习目标是应用于培育沟通和协作技能的场合，要求学习者从事由移动社交媒体推动的基于团队的项目。当学习者团队成员处于不同地域的场合时，可以利用移动设备的通信功能，来借助"网络电话"（Skype）和"谷歌+"（Google Plus）等社交媒体在虚拟的学习者团队会议中围绕项目开展讨论。在学习者团队同别国的团队成员跨越时空的状况下，亦可使用"推特"（Twitter）等通信工具。倘要在课堂上邀请国际讲师进行采访或进行讨论的场合，可通过"视频网站"（You Tube）移动直播应用程序向远程学习者直播。借助"视频网站"的记录，无法在该时间段参与的学习者也能够视听。

协作。当学习的目标是培养沟通与协作技能之际，学习者需要选择并运用适合自身情况的移动媒体工具。移动设备包括多种支持学习者团队与团队项目的协作工具。移动通信工具和协作工具有很多重叠之处，很难真正且公平地验证学习者团队的工作。不过，有多种协作式移动社交媒体工具可以帮助学习者团队工作。存在多个协作阶段，学会根据情况选择适当的移动协作工具是学习者需要掌握的一种新颖技能。在必须有结构化项目的阶段性成果的状况下，"大本营"（Basecamp）等移动管理工具是有用处的；在学习者团队需要链接相关概念的状况下，像"Mindmeister"之类的"思维导图"工具是有用处的。在面对面的团队会议中，学习者可以使用他们的移动设备做笔记并记录团队的头脑风暴过程。

地理定位、图形识别与增强现实。当学习目标是共享和定位真实的课外体验的场合，可以利用地理定位、图形识别与增强现实的功能。这些移动设备的上下文可供性，将使得学习形成真实的经验，亦即实际的经验、远离他所体验的上下文脉络的环境（比如图书馆）去访问数字元数据和知识体系，同现实世界的经验或物理性人工制品直接连接起来的学习经验。因此，在边工作、边学习可以提高生产力的情况下，应当使用这些可供性。当课外学习存在经济困难或者安全问题的时候，这些可供性有助于促进虚拟经验的构建。但是，如果基于地理位置信息的跟踪、可能对学习者的隐私和安全构成威胁，则宜禁用基于地理位置信息的服务。

语音识别。如果学习目标是实现多种形式的交流和残障人士的访问，可使用移动设备的语音识别功能。大多移动设备都有内置麦克风和扬声器，以及搭载有语音识别的多种移动应用程序与谷歌搜索、Siri 和 Cortana 语音助手等系统的集成。在要求学习者探索与技术对话的其他选项的情况下，语音识别是一个有用的选项；在涉及视障学习者的教学中，移动设备的语音识别、阅读和语音搜索功能可以极大地促进学习；在涉及第二语言学习者的教学中，可在移动设备上利用语音识别和翻译的工具。不过，在太多的背景噪声或者需要安静的场合，语音识别也可能不适用。

原理三，有效地"支持真实性学习经验"的境脉依存原理——设计真实性学习经验涉及教师角色与学习者角色的转变。教师将成为资源环境和触发事件的设计者，而学习者将成为移动设备独特功能的对话式学习环境的积极参与者与创造者。

资源环境。在学习者与指导者之间以及经验产生的社区中，应当完善各种资源环境，借以建立沟通与协作的渠道和协议。指导者为了实现真实性的学习经验，就得在适当的资源环境设计与协商中发挥重要的作用。这样的资源环境不仅提供了仅限于教育机构的学习管理系统的移动门户，而且还需提供覆盖整个移动设备范围的功能，借以发挥学习者利用并拥有的移动设备的独特的可供性作用。在个人或团队项目开始之际，定义并认可一套用于沟通、反馈和协作的工具，是不可或缺的。这种资源环境的关键因素包括项目中枢（传统上是教育机构的学习管理系统的功能）、异步与同步通信渠道、用于组织项目内容和媒体的主题标签以及学习者电子作品集平台。与此同时，资源环境的应用也包括多个场合。例如，在编制项目中心的场合，可使用诸如"增强版谷歌浏览器"（Google Plus Communities）等协作社交媒体。当学习者在使用移动设备专注于课堂的场合，可用移动短信服务促进讨论。当学习者希望创建一个可移动的专业电子文件夹（不是 LMS，而是可用适当的社交媒体文件夹）的场合。LMS 可能更适于关注管理目的、课堂文件共享以及受版权保护（诸如图书馆购读资源）等资源的访问。

触发事件（Trigger Event，TE）。在向学习者介绍适于情境的适当工具的场合，可提供有利契机的触发事件。为了实现真实性的学习环境——有助于学习者探讨学习成果与学习经验的脚手架，教师应当担当的角色，不是创建题材的制作者，而是触发事件的设计者。"触发事件"的设计旨在向学习者介绍移动设备的一些独特功能，同时促进他们在特定环境中创造力与协作能力的发展。教师主导的触发事件，最好在项目开始时引入，以便在学习环境中建立信任与共享的文化。利用移动社交媒体在短时间内联系学习者，有效建立互动学习的文化。随着项目的进展，触发事件侧重于激发学习者的创造力和辩论能力，让他们选择自己的移动社交媒体工具，来表达他们的学习成果。

虚拟现实。在现实生活场景或学习环境的费用高昂或预测到危险的场合，可提供"虚拟现实"体验。"增强现实"将上下文信息添加到现实世界的体验之中，而虚拟现实可实现物理上不可能或不切实际的现实世界场景搭建和让人感受身临其境的环境。通过移动虚拟现实体验，学习者可将这些体验带入课堂教学之中展开评论和讨论。从前费时费力的移动虚拟现实的制作与交互工具，现今可以借助移动应用程序、"谷歌"、"谷歌纸盒"（Cardboard）等低成本浏览软件，以及通过视频网站（如 YouTube）的支持获得。借助这些低成本的移动工具，学习者可以创建和操作沉浸式虚拟现实参与虚拟科学旅行，以及促进并共享自己的虚拟现实场景。

注①

STEAM 是晚近美国教育界倡导的"科学·技术·工程·艺术·数学"（Science，Technology，Engineering，Arts，Mathematics）的跨学科教学理论框架。这是一个旨在改进中小学的课程与教学的薄弱环节，有助于儿童更好地获得认知性、情感性、具身性能力的教学设计指引。

注②

"可供性"（Affordance）是美国心理学家吉布森（J. Gibson，1977）倡导的概念，系指"在环境中可习得行为的可能性"，或称"直观功能""预设用途""可操作暗示""示能性"等。"可供性"是相对于行动者的行为能力而存在的，或者说是"环境所赋予（提供）的信息"。

参考文献

［1］［2］［3］［4］［5］ C. M. Reigeluth，B. J, Beatty，R. D. Myers. 教学设计的理论与模型：实现学习者中心的教育（第 4 卷）［M］. 铃木克明，主译. 京都：北大路书房，2020：318－338，145－159，348－358，379－395.

第六章 基于"动机作用"的教学设计

　　卓越的学校教育"不是知识追逐儿童，而是儿童追求知识"。唤起儿童的好奇心，教会学习者如何发挥他们内心世界中潜藏着的包括"好奇心"在内的"学习动机"，是优质教学设计的金科玉律。本章介绍代表性的学者从提升教学"魅力"的角度出发构建基于"动机作用"的教学设计模型。这些模型应当成为每一个教师从事教学设计活动基本的认识前提。

一、好奇心与动机作用

（一）"好奇心"的进化：探究性反射

　　19 世纪 60 年代，德国动物学家布雷姆（A. E. Brehm）[1] 在动物园里把装有蛇的箱子投入几只猴子栖身的栅栏中。猴子打开后大吃一惊，这是猴子对蛇的典型反应。不过，此后它们开始了奇妙的历程——这些猴子尽管惊恐异常，但还是想再次打开那个装有蛇的箱子。自从布雷姆的《动物的生活》（1864）问世以来，科学家们以 100 多种爬虫类与哺乳类动物为对象，调查各种动物对从未见过的事物会做出怎样的反应。结果表明，几乎所有动物都毫无例外地对新颖的事物感到好奇。实际上，关注新颖性的行为乃是拥有神经系统的几乎所有生物的共同的基本特征。人们关注新颖性，从事各式各样的尝试，警惕有可能伤害人们的环境与情境，是有助于我们自身的生存的。

　　自过去的半个世纪以来，实验心理学家痴迷于研究学习的前提条件——"动机作用"。他们发现，当人们一旦接触到混沌的、复杂的、矛盾的信息之际，神经系统就会兴奋起来，从而成为一种刺激，引起关注。当人们产生困惑之际，就会孜孜以求，寻求解决之策。这样，有效的学习便有了可能。神经科学家为测定新颖的、感兴趣的情境中激活大脑的方式，采用了"血氧水平依赖性功能成像"（BOLD fMRI）技术。"好奇心"（Curiosity）一旦被勾起，自律神经系统的兴奋与不悦的根基——大脑的某个区域（比如，前额皮层与前扣带皮层）就会活跃起来。当人们充满疑虑之际（亦即能获取相关信息之际），专司问题解决的脑部区域就得以激活。

　　无论是儿童的大脑还是成人的大脑，每当遭遇到新鲜的经验与知识之际，就会在结构上与功能上发生变化，谓之"神经可塑性"。早期经验由于对大脑的影响巨大且长期持续（最佳神经可塑性），所以年幼时期被视为最佳的学习时期。正因为如此，儿童的好奇心构成了自我的核心部分，这不是不可思议的。培植探究新颖性、积极尝试新事物的心情，是儿童期教育中应当注重的。脑科学研究表明，儿童的大脑最适于探究与尝试。[2] 从婴幼儿期到幼儿期的神经元（脑细胞）对所处环境的感觉输入范式，极其敏感。知觉系统（望、闻、听、触）不断扩大、不断地把玩、梳理客体事物的特征。像母语之类的声音定期地得以生成经验的信息，在脑中占据优先地位。这意味着当神经处理表现洗练、被视为特定类型的刺激与输入的时候，才能同儿童的知觉系统同步。刚降生的婴儿能分辨出世界上任何一种语言的差异。由于这种能力，在降生后的一年里，婴幼儿在语言学习方面可以发挥最佳的作用。不过，在1岁之后，分辨世界上不同语言的能力会退化，只对母语的某种音能加以分辨。就是说，婴幼儿大脑做出了修正——只听取必要的音，对其做出优先的反应。同语言一样，关于音乐的早期经验有助于优化儿童旨在认识新的信息并对其做出反应的脑区域。事实上，历史上伟大的音乐家都是在7岁之前就开始音乐训练的，这些见解支持了众多的家长与教师经验和观察到的情节。从这种意义上就是说，早期学习并不是一件苦差事。这是因为，儿童时期的大脑为探究并汲取新的信息提供了设定。

　　归纳起来，人与动物都反射性地寻求新颖性，好奇心是求得持续进化的一种适应力。婴幼儿满怀着探究自身的世界、求知识、求理解、求掌握的冲动。婴幼儿时期的大脑最适于新的信息与变化，因此，婴幼儿与儿童比之年长的学习者是更胜一筹的学习者。儿童的大脑不是被动地听取教师的话语，而是从探究与尝试开始、展开学习的。神经科学家基德（J. Giedd, 2015）进行了人脑从出生至青年期是怎样发展的研究表明，对七八岁的儿童来说，基于积极探究的学习比之基于教师讲解的信息优越得多。[3] 过度刻板学习的问题就在于妨碍了探究，儿童的大脑发育正是借助好奇心所体现出来的探究与尝试而不断完善。

（二）好奇心的基础研究

美国心理学的始祖詹姆斯（W. James, 1890）指出"人类有两种好奇心"。其一是，对新奇的对象产生逼近反应的"知觉好奇心"。这种好奇心唤起兴奋与快乐，对新奇的对象产生回避反应的焦虑与抵抗。其二是，源于信息与知识的落差所唤起的"科学好奇心"。人在解决这种落差中感到喜悦，并且致力于收集新的信息。这样，好奇心并不是单一的，而是有着不同的种类与侧面。[4]

伯莱因（D. E. Berlyne, 1960）率先把"好奇心"置于内在动机作用之动因的地位，同时展开好奇心的种类与"好奇心生成机制"的研究。所谓内在动机作用的动因，指的是自在地散步、随意地阅读、眺望窗外的风景之类的、不求赏罚的、自由活动的动因，亦即"想知道""想体验"之类的行动的原动力。好奇心就是这样一种原动力。

关于好奇心类型的研究——所谓"好奇心类型"指的是，对好奇心的对象"以怎样的理由，进行怎样的探索"的方略。这里的"好奇心探索"是一种"情境好奇心"，亦即表示通过某种情境而引起的好奇心的强度。关于好奇心生成机制的研究，几乎都是以伯莱因倡导的"扩散性—特殊性"类型为起点而展开的。"扩散性好奇心"的生成机制是旨在消解信息处理时最适水准的低落（无聊状态或某种不满足的状态）而产生的好奇心探索，这种好奇心的特征，是多样地寻求新颖信息的倾向，改变环境（或者自己）、求得某种信息的生成性探索倾向。"特殊好奇心"的生成机制是当他发觉不协调（信息、知识的矛盾与冲突）之际，旨在消解这种不协调而引起的好奇心探索。这种特殊好奇心的特征是，敏感地觉悟到信息的矛盾与冲突的倾向，因而积极持续地探索。另外，"广度—深度"类型的探索方略的研究，同"扩散性—特殊性"类型的探索方略的研究稍有不同。比如，"深度"类型，可以视为"特殊型"（亦即消解冲突信息）的探索方略。不过，在不能立即消解信息冲突的场合，也会考虑到渐次地探索同该信息相关联的信息。其结果是"特殊型"的特殊范围，也可能出现"广度"型的探索方略。好奇心类型的研究表明，作为探索好奇心生成机制的决定性情境要因是，觉醒度、焦虑、处理水准与信息的落差以及愉悦与否，伴随着这些因素而出现种种的好奇心类型。[5]

关于好奇心领域的研究——基于以新鲜事物为特征的探索——所谓"新颖性探索"为主要特征。这种好奇心探索同直觉、认知、报酬、社会价值与环境等要因结合，在多种多样的领域展开。就是说，好奇心存在若干种类。首先，是以人类共通的普遍的信息领域（知性领域、知觉领域）相结合的种类为基础，其代表性的好奇心有：在问题与课题的领域中显示的知性好奇心，在音、光等信息领域中显示的知觉好奇心。在其他领域中，人的心理与秘密之类的人际信息领域中显示的好奇心探索，业已确认了"人际性好奇心"与"社会性好奇心"。关于好奇心领域的研究直至 21 世纪初，主要集中在"知性好奇心"与"知觉好奇心"的研究。特别是"知性好奇心"的研究获得了长足的发展。比如，开发了体现"内省"之类的个体思维领域中进行好奇心探索的"个人内好奇心"与工作情境中好奇心的测验。好奇心领域的研究中所展开的"特性好奇心"的高度，已被确认同学业成绩与人际能力的提升相关。而"知性好奇心"是同学业情境与工作情境相关。所以必须开展探讨情境要因与发展要因的研究。好奇心的领域与"特性好奇心"是有待进一步开拓的课题。[6]

（三）为什么"好奇心"如此重要

学习，是我们人类最在行的活动。人的一生总是在不停地学习——百折不回地游戏着、操作着、经验着、探究着、思索着，探求未知的世界。儿童天生就拥有"好奇心"，拥有各自的个性。古罗马哲学家西塞罗（M. T. Cicero）把"好奇心"定义为不为利益所迷惑的对知识的友爱，亦即"对本真的知性的热忱"。亚里士多德（Aristotele）说："我并没有特殊的才能，只不过有一股狂热的好奇心罢了。"在他看来，"好奇心"是"人类自身探索宇宙的基石，体现人类自身人生性格的本质特征，也是所有人拥有的共同的决定性因素"。因此，主张把"求知欲"视为人类最本源的深邃的冲动。[7] 发现脱氧核糖核酸（DNA）的双螺旋结构、诺贝尔生理及医学奖得主弗朗西斯·克里克（F. H. C. Crick）则把"好奇心"表达为"像童真般的天然的挚爱"[8]。拥有"好奇心"是人类意识的本能，体现多彩的人生特质。"好奇心"给学习者带来知识的原动力。拥有了好奇心，就会敞开胸怀，关注世界，尝试探究，同自己周边的环境交流。充满好奇心的课堂将会引发学生无尽的惊异，给他们带来孜孜以求、一丝不苟的参与机会。让课堂充满好奇心的环境则将引领学生走向深度学习。实际上，"好奇心"对于中小学生的成功是至关重要的。那么，让学生的学习处于欲罢不能状态的好奇心的机制，究竟是怎么一回事呢？

其一，"好奇心"激活并维系人的"内在动机"，引发深度学习。当学生充满好奇心的时候，教与学绝不是一件苦差事。当教与学借助激励与酬劳的"外在动机"的场合，往往是脆弱的、短暂的；而来自泉涌般的纯粹好奇心激发的内在动机，却如同烂漫的山花，争奇斗艳。在充满好奇心的课堂里，教师用不着担心学生的学习热忱。可以说，好奇心迸发的儿童会迈着越来越扎实的步伐，走在探究与洞察的大道上。比如，一个小学一年级女孩，在游戏场所的泥水坑里发现了小蝌蚪，她立马喜欢上了。这种喜欢慢慢点燃了她的好奇心，使其想做一番探险——女孩带着自己的伙伴去探察池塘，放学后或许还会去探究别的池塘里的小蝌蚪。这样，她寻求着自主学习的拓展。每当观察小蝌蚪之际，会抱有疑问："它吃什么？""它能以多快的速度、游多远的距离？"进而作出假设。如此这般，这个女孩经历持续的观察，就能察觉到小蝌蚪长成的轨迹，亲眼看到小蝌蚪变为青蛙的复杂的生物学变化。她从经验性的学习中获得对青蛙的理解，生成了相关经验知识，获得自我效能感。这个例子表明，"深度学习"是借助好奇心与喜欢而得以促进的。根据研究，大凡获得了萌发好奇心机会的学生，通常都会表现出同样的反应。

其二，好奇心释放多巴胺，不仅让其喜欢，而且可以提升其观察力与记忆力。脑的需求与酬劳系统（生产神经递质多巴胺）深刻地编织着人类的发展与进化。社会科学家相信，酬劳是驱动一切行为、从而产生行为的一种进化性适应。多巴胺是人类进化为复杂的存在的重要因素。学生一旦受好奇心刺激、要满足目的与需求，脑就会分泌出产生快感的脑内化学物质——多巴胺。尔后的测试也反映出这么一种倾向，即受试者对自己拥有兴趣的信息，记忆更深刻。再者，当受试者处于好奇心强烈的状态之际，会显示出这样的倾向，即一起被提示的无关信息的记忆也会残留在头脑中。换言之，当人充满好奇心的时候，脑内的多巴胺增加，更容易深刻地记住经验与信息的整体面貌。这是由于多巴胺使得海马体（专司学习和记忆）的功能得以提升。

其三，好奇心旺盛的人能够发挥高阶认知能力。晚近的研究表明，好奇心旺盛的学生能够更多、更好地展开优质的学习。追求新鲜的信息与经验的人能够持续地对脑产生积极的影响。有研究者针对拥有强烈好奇心的 3 岁儿童组进行追踪研究，发现他们基于幼儿期和学龄期的经验，也会促进其发展。当这些儿童到了 11 岁的年纪，可以获得比同龄儿童更高的成绩。比如，他们的理解力优异，智商比之好奇心不强的儿童高出 12 个百分点。[9] 与此相关的研究还发现，易于发生阿尔兹海默症的高龄者在日常生活中保持好奇心，可达 10 年以上的预防效果。可以说，接受高深的教育、从事复杂的活动——演奏乐曲、醉心阅读，持续地参与知性活动，保持好奇心，是有效且健康地维系脑功能的最佳方式。

二、聚焦儿童"学习动机"的教学设计

（一）动机作用理论：三种视点

所谓"学习动机"就是"对学习的意欲"，那么"意欲"又是什么呢？那就是"想学习"的欲望与"想成功"的意志，可以说，"欲"与"意"两者构成了日常生活中的"学习动机"。"动机"（Motivation）是一种"积极地要做些什么的心情"，"学习动机"意味着"想积极学些什么的心情"。教育心理学中"学习动机"的术语，指的就是某种要求学习的积极状态，大体表述了同样的意思。

凯勒（J. M. Keller, 2009）梳理了关于动机作用的概念与理论的研究。[10] 早期

研究关注的是，"动机作用"究竟属于"认知领域"还是"情意领域"。"动机"指的是构成欲达某种目标之行为的内部条件，因此，把这种行为的广泛要素归结为"认知领域"还是"情意领域"是没有意义的。后续的研究关注"特质"与"状态"的概念。所谓"个性特质"指的是即便在不同情境之下也能预测到可能出现的倾向。比如，"达成动机"强的人随处都会采取竞争性行为。其代表性研究有英国心理学家卡特尔（R. B. Cattell）倡导的基于因子分析方法的"16种个性特质"，以及美国心理学家戈德伯格（L. Goldberg）倡导的大五人格理论——人的个性特质由情绪稳定性（Neuroticism，N）、外向性（Extraversion，E）、开放性（Openness，O）、宜人性（Agreeableness，A）、尽责性（Conscientiousness，C）组成。在关于人的动机的研究中也多用这种"特性"来说明个性的种种特质。比如，"达成动机""控制感""好奇心""成败的规因""焦虑感"等，诸如此类的"特质"与"状态"概念，几乎不同于所有的动机作用概念。在这里，所谓"特质"表示的，是稳定地采用某种方式展开行动的个性特质；而"状态"表示的，是在特定的时间与场所里体现某种动机与个性特质的倾向。比如，"好奇心"的概念指的是拥有高度好奇心的人在多数场合会采取相应的行为。不过，也不能一概而论。好奇心程度较低的人，一般并不表现出好奇心，但在某种特定情境中，好奇心可能会处于旺盛的状态。这种特质与状态的分析，便于一线教师理解学习者在特定状态下的动机状态，是基于动机作用的教学设计所需要的。最后，关于动机作用研究的另一个焦点是"内在动机"与"外在动机"的区分。前者指的是学习者对学习课题与活动本身产生兴趣、爱好的影响，后者指的是通过外部的赏罚来强化活动的影响。人类基本的动机作用原本就是这两种。如何调动这些动机作用，形成学习者的"学习愿望"，成为教学设计的关键性课题。

　　人的心理状态通常是"知·情·意"统一的过程，学习动机作用也可以从"认知论""情感论""需求论"的角度加以把握。这样看来，它不同于日常用语，有助于更加深度地理解动机作用的过程。那么，在教育情境中儿童是怎样发挥学习动机作用的呢？"学习动机"强调的是儿童自身内在的问题。即便是设定了优越的教育机会与环境，倘若学生本人没有学习的意欲与意志，即便编制了再好的教材、设置了再好的教育步骤，也是难以奏效的。倘若教学的方法与技术不能因应儿童的学习需求，或者不能引发学习意欲，学习是不可能形成的。就是说，儿童主体性学习的实现，需从儿童主体的视点出发，围绕儿童的内心想法究竟是怎么一回事，儿童学习动机的状态如何，加以仔细地把握。学习动机交织着"认知""情感""需求"的要因，不可能强制性地产生。[11] 我们可从如下三个视点分析动机作用。

第一个视点，从认知论看学习动机。一个人如何看待学习情境与教学内容，学习意欲的状态会发生变化。即便是同样的体验，不同儿童解释的方法也不相同。这种基于主观的认知作用，决定了学习的动机。这是极其重要的作用，在这方面存在多元的理论。传统的理论是"期待·价值理论"。这里所谓"期待"是指"能做什么"的认知，是预见某种活动取得成功的可能性（比如"自我效能感"）。这就要求教师对每一个儿童都应抱有相应的期待，做出期待他们"自己能做些什么"的心理支援；所谓"价值"是指即便有"自己能做什么"的期待，但一旦认为"这门学科没有学习的价值"，就不可能唤起学习意欲。"将来想当个翻译，就得学会外语"或者"掌握这门理科知识有助于日常生活"等等，认识到学习的价值，学习意欲才会提高。这就要求教师必须探讨如何"赋予教材以价值作用"，又如何"传递教材的这种价值作用"。价值作用不应当是强制性灌输的，需要以儿童能够接受、从心底里接纳的方式加以传递。

第二个视点，从情感论看学习动机。汉语中"喜怒哀乐"的成语表明，人类拥有受情感支配的部分。支撑学生学习行为的学习意欲的状态，随着其所体验的情感会发生巨大的变化。究竟着眼于怎样的情感——诸如积极的情感与消极的情感、评价与考试带来的焦虑感等，形成了多元的理论。在这里，"学习意欲"特别是在培育"自主学习欲望"方面需要我们关注，可以谓之情感侧面的"兴趣"。所谓"兴趣"是指积极关注或心仪某种事物的一种心态与情感，诸如对生物的兴趣、对数学的兴趣之类，是从小就开始培育起来的，它是构成动机作用的心理侧面。"兴趣"可分两种——"状态兴趣"与"特性兴趣"。所谓"状态兴趣"是指一时性的心理状态的兴趣，由于新奇、珍贵、惊异，聚焦特定的活动与内容而产生的兴趣，这是在学习的初期阶段被唤起的，未必持续得了。要形成稳定的兴趣就得发展作为"特性兴趣"的兴趣。"特性兴趣"指的是个人所拥有的稳定的兴趣。比如，有阅读兴趣的儿童会自己主动去图书馆，反复地、持续地从事阅读活动。偏好的样式一旦成型，就成为该儿童的个人兴趣。教师需要基于长远的教育视点，从作为教学契机的"状态兴趣"出发，发展儿童的个性特征——"特性兴趣"。

第三个视点，从需求论看学习动机。"我想……"是一种"需求"，就像"想知道""想调查"之类，相当于支撑"向学力"的重要心理侧面。这是出自个人内心而引发的一种心理能量。在以往的研究中，围绕心理需求的种类及其结构出现了诸多的卓见，如"食欲""睡眠欲"之类的生理需求也是需求的一种。在学校教育中重要的可举同"学习意欲"密切相关的需求——"达成需求"和"自我实现的需求"。所谓"达成需求"指战胜困难，显示自己能力的需求；而"自我实现需求"是最大限度实现自己潜能的需求。

作为支撑学习意欲的心理要素，比起"认知"来，"需求"与"情感"均属情意的部分，可以说，同人的生理侧面的关系，相对地说更为直接。因此，借助教育的影响力或许存在容易激活的部分，却也存在不易激活的部分。"认知"相当于对学习方式的掌握与对事物的见解，易于促进其形成，一旦获得，就具有稳定的倾向。不管怎样，教师要恰当地把握儿童的学习意欲并扎实地加以培育，就得从三个视点——认知论、情感论、需求论——出发，洞察儿童的学习环境给儿童的心理状态带来了怎样的变化。在此基础上，思考从怎样的角度切入，实施教育影响力。

（二）基于"动机作用"的教学设计模型

基于"动机作用"的教学设计模型是一种把教学视为整体的系统过程的研究，归纳社会交互作用、信息处理、个人成长、行为变化等教学模型旨在揭示动机作用形成过程的基础、要素、框架，可以为一线教师提供教学方略。这里试举几个极具影响力的案例。

聚焦"动机作用过程"的教学设计——"动机作用时序模型"是沃德科夫斯基（R. J. Wlodkowski，1986）倡导的教学设计理论。他主张在着手教学设计之际，除了计划指导的过程、明晰教学的目标，着力于系统化之外，同时也应当谋求"动机作用过程"的序列化。在课堂教学中可分为三个阶段——开始期、展开期、终结期，把握各个时期动机作用的重要特征。可以认为，这些步骤乃是作为特定的动机作用方略，能够最大限度地刺激学习者的动机的临界期。这个模型适用于每一个年级、每一门学科的教学设计。不论是短期的、长期的教学计划、也不论是怎样的学习活动，均可设定这种序列的构成。在"开始期"是"态度"与"需求"；"展开期"是"情绪"；"终结期"是"反馈"与"强化"，分别是各个时期重要动机作用的要因。

聚焦 ARCS 模型的教学设计——要实施提升动机作用的教育实践，就得考虑上述的种种侧面，诸如"知性好奇心""内在动机""外在动机"与"学习动机"，"归因""自我效能感""疲惫"等要素。凯勒（J. M. Keller，2009）以动机作用的理论为基础，倡导能够提升学习意欲的教学设计参照模型——ARCS 模型。[12] 这个模型揭示了学习动机的宏大框架及其教学设计的过程。该模型根据动机作用研究的重新审视，将"学习动机"分为四类——注意（Attention）、关联（Relevance）、自信（Confidence）、满足感（Satisfaction），表 6-1 就是根据四大分类及其下位分类构成的。

表 6-1　ARCS 模型中学习动机的四分类与下位分类

ARCS	学习动机的下位分类及作业提问		
注意 (Attention)	感知的唤起 怎样才能激发学习者的兴趣	探究心的唤起 怎样激发探究的态度	变化性 怎样才能引起 学习者的注意
关联 (Relevance)	目的指向性 如何把学习者的目标与教材 链接起来，赋予价值作用	同动机一致 如何因应学习者的学习 方式与动机	易亲近 如何链接学习者的经验

续　表

ARCS	学习动机的下位分类及作业提问		
自信 （Confidence）	对成功的期待 怎样让学习者拥有对成功的期待	成功的机会 如何设定实际感受到自己能力的机会	自我责任感 如何让学习者确信，借助自身的能力与努力，能够获得成功
满足感 （Satisfaction）	内在满足感 怎样让学习者从学习经验中感受到乐趣	有价值的成果 面对成功的结果，可增添怎样的价值	公平感 怎样使学习者感受到公平对待

资料来源：J. M. Keller. 学习动机的设计：ARCS 模型的教学设计 ［M］. 铃木克明，主译. 京都：北大路书房，2010：47.

一是"注意"，包括唤起学习者的好奇心与兴趣，并持续地产生学习动机的变量。其下位分类是"感知的唤起""探究心的唤起""变化性"。所谓"感知的唤起"是指唤起兴趣与好奇心；所谓"探究心的唤起"是指促进学习者发现矛盾、想要探究的态度；所谓"变化性"表示借助视觉刺激与听觉刺激的变化，维持学习者对教材内容及其提示方法的注意。

二是"关联"，牵涉到"为什么学习"这一学习的意义与重要性的认识，同样由三个下位分类——"目标指向性""同动机一致""易亲近"构成。满足学习者自身的学习目的与需求就是"目的指向性"；使环境与教学方法因应学习者的学习方式与动机、提升动机作用，就是"同动机一致"；所谓"易亲近"是指同学习者的既有经验链接起来，使得学习者感到亲切，这是教学设计中的一个要求。

三是"自信"，学习者即便通过"关联"认识到学习的意义与重要性，倘若自身仍然处于不想学习的、自信不足的状态，学习意欲也是难以提升的。"自信"可以通过发挥"对成功的期待""成功的机会""自我责任感"三个下位分类的作用来加以提升。所谓"对成功的期待"表示应当达到的水准及其手段，使学习者拥有能够获得成功的自信；所谓"成功的机会"是指实际积累成功的经验；所谓"自我责任感"是指通过学习者自身的能力与努力，体悟到成功体验以及自我责任、自我控制的感觉。

四是"满足感"，以学习者对学习结果的反应作为问题。借助"注意""关联""自信"，产生学习的动机，推进学习活动。维持进而促使这种学习活动对学习结果产生有效的作用，是非常必要的。

归纳起来，在 ARCS 模型中，网罗了影响学习动机的四个主要因素。在编制教案的场合，通过检查是否充分满足了这些视点，有助于"设计"儿童的动机作用。ARCS 模型设定的教学设计的流程有如下 10 个步骤：1. 掌握学科（科目）的信息；2. 掌握学习者的信息；3. 分析学习者；4. 分析既有教材；5. 列举目标与评价项目；6. 列举可能的方略；7. 方略的选择与设计；8. 同教学法的整合统整；9. 选择与开发教材；10. 评价与修正。[13]

聚焦 TARGET 模型（形成拥有动机作用构造的学习共同体）的教学设计——通过反复地展开有兴趣的学习课题的探究，使学习者自身具有良好的"自我效能感"。拥有了"自我效能感"就能锲而不舍地采取指向目标、达成目标的行为。形成自主计划的学习过程、有预见地管控学习的过程，最终实现目标。这种儿童就是能够自主控制学习的儿童。在这里，准备能够管控、调整自己的学习这一种元认知、行为与境脉，对于激发学生的学习动机而言尤为重要。为此，就得在教学体制中把握动机作用的结构。根据爱泼斯坦（J. Epstein, 1983）的研究，课堂教学中的动机作用涵盖了六个要素——课题、权限、认可、分组、评估、时间，简称 TARGET（表 6-2）。[14]

表 6-2　课堂教学中动机作用的结构（TARGET）

TARGET 的推荐要点
课题 Task　学生拥有兴趣，重视基于内发动机的课题，能够把自己的背景与经验链接起来，开展形形色色的学习活动。这些活动凸显学习的目的，能够让内在的魅力最大化，也能够自己发现学习内容的价值（不介意测验成绩和外发性报酬）。活动为所有学生掌握调控的技能，提供有适当比例的学习源与不同难易度的课题。

TARGET 的推荐要点	
权限 Authority	与学生共享，考虑到学生的需求与情感加以实施。教学内容组织有助于引发学生的兴趣与疑问。学生有许多自行决策的机会，拥有自律性，决定应当如何进行，参与课堂规则与步骤的制定，参与学习机会的决策。
认可 Recognition	不是针对成绩优异的学生，而是针对所有获得了某种进步的学生，让他们得到认可；不仅认可高分，而且认可广幅的达成。亦可针对学生自定的学习目标认可其达成度。认可不是对最高得分学生的祝福，是对付出努力与进步的学生的肯定。
分组 Grouping	课堂，作为拥有协同的规范与期待的学习共同体的功能，学生旨在知识的社会建构，以结对或者小组的方式进行活动。小组的课题多种多样，共同求得达成度，或基于伙伴的合作与共同的兴趣来组织。学生作为学习者与其竞争，不如协同。
评估 Evaluation	评价所重视的是，运用种种评价工具，帮助学生针对适应个性的目标，认识与理解自己有多大程度的进展。评价的结果以联络簿的方式，旨在让其准备补考或重新布置作业题，借以改进学业不良。
时间 Time	编制课时表，以便灵活地安排多种范畴的活动。这并不是命令学生应当做什么，而是旨在让学生拥有管理时间与学习资源（比如同信息源与协作的同班同学之间的交互作用）的自律性，从而参与主要的学习课题，保障完成课题所需的时间。

资料来源：秋田喜代美，坂本笃史. 学校教育与学习心理学 [M]. 东京：岩波书店，2015：48.

　　"自主学习"不是习得在社会中已经懂得的东西，而是期待学习者通过自身运用知识进行创造，发生变革。从这个意义上说，借助学习的积极性，不仅是习得知识与技能、适应学校文化这一侧面，而且能够有前瞻性地学会终身学习。儿童自身是学习的主体，因此，不是在封闭的课堂里，而是通过专家与网络展开答疑，或者邀请专家来上课，让儿童接触专家的思想与声音。这些经验会引发儿童对学习的动机作用，同时也是同探求学习世界的奥秘联系在一起的。要有这种经验，就得确保拥有自身学习兴趣的主题内容、探究型项目的学习时间，借以保障这种经验的积累。要使得班级与学校作为一个系统来形成有助于提升学习动机的结构，就得家校合作，从儿童的个性形成与动机的角度来思考教育的课题。

　　长期以来，教育心理学致力于"自我调整学习"（自主学习）的实证性、实践性的研究。所谓"自主学习",亦即凭借动机作用、情感、元认知、行为等,学生能动地参与自身的学习过程而展开的学习。能够进行自主调整的儿童,凭借自我学习意欲而展开活动。即便有焦虑与劣等感之类的消极情绪,也能够通过自我调整,展现积极向学的姿态。"元认知",亦即能够客观地把握自身的认知特质与状态,从而能够实现一系列的积极性行为。无论是教育心理学倡导的"自主学习",还是学习科学倡导的"深度学习",存在的一个共同点是,寻求学习的理想状态,即学习的主体性状态——学习者自身是学习的主人公,自己的学习自己掌舵。

人的动机是极其复杂的。与此相关的概念与设计方略,形形色色,不可胜数。不过,只要我们抓住其精髓,完善动机作用设计与方略创造的系统过程,那么就有可能以可测的方式,对学习者的动机施加影响,设计出富有魅力的学习环境。

三、打造充满好奇心的教学空间

(一) 充满好奇心的课堂是全员共同营造的

中小学教师在漫长的人生旅途中结识学生伙伴,秉持教学相长的理念,对他们心怀尊重与敬意,就能一步步迈向杰出教师之路,这个道理极其简单却又非常复杂。把儿童的"好奇心"化为"探究精神"乃是教师的天职。不过,唯有当教师自身拥有了好奇心,兴奋、进取、自主地展开新的挑战的时候,对好奇心强的儿童做出的支援,才更容易取得成功。

充满好奇心的课堂会形成师生之间相互切磋的学习文化。"好奇心"是基于师生作为学习者共同努力而产生的。当课堂中的每一个人拥有了好奇心,才会开始"协同研究"。培育好奇心的课堂包含了倾听班级的见解与无数的声音,积极参与,相互尊重。班级的同学构成了充满好奇心的课堂的一部分。把课堂中的"秩序"视为优先的场合,好奇心往往会受到干扰。不过,源自"好奇心"的知识的饥饿与欲望终究不会消沉下去。著名评论家列文斯坦(G. Loewenstein,1994)发现,"好奇心"同"强劲""一过性""冲动"是息息相关的。[15] 这三个要素在等级森严的班级里往往受阻，典型的刻板式教学是旨在控制冲动或针对做小动作的学生而设计的。好奇心旺盛的儿童自然难以顺从这种体制，他们玩耍，他们批判权威。或许，只有坐在教室前排座位上的"好孩子"会被发现有好奇心，对于坐在教室后排座位或是靠窗的座位的儿童，往往是听之任之，鲜少交流。教师必须认识到，要使儿童表现出好奇心，就得赋予其自我追问、自主探究的权利。实际上，好奇心是具有异常的顺应性的。教师既可能培育学生的好奇心，也可能击溃学生的好奇心。好奇心旺盛的儿童在受到"这也不准、那也不行"的限制与服从为中心的课堂里，只能是一种萎靡不振的存在。拥有问题意识的儿童以及所有儿童的希望，就是从应试教育的课程与评价体制中解放出来，恢复好奇心。所以，教师应当珍惜而不是击溃学生天然拥有的好奇心。

教育哲学家杜威（J. Dewey, 1916）倡导"对未知的冒险"。这种冒险之旅对于师生而言都是重要的。教师的作用应当从"逐一提问、逐一作答"的传统格局中解脱出来，转化为"循循善诱"者。好奇心旺盛的儿童是借助甘冒危险、展开知性游戏、不断尝试错误、犯下生产性（有效性）的谬误，而达至深度学习的。让每一间教室变成充满好奇心的课堂，并不是异想天开的想法，只消教师转变对自身作为教师存在的看法，即可实现。倘若每个教师一变而为"自身也拥有好奇心、拥有同学习者一起促进学习的权利的存在"，并且调整教学的时间、空间及其方向，旨在创造一种支援每一个学习者的学习——借助探究的意欲、孜孜以求的学习、想象力、内发动机等，来获取基本的知识与能力——的课堂，那么，就有可能使得学生原本拥有的能力得以深度提升。

（二）不是我，而是我们

为了一起来创造充满"好奇心"的课堂，教师就得保持某种程度的谦逊。学校的教师必须摆脱"教师爷"的面貌，以平等的姿态倾听课堂中的多种声音。19 世纪中期伟大的俄国小说家托尔斯泰（Л. Н. Толстой）在他创办的面向当地农民孩子开办的自由学校中，倡导无罚则、无规则教学，就是一个范例。[16] 他描述了同那些几乎目不识丁的农夫孩子的共同活动，提出了一个发人深省的问题——"谁应当学会谁的写作：该是我们教会农夫的孩子们写作呢，还是我们该从农夫的孩子们身上学会写作"。托尔斯泰说过，"他们写作的觉悟与思维的复杂性，甚至可同我（托尔斯泰）自身相匹敌""我从儿童身上发现，他们起初可以说是奇妙而羞涩的"。然而当儿童通过同自己（托尔斯泰）一起执笔写小说的时候，他们便开始从那种莫名的"羞涩"中"解放"了出来——托尔斯泰毅然地放弃了那种自负的、灌输式的教学方式，让每一个儿童投入写作故事的活动，让他们如痴如醉地沉浸在创作的过程之中。这是迈向创造性思维的第一步。托尔斯泰提及，儿童们搭框架、塑造出场人物、细致地描写人物的面貌，创作每一个细节。所有这些，都是基于完整的语言学的表达方式。这是一个让人感悟到儿童是同成人平等的真正的协同作业。他们从黎明到日落，整天待在校园里，废寝忘食，不愿走出校舍。托尔斯泰得出结论说："真正的教育，就是让学习者发现自身业已存在的素质，教师只是帮助其发扬光大而已。"

儿童是出色的学习者。每一个学生都拥有以其自身的生物学背景、社会文化背景建构起来的学习进化与发展的轨迹。倘能提供他们追求自身兴趣的自由与脚手架，那么他们就一定能够成为有效而愉快的"出色的学习者"。那么，怎样才能引发儿童的好奇心呢？作为教师又怎样才能支援、拓展儿童的好奇心呢？通过转换教育的观念，就可以使得教室一变而为能够实现有刺激性的、崭新的学习方式的"学习的宇宙"。拥有天生的好奇心与锲而不舍的求知欲望的学生会频频发问，从而不断获取知识、求索接近答案的方法，进而还会产生层出不穷的疑问。学生一旦形成了这样的思维习惯，就会成为名副其实的"终身学习者"。这样，也许当教师直面这样的课堂时会猛然发觉，自己也抱有无穷无尽的疑问、拥有各式各样的好奇心以及学习的快乐。惟其如此，才会产生"深度学习"所必须的最基本的能力得以萌发的空间，亦即充满好奇心的课堂创造。

（三）发挥作为"第三教师"的教室的作用

教师如何捕捉好奇心，直接影响到学生的好奇心。这里介绍一个有说服力的研究。[17] 把三四岁的儿童分成两组，分别让他们在布置有玩具的、富于乡野气息的情境中玩耍。一组实验者热情友好、从旁鼓励；另一组实验者则熟视无睹、冷若冰霜，尔后让他们猜测藏在幕布后面的玩具究竟是什么。于是，同友好的、给予赞赏态度的实验者交流的儿童，会迅速地展开探索行为。他们探源溯流，推测不见了的玩具究竟是什么。结果被他们猜中玩具的可能性很高。相反，同冷漠的、给予否定态度的实验者接触的儿童，显示出推测玩具是什么的好奇心及其探究行为明显地少。这就是说，得到教师贴心鼓励的儿童，探究自身环境的倾向性高。晚近有人以幼儿园、1年级以及5年级的教室为对象展开的调查表明，旨在达成特定学习目标的时间被教师刻板地规定且在毫无通融余地的教室里，儿童抱有好奇心的时刻已消失殆尽。

那么，教师怎样来计划在规定时间里展开教学、鼓励探究与尝试呢？这个回答没有那么简单，或许首要的要求是教师转变对好奇心的态度。同儿童的年龄与年级无关，课堂的文化取决于能否在适当的氛围中展开探究。教师一旦鼓励自发的探究，学生就会积极地展开尝试。当教师在有意识地让学生能够发现什么的教学设计的场合，就会给予学生尝试错误的机会。学生的好奇心一旦被激活，他们就能学得更多、更好。可以说，有什么样的教师，就会有什么样的学生。好奇心强烈的、兢兢业业的教师，就会有好奇心更强烈、孜孜以求的学生。

"好奇心"是在特定的场所与空间里培育的。然而，就像呼吸空气一样，我们大多并未察觉物理空间的设计。事实上，教室这一空间对于人们的思考、情感与行为会产生多重的影响。所有的环境都在对使用空间中人们的价值观、思维方式及其进行的活动，发出信息。教室空间要求创造性与创意、责任感与进取精神，或者反之，要求循规蹈矩的消极性与规则——这是关系到教学成败的大课题。儿童在一个学年里大约有1 500课时是在校园与课堂中度过的。众多教育工作者认识到，"教室"这一个空间，同家长与教师具有同等重要的影响力。因此，教室的环境往往也称作"第三教师"。[18]

为了创造好奇心的环境，教室空间必须以学习者为中心，谋求教室空间布局的改变：1. 这种教室的设计是怎样支撑独创性与发现的；2. 能否提供多样化的有助于聚精会神的、不同思维方式能够相互碰撞的、安心学习的空间；3. 能否提供有助于学生协同活动、因应特定的项目而做出变化的场所；4. 能否提供有助于学习的自由而使用的教材；5. 能否提供有助于改变视点与线索的场所；6. 当每一个儿童走进这个空间，他们能否拥有一种依恋与属于他们自己的场所的意识。为此，不仅是光线与声音，而且能通过改变基点与姿势，刺激好奇心。倘若我们能够创设反映作为学习者的复杂性的课堂环境，那么，就得打消万能型教室的梦魇，创造出借助某种特色唤起好奇心的各式各样的空间。学生在这种场所里感到别有洞天，就会产生连锁性的反应。不仅是单纯快乐的场所，而是创造所有学生得以分享的空间。雷斯尼克（M. Resnick）主张"从做中学"是一种质朴而有效的学习模型，倡导学习环境设计的四个关键词——课题（Projects）、热情（Passion）、伙伴（Peers）、游戏（Play）。他把"娱乐"的过程区分为：1. 快乐地做实验；2. 尝试新事物；3. 摆弄材料；4. 拓展自我的边界；5. 冒险；6. 反复尝试。有别于单纯的"游戏"。他主张"锲而不舍的精神"对创造性学习尤为重要，倡导创造性学习的螺旋模型——"想象（Imagine）—创造（Create）—游戏（Play）—分享（Share）—反思（Reflect）—想象（Imagine）"的周而复始的螺旋，[19] 这也是学习环境设计应当借鉴的。

环境会诱发学生特定的反应。我们的环境充满着谓之"诱发性"的、富于质感的、有意义的信息。在 20 世纪 50 年代，知觉心理学家吉布森（J. J. Gibson）开始了他的视觉研究——在注目物体与行为之际，视网膜是如何即刻转换为光的信息与理解的。[20] 为捕捉环境所提供的知觉，他倡导采用"可供性"的术语，开拓了生态心理学的研究。这个研究表明，要使得价值与意义在环境构成的设计中有直接知觉的可能，就得考虑环境为学习者提供了什么。物理空间的诱导性在激活好奇心这一点上具有重要的意义。试考虑一下，有什么方法，从一片空白开始，激励创意与革新、好奇心、疑问？引人入胜的、从他者的活动获得奇思妙想的兴趣盎然的场所，是怎样使得"革新"得以显性化的呢？好奇心是儿童学习与发展不可或缺的要素。教室空间是为引出每一个儿童的反应而设计的。我们需要从"千篇一律的刻板的设计模式"中解放出来，创造出独特的教室空间——满载信息、其乐融融、提供冲击、赋予能量，从而创设让每一个学生发起一次又一次挑战的第三空间。

参考文献

［1］［2］［3］［8］［12］［15］［16］［17］［18］［20］　W. L. Ostroff. 课堂上涌现“好奇小猴乔治”：唤起好奇心［M］. 池田匡史，吉田新一郎，译. 东京：新评论，2020：26，31，36，3－4，11，14，20，36－41，265，265－266.

［4］［5］［6］　小盐真司. 非认知能力：概念·测量与教育的可能性［M］. 京都：北大路书房，2021：64，66－67，71－78.

［7］　R. L. Ackoff, D. Greenberg. 颠覆的教育：理想学习的设计［M］. 吴春美，大沼安史，译. 东京：绿风出版公司，2016：183.

［9］［11］［12］　J. M. Keller. 学习动机的设计：ARCS 模型的教学设计［M］. 铃木克明，主译. 京都：北大路书房，2010：13－20，47－48，61.

［10］　樋口直宏. 教育的方法与技术［M］. 京都：智慧女神书房，2019：37－39.

［13］　钟启泉. 教学心理十讲［M］. 上海：华东师范大学出版社，2020：52.

［14］　秋田喜代美，坂本笃史. 学校教育与学习心理学［M］. 东京：岩波书店，2015：48.

［19］　篠原正典，荒木寿友. 教育的方法与技术［M］. 京都：智慧女神书房，2018：73－77.

第七章 基于"学习者中心"的教学设计

工业化时代的教育范式是"教师中心",信息化时代的教育范式是"学习者中心"。传统的教育侧重于系统知识的习得,亦即侧重于教材与教师的"有效"教学,却忽略了学习者。然而,教育的重大主题恰恰在于如何确立起"主体性学习"活动的地位,亦即教学的着力点应从知识的授受转变为基于学习者的自觉动机的学习,这是一方面。但另一方面,传统的教学又往往止步于以个人为单位的知识理解与习得,亦即把学习与发展单纯地视为在个人头脑中积蓄知识与技能的过程。实际上,人总是在同他者的交往中展开学习并实现成长的,个人的理解与认知受到个体外部环境多种因素的制约和支撑,知识在本质上是一种社会建构的过程。质言之,"自主学习"与"协同学习"是培育学习者成为"思考者"与"探究者"所不可或缺的。这两种教学形态的设计相辅相成,其革新性在于引领学习者从"我的学习"走向"我们的学习",最终实现"深度学习"。本章着重考察两种教学设计的基本原理与实施准则。

一、"学习者中心"的意涵

"学习者中心"的教育同"教师中心"的教育形成了鲜明的对照。它不是标准化而是个性化;不是内容配给中心而是学习中心;不是教师主导而是学习者主导(或师生共同主导),因此,不是被动学习,而是能动学习。[1]"学习者中心"的教育之所以重要,出于两个理由。从个体层面说,它是支援所有学习者发挥潜能、让他们的学习得以最大化的唯一方法;从社会层面说,社会正从"产业时代"进入"信息时代"。主要的劳动形态从体力劳动变为脑力劳动,更多的人需要更高水准的教育。而能够满足这个需求的,唯有"学习者中心"的教育。

麦库姆斯(B. L. McCombs,1997)基于美国心理学会的讨论,界定了"学习者中心"的概念——

　　秉持所有学习者都能获得最有效地促进最高的"动机作用·学习·达成"的最佳知识的立场，因而需要组合如下要素——聚焦每一个学习者（遗传的多样性、经验、见解、背景、兴趣爱好、能力、需求）；聚焦学习（获得"学习"是怎样发生的最佳的知识）。[2]

　　沃森和赖格卢斯（S. L. Watson, C. M. Reigeluth, 2008）也界定了包括"个性化"在内的同样的术语。基夫（J. W. Keefe, 2007）指出，学校教育中的"个别化"可以追溯到20世纪70年代美国中学校长协会倡导的"因材施教"的学习，他综合半个多世纪以来各种提案中的定义，做出独特的界定，这在一定程度上反映了该研究领域共同的概念：

　　所谓"个性化"（Personalization）是指旨在组织成功的学校的系统过程。它是在学习者特性与学习环境特性之间求得平衡的一种挑战性、生产性尝试，也是在学习者现有能力与超越现有能力之间求得平衡的一种尝试。它是学校旨在系统地整顿学习环境，考虑到每一个学习者的特性及其相应的有效教学方法，而做出的系统性安排。它是洞察学习者自身的才能与愿望，设计旨在达成目标的路径，同他者协作，攻克挑战性课题，积累探究的记录，采用丰富的多媒体，基于明示的标准，进行真实性学习的过程。而所有这一切，学校都应当提供可信赖的向导支持。[3]

　　由此看来，"个性化"的概念同"学习者中心"的概念是同义的，因而得到了广泛的运用。当我们使用这个概念时，相当强烈地表达了支援学习者的自律性与引领学习过程的"学习者中心性"的侧面：必须发展学习者的自我调节能力、促进内发性动机，以及唤起学习者的学习热忱。个别化学习注重学习，亦即并不重在发现最有效的教学方法，而是把重心置于学习成果与知识、技能的完全习得。在这里，当然不应当轻视教师的指导作用。不过，教师的角色不是信息的提供者，而必须转型为学习的促进者与可信赖者。在个别化教学设计的研究中，不能仅仅满足于让既有要素适应每一个学习者的教学系统的开发，而是应当聚焦每一个学习者，基于学习者自身的选择与目标的设定，来最大限度地满足他们的需求。

　　"学习者中心"教育的核心在于这样一个信念——"人类是以个人的方法来理解信息与经验的。无论是先天的（DNA 的组合）还是后天的（经验），都有着每一个人的独特性，因此每一个人接受事物的方式、感受方式、思维方式是不同的"。[4]合乎学习者个人的教学设计的理论基础，拥有共同的术语表述，诸如"顾客中心""学习者中心""个别化""自我主导"等。同"学习者中心"相关的概念，可以广义地用于说明种种不同的教学方法。沃森（S. L. Watson，C. M. Reigeluth，2008）阐述的学习者中心研究的框架涵盖了美国心理学会（1997）倡导的 12 个学习者中心的心理学原理（表 7-1），以及麦库姆斯、维斯勒（B. McCombs，J. Whisler，1997）提出的学习者中心的学校与课堂的两个特征。这就是，聚焦每一个学习者及其特征，同时也聚焦学与教的最有效的知识。[5]

表 7-1　学习者中心的心理学原理

元认知与认知性要因	1. 学习过程的本质：学习是探究拥有个人意义之目标的自然过程，是一种能动的、展现意志力的、内隐的过程。而且，学习也是从作用于学习者的具体的理解、思维与情感的信息与经验中，发现意义、建构意义的过程。
	2. 学习过程的目标：学习者不是旨在掌握现成的信息本身，而是寻求有意义的知识、建构结构化的概念。
	3. 知识的建构：学习者以新的学习与拥有独特意义的方式，把既有知识同未来取向的知识链接起来。
	4. 高阶思维：借助统领"心智活动（Mental Operations）、"自主监控""关于思维的思维"高阶方略，促进创造性、批判性思维与专业性的发展。
情意性要因	5. 学习动机的影响：信息处理的深度与广度、学习与记忆的内容与量，受诸多要因的影响，包括（1）个人的自我控制、素质与能力的自我认识与信念。（2）个人的价值观、兴趣、目标的明确性与特征。（3）个人对成功与失败的预期。（4）情绪、情感、整体的精神状态。（5）对学习成果的动机作用。
	6. 内发性学习动机作用的影响：人天生具有好奇心，乐于学习。但强烈的负面认知与情感（比如，缺乏安全感、恐惧失败、心高气傲或心灰意冷、体罚与冷酷、恐惧否定性烙印等）有碍学习的热忱。

续　表

	7. 提升动机作用的学习任务的特征：学习者的好奇心、创造性、高阶思维，可以借助有关联性的真实的学习任务，让每一个人通过自由地选择不同难易度的课题及其新颖性，而受到激励。
发展性要因	8. 发展的制约与机会：通过独特的遗传与环境要素为基础的身体的、认知性的、情感性的、社会性的发展，实现各自的进化。
个人的与社会的要因	9. 社会文化的多样性：学习者的年龄、文化、家庭背景是各不相同的，借助适应性的教学情境中的社会交互作用与同他者的沟通，可以促进学习。
	10. 社会融洽、自尊心与学习：认识到自身的潜能，崇尚优异的素质，同他者建构和谐关系，可以提升自尊心。
个别差异	11. 学习中的个别差异：关于学习、动机作用、有效教学的基本原理（不问民族、人种、性别、体力、宗教或社会经济地位），适于所有的学习者。学习者的能力是各不相同的，偏好的学习形态与方略也是各不相同的。这些差异是环境因素（多元文化、社会团队的学习或沟通的内容）与遗传因素（作为基因，总会自然地产生的）的交互作用所使然。
	12. 认知过滤器：源自以往的学习与解释的个人信条、思考、理解，是理解其直面的现实与人生经验的基础。

资料来源：C. M. Reigeluth, B. J, Beatty, R. D. Myers. 教学设计的理论与模型：实现学习者中心的教育（第 4 卷）［M］. 铃木克明，主译. 京都：北大路书房，2020：10.

正如杜威在《经验与学习》（1938）中指出的，并非所有的经验都能帮助学生成长，所以学习者中心的教学设计主要在于让学生从真实的、挑战性的、持续的经验中学习探究。这些经验不仅让他们乐在其中，还能让他们渴望未来的经验。这是一种决然不同于教师中心的教学设计。

二、"自主学习"的教学设计

所谓"自主学习"（Self-Regulated Learning，SRL），或译"自我调控学习"，是指学习者积极而有意识地设定学习目标，控制、调整、激励、评价自身的认知、行为、动机作用以及环境，借以达成目标的能力。SRL 研究是从 20 世纪 90 年代开始的，在 20 世纪六七十年代，学术界对人的发展过程中的自我调节过程有了高度的关注。这些研究形成了四大潮流——认知与元认知、内在动机、行为调整、发展过程，涉及 SRL 的理论与见解，包括社会认知理论与意志论、现象学等。随着新的学习理论强调"分享的知识建构"，自主学习模型便从"个人建构主义"转向"社会建构主义"，这就引出了"自我调控""共同控制""社会共享调控"等一系列的概念。[6]

班杜拉（A. Bandura, 1986）的"社会认知理论"是 SRL 最基本的解释。班杜拉把人的学习功能视为三个要素——个人、行为、环境影响——之间的动态交互作用。人拥有诸如进行符号化、策划方略、自我调整、自我反思的能力，所有这些构成了 SRL 的基本特征。众多学者提出了"自主学习"的概念框架。诸如，尚克（D. H. Schunk, 1990）的"自我观察—自我判断—自我反应"；博霍特（M. Boekaerts, 1996）的"调整系统—认知情境处理系统—动机作用情感系统和系统内水准—领域独特的知识—方略的利用—目标"；齐默尔曼（B. J. Zimmerman, 2002）的"预见阶段—实施阶段—自我反思阶段"，以及宾特里奇（P. R. Pintrich, 2004）的"阶段——预见—计划—活动、控制、反应与反思，调整的领域——认知、动机作用与情意，行动，境脉"，这些功能性框架大体反映了 SRL 的共同要素与阶段。[7]

（一）SRL 的概念阐释

SRL 的核心概念是"自律性与自我调控"。这种调控的方略大体可以分为三类。[8] 其一是"认知方略"。亦即在记忆、理解学习内容的认知处理之际所采用的方略，包括"浅处理"方略与"深处理"方略。前者是以反复阅读、书写之类的单纯反复处理为中心的方略；后者是将学习内容同既有知识相链接、以理解其意义为中心的方略。其二是"元认知方略"。具体地说，是确认自己理解了多少之类的监控、并因应监控结果来有意识地展开的调整学习方式的调控方略。其三是"资源活用方略"，亦即优先运用资源的方略。这种资源包括学习者外部的资源，学习者自身的努力与注意集中之类的内部资源。教师的任务在于，如何让每一个学习者熟悉使用这些学习方略：1. 尽可能让学习者有效地应对学习内容、学习方法、学习时间、学习场所；2. 有助于每一个学习者发展自己的调整技能；3. 对每一个学习者持有敬重与关怀；4. 宽容个人的差异，激活个人的优势，善待个人的劣势。"效果"与"魅力"是构成 SRL 教育之基础的重要价值。[9]

SRL 适于所有的学习境脉（比如，线下的课堂教学与线上的虚拟空间）、所有的学习内容、所有的学习集体（从幼儿园到高中生与成人学习者）。SRL 对于学习目标的达成极其重要。自我调整学习的能力不仅有助于学习者达成学习课题、实现目标，而且有助于学习者成为"终身学习者"。持续地学习与革新对生存于知识社会的人们而言，尤为重要。

（二）SRL 的基本原理与方法

SRL 的教学设计可从两个方面入手。一是重新设计教学内容。即教师基于教学的研究、借助特定的学习环境，重新设计教学内容，使学习者的 SRL 变得容易。二是重新设计教学方法，让学习者具体地学会 SRL 技能。这里聚焦的课题是，如何利用多元的教学设计原理与方法，包括提供不同的学习环境与文化，通过现行教学的再设计，促进学习者的 SRL。[10]

原理一，设定"问题取向"或"项目取向"的任务。当学习者探讨现实生活课题的场合，有助于促进学习。这一点，特别适于 SRL。这是影响动机作用、自我效能感、学习者的 SRL 技能的重要因素。学习者的兴趣与对价值的期待感，有助于学习者发挥更高的动机作用。就是说，由于学习者对 SRL 拥有高度的动机作用，对课题拥有高水准的兴趣，必然对达成目标持有强烈的愿望。课题的选择必须具有多元的标准、整合多学科的内容。

原理二，为学习者提供充足的时间与指导的准备。所谓"准备"意味着在教学计划编制的阶段里，制定旨在完成课题的计划，同时设定学习者的课题目标与过程目标，以及界定学习资源与策划方略。这是成功实现 SRL 最重要的原理之一。在传统的课堂教学中，教师不必为学习者的准备花那么多的时间，因为对所有的学习者均以同样的目标、同样的过程目标群、同样的预设资源与预设时间进行教学。但在"学习者中心"的教育中，教师必须花费时间与精力，因应学习者的个别差异，因材施教。就是说，教师需要帮助学习者掌握 SRL 的方略，设定课题目标与成绩标准、过程与方略；帮助不同的学习者设定适于其个人的学习目标方向；帮助学习者发展SRL技能，链接相关的既有知识与体验。

原理三，扎实地实施持续的评价。教师需要帮助学习者掌握持续地进行自我评价的SRL技能，让每一个学习者在SRL的整个过程中能够不断地作出诸如"自己的方略是否完美"的追问。教师应当从课题的实施与能力的达成两个方面作出真实性的综合评价。同时，倡导来自他者的评价，亦即不仅给学习者提供来自教师的反馈，也提供来自学习者伙伴的反馈。

原理四，为学习者提供SRL的榜样。教师提供的榜样——让学习者观察课堂内外SRL的模型；伙伴提供的榜样——有助于提升学习者在掌握SRL技能与过程中的自我效能感。

原理五，为学习者提供应用的机会。学习者通过在小组中向伙伴演示自己在SRL方面的强项，有助于提升学习者的运用技能；向学习者提供在日常生活中运用新方法的机会。

原理六，向学习者提供有关SRL的知识与技能的指导。包括微观水准的指导（比如，抽象概念的讲解、例示、有即时反馈的练习等）和宏观水准的指导（比如，SRL的计划、实施与反思的全过程指导）。

（三）SRL教学设计的方法论特征

SRL教学设计需要基于案例研究的积累和对教学过程的精致分析，体现如下特征：1. 情境分析——在环境境脉中考察学习者的必要性。社会环境脉络层面的要因是影响学习者个人的认知、行为调整的关键性资源，但在研究中却往往切断了个人与环境脉络之间的关系。2. 视点分析——考察学习者视点的必要性。有些研究并不着眼于学习者的信念与行为，过分强调环境脉络而无视学习者的认知是有问题的。3. 整体分析——SRL教学设计研究为教师聚焦交互作用（亦即聚焦个人与人际/环境之间产生的并不单纯的交互作用）提供了机会。[11] "共同调整"的研究就是一个适例，它着眼于个人的认知、元认知、内在动机、行为之间的"交互作用"这样一种分析的单位。交互作用的分析表明，把一种现象作为一个不可分割的整体——既是认知的、亦是社会的整体——来把握的必要性。所谓"人的活动"就是"个人与集体采用或介入机会的脉络"。

SRL 教学设计的境脉依存性主要表现为：班级规模、时间制约、学习者的发展水准、学习者的 SRL 水准等。在班级规模过大的场合，或许需要在满足个别需要的程度上作出一些牺牲。不过，可以积极地利用旨在满足不同学习者需求的团队学习活动（比如，兴趣小组活动），加以弥补。在时间有限的场合，借助多学科或跨学科的教学设计与实施，有助于维系 SRL 与学习者中心的教学，比如各门学科的教师通力合作，组织跨学科的教学，有助于提升教学效率。或许有人会认为，对幼儿园和小学低年级儿童而言，他们并不具备 SRL 的技能。确实，SRL 是涵盖元认知等高阶认知能力在内的一整套技能。对幼小的学习者而言，囿于经验与观察的积累，SRL 的方法论或许未必适合。不过，调查研究的结果显示，低龄儿童也能在某种程度上实施 SRL。[12] 为了支撑早期的 SRL，不妨采取分化型指导。比如，赖格卢斯（Reigeluth，1999）倡导的"条件单纯化法"，对缺乏 SRL 技能的学习者在单纯地习得 SRL 技能之前，先布置若干简易化的、全局性的、现实世界的自我调整性课题（SRL 课题的简易版），等到学习者积累了满足简易化条件的案例之后，就能进入 SRL 更复杂的版本。

三、"协同学习"的教学设计

（一）"协同学习"与"分组学习"的区别

"三人行必有我师"——这句话点明了众人一起思考的重要性。借助众人的交互作用而相互学习，谓之"协同学习"（Collaborative Learning）。[13] 这里的"协同"有"合作""协作"之意，"合作"被视为集体内成员同时达成目标的交互作用。

"协同学习"不等于"分组学习"。"协同学习"的教学理论不仅指促进儿童顺利地展开合作学习的方法，而且指旨在让儿童有效地掌握"学力"的基本准则——儿童能够自主而自律地学习的结构，广幅的知识习得，同伙伴一起直面问题解决的人际技能，尊重他者的民主主义态度，因此不同于"分组学习"。[14] 这种"协同学习"并没有什么特别的方式，一以贯之的是基于协同思维的"思维方式"与"原理"。立足于这种思维方式，教师负责作出决策，使每一节课都能实现协同学习。传统的课堂教学是"教师讲、学生听"，儿童借助课堂约束力开展学习活动、掌握学力，是必然的。然而，倘若儿童不能经历实际的"参与"、彼此"协同"、感悟自身的进步，从而体味"成就"的学习过程，是难以期待课堂教学的变化的。要使得儿童形成自律性学习能力，教师应当做的就是提供学习的框架。在学科教学中，当进入一个单元的教学之际，需要充分地告知"这个单元为什么重要""如何才能有效地学习"，让儿童在活动展开之前就有所准备。这是一种学习活动尽可能多地让儿童承担起来的教学范式。当然，教师也会在交代教学预设中教授必要的基础知识。即便在此时，儿童也并不是被灌输预设的知识，仍然不失为拥有其主体性的一种学习姿态。即"协同学习"要求从根本上变革传统的教育观、教学观与儿童观。

在这里，还需要区分"协同"与"竞争"的意涵。在关于"协同学习"的经典著作《学习之轮：美国协同学习入门》（1984）[15] 中，约翰逊（D. W. Johnson, R. T. Johnson）兄弟揭示了以往"竞争学习"与"个别学习"的弊端，那就是"一心只顾自己的学习""只要自己好就行"的极端个人主义的学习方式。而"协同学习"是班级成员能够拥有"我们"意识的班级创造，以"我们扭成一股绳"的姿态展开学习的一种方式。根据约翰逊的研究，所谓"协同学习"是组织小型小组、通过彼此协作、最大限度地提升自我学习与相互学习之效果的一种教学方式。在教师讲解之后，班级的学生被分成2—5人左右一组，让小组的每一个成员充分理解所布置的课题，展开探究活动。无论谁的努力都会给小组全体成员带来好的效果，认识到成员是共命运的。一个人的成功意味着其对自身与他者有所贡献。当伙伴取得了成绩，小组成员也为之自豪。就是说，在"协同学习"的情境中学生的目标达成方式促成了相互协作的关系，而唯有当小组的其他成员一起达成目标之际，才算达成了"我们自己的目标"。约翰逊指出了传统的"分组学习"的若干问题：其一，不劳而获。实干的学生对一些成员在小组学习中"搭便车"成为"不劳而获"者，却获得同等的评价，抱有不满情绪。这样，使得一些成员"留一手"，不再全力以赴。其二，扭曲的"领导力"。分组内能力高者往往摈弃能力低者，得益者越发得益。能力高者几乎包揽所有教学内容的解释。由于花费时间多、学习量大，造成能力高者趾高气扬、能力低者萎靡不振的状态。甚至在分组学习中彼此之间相互诋毁、勾心斗角；进而在作业分工中趋炎附势、拉帮结派。

在新的教学理论中，从"教学过程"的视点出发，关注学习者理解过程的阐明。教师必须考虑到，学习者在教室里上课的场合，他们事实上已经凭借自身的经验，建构了该领域的某种概念，包括"一孔之见""错误概念""朴素概念"。众多研究者提示了满足学校课堂教学需求的教学模型，亦即"怎样才能使学习者持有的概念变革为科学概念"的教学模型。

概念变革模型（M. Z. Hashweh, 1986）——要在朴素概念与科学概念之间产生"认知冲突"，需要两种教学方法。其一是让学习者在不知不觉中运用朴素概念，然后使其明白地意识到错误所在。其二是让学习者发现，朴素概念基于有限经验的局限性，而科学概念则拥有普适性。

架桥方略（J. Clement, 1987, 1993）——要在两者——以学习者熟悉的经验与知识为出发点，最终获得科学概念——之间架桥，就得借助类比，消弭其间存在的鸿沟。

互教互学（A. S. Palincsar, A. L. Brown, 1984）——在生生之间、师生之间完成共同的课题中，原本"个人内"使用的教学方略，在"个人间"（生生之间、师生之间）以相互作用的方式得以外化，通过对话，协同建构科学概念。[16]

(二)"协同学习"的基本构成要素

约翰逊兄弟（D. W. Johnson 和 R. T. Johnson）倡导的"协同学习"被誉为"最纯粹的协同学习"。它是基于"协同"的精神，通过学生一起探讨，最大限度地提升个人的学习与相互学习的一种教学方式。[17]"协同学习"的基本构成要素如下。

促进性的相互依存关系——这是有效推进"协同教学"的首要因素。学生认识到"彼此是休戚与共的伙伴"。在"协同学习"中学生承担两种责任：一是独自学习教师布置的教材，二是在小组里扎扎实实地学习教学内容。倘若小组的伙伴不能兢兢业业地协作，学生个人的学习也不能成功。唯有彼此协同，以个人努力与小组伙伴努力的方式，感受到同伙伴之间的相互关系之际，才存在相互协作的关系：1. 每一个人的努力都是小组学习的成功所不可或缺的部分，2. 小组的伙伴各自拥有的信息，以及在课题中所承担的责任是不同的。在一起努力的过程中各自作出自己的贡献。因此，教师必须明示小组学习的目标——"每一个人能够好好地学习课题，而且小组学习的全员能够好好地学习课题"。为了强化达成目标的协作关系，还可以附加连带酬劳（小组成员在测验中正确率达9成以上者，每一个人奖励5分），或者进行信息分工（给小组的每一个成员分别提供完成课题所需的信息），担任辅助性角色（承担阅读员、检查员、鼓动员、推敲员的，也加以奖励）。

面对面的相互交流——在协同学习中，教师通过让学生彼此鼓励、辅助、支持、激励、褒奖的方式，以保障他们相互促进彼此成功的机会。第一，产生如下的活动：讲述如何逼近问题，讨论学习的概念和意义；把自己的知识教给小组的伙伴；说明当下学习的知识内容同以往学习的知识内容有什么关联。第二，通过面对面的交互作用，有助于体验更丰富多样的社会环境，创设彼此沟通的机会，诸如对伙伴负有责任、彼此交流思考与判断、榜样、社会支援、伙伴认可的喜悦，等等。第三，小组伙伴之间的语言性反应与非语言性反应可以成为判断彼此学习成果适当与否的重要反馈。第四，为交互作用积极性低落的小组成员提供鼓起勇气的机会。第五，这种交互作用还包含了彼此发现人格的机会，成为增进伙伴关系、深化彼此联系的基础。有研究指出，大型小组对弱势成员而言，来自伙伴的压力会增大。因此，要使得成员之间发挥有意义的交互作用，最好是组织小型学习小组（以2—6名成员为妥）。这样，可以使得成员强烈地感受到自己参与和努力的必要。

个人的双重责任——不应当出现把学习推诿给他人的场面。重要的是要认识到，完成小组的课题需要伙伴之间提供更多的支援、提示与激励。在小组的作业中让学生拥有个人的责任感，认真地履行每一个人分内的事。这就需要采取如下的步骤：1. 检查每一个成员的努力，为小组的作业作出了怎样的贡献；2. 反馈小组与个人的成果；3. 每一个成员不做无用功；4. 所有成员清晰地认识到，必须对最终的成果负有责任。"协同学习"的目的在于"让每一个成员都成为强者"。

社交技能与集体运营技能的促进——同他者协作的社交技能不是与生俱来的。要使得"协同学习"更有成效，就得教会学生高质量协作必要的社交技能，以及运用这种技能的动机：1. 彼此信赖；2. 进行正确而明晰的沟通；3. 相互接纳；4. 前瞻性地解决分歧。

活动的反思——所谓"改进小组活动的步骤"，是指通过回顾学习小组的行为，求得：1. 明确小组的哪些行为是有效的，哪些是无效的；2. 哪些行为不应当持续，哪些行为应当持续。据此，1. 让小组的伙伴之间明确顺利地维持课题所需要的关系；2. 促进协作的技能；3. 让成员能够确认自己表现的优劣；4. 保障每个成员兼有两种水准（即认知水准和元认知水准）的思维；5. 成员之间彼此分享成功的喜悦，有助于引发伙伴的积极性行为。另外，改进是否有效的关键还在于，保障充分的时间，取得理想成果时的反馈。明确地实施改进步骤，而不能放任自流（表7-2）。

表7-2 协同学习小组与传统分组学习的区别

协同学习小组	传统分组学习
有相互协作的关系	没有协作关系
有个人责任	没有个人责任
成员异质构成	成员同质构成
学习组长轮流担当	学习组长只指定一人
有相互信赖关系	只信赖自己
强调课题与人际关系	只强调课题
直接教授社交技能	轻视或者无视社交技能
教师随时观察、调整小组	教师无视小组
采取小组改进步骤	无小组改进步骤

资料来源：中田正弘. 培育能动的反思性学习者的教学创造［M］. 东京：学事出版股份公司，2020：48.

（三）协同学习设计的原则

认知科学、认知心理学和社会心理学都在展开影响集体思维的条件的探讨，提示了教师应当注意的若干设计原则。[18]

1. 协同的价值。所有成员必须认识到同他者一起探讨的价值与有用性，具备这样一种信念——"重要的不仅是求得自己的提升，还需要求得每一个成员的提升"。在这里教师不仅要教会学生学科的知识内容，而且要教会他们协同学习的方式。

2. 对话的氛围。确立与维持成员之间安心地展开对话的氛围，包括：分享小组协同中的个人责任与共同责任的氛围；共同体内外成员之间的相互尊重；建设性讨论对话机制的确立；便于学生自主学习与小组学习之间转换的定型化；多媒体和网络技术的利用，等等。

3. 异质的成员。理想的小组最好囊括了形形色色的提案，并能由围绕这些提案充分交换见解的成员组成。如果尽是同样的见解，不可能展开活跃的讨论，只能以浅层次的水准告终。

4. 适当的课题。需要考虑课题的难易度。倘若过易，小组讨论就没有必要了；倘若过难，多数成员会丧失积极性，使探究活动局限于一部分成员。因此，理想的课题是难易度适中，并容易产生多样的见解。教师必须言简意赅地布置学习课题，这样，对学生而言，课题、目标、责任都明确，能够调动每一个学生的学习积极性；对教师而言，则可以明确评价的标准。

《遗传学入门》的教师在课前向学生布置了一道预习题——

阿里逊同父母一起驱车外游，突发了一场重大的交通事故。在急救室里，医生对阿里逊说，你母亲没什么大碍，但你父亲由于大量出血，必须马上输血。阿里逊志愿献血，方知自己的血型是 AB 型，而父亲则是 O 型。

a. 阿里逊能够给父亲献血吗？请说出"能"或者"不能"的理由。

b. 学习生物学的阿里逊，开始疑心自己是养子。那么，你能对他说些什么呢？为什么那样说呢？

这是一个富于魅力的课前预习的提问，体现了若干饶有兴味的重要特征。基于这些特征，尔后的课堂讨论一定是妙趣横生——

- 不可能轻而易举地作答。

- 注重让学习者回想既有的知识与经验。

- 包括基本概念在内，要求学习者用自己的话语来作答。

- 由于在提问中要求学习者补充未能明示的信息，因此充满了混沌性。[19]

5. 各自的角色。每一个人必须承担各自的责任，把自己学到的知识内容传递给他者。不是贸然提出问题，指令"大家来讨论"，而是在此之前各自准备好了自己的想法与见解。在小组学习中没有必要强调全员发挥同样的作用，重要的是发挥各自独特的作用。研究表明，角色的分担不仅在难题的解决中，而且对顺利地展开讨论也是有效的。归纳自己的见解、倾听他者的意见、比较探讨各种方案，原本是最佳的课题解决的活动。这里需要关注的一个问题是，在同伙伴的协作中采取怎样的态度，换言之，参与态度是有多样的、具有个别差异的。比如，人数一旦增加，借助成员协作的作业质量也可能比一个人作业的场合更低。根据团队中个人行为方式的社会心理学研究，这种成员的行为叫做"偷工"。依赖于偷工的成员自然对团队的贡献度也低，但在评价团队成果时却得到和贡献度高的成员同样的评价，这种成员的参与态度叫作"搭便车"。这是一种降低其他成员参与团队活动热忱（动机）的存在。另外，无视、拒绝甚至侮辱伙伴发言的消极态度，也会产生同样的影响。

日本学者濑尾美纪子（2017）研制"测定尺度"、展开初中生"参与态度"的调查分析表明，要发挥"协同学习"的有效功能，就得形成每一个学生主动地参与学习的态度。[20]在课堂教学中，下列五种"参与态度"是需要着力培育的：第一，"主体性主张"——积极地阐述自己见解的态度；第二，"逻辑性主张"——逻辑地表述自己思考的态度；第三，"主体性倾听"——尊重他者见解、洗耳恭听的态度；第四，"批判性思维"——不盲听盲信、展开批判性探讨的态度；第五，"讨论的调整与整合"——积极质疑、梳理见解的态度。

6. 对话的规则。默塞尔（N. Mercer）等人区分了儿童讨论的几种类型——

"竞争性讨论"（彼此争相发表自己的见解）、"累积性讨论"（分享各自掌握了的知识）、"探究性讨论"（批判性而又建设性地听取他者的见解），但"探究性讨论"却极其罕见。因此，他们展开了培育"探究性讨论"的尝试，揭示了应当遵循的若干规则：（1）分享相关的一切信息；（2）小组以达成共识为目标；（3）小组对决议负有责任；（4）发表自己的见解时要陈述理由；（5）容许不同的见解与反驳；（6）在决议之前检讨其他的可能性；（7）畅所欲言。这种设计实施的结构表明，探究性对话得以形成，每一个儿童的认知功能也得以改善。

7. 讨论可视化。儿童的对话一旦停滞，讨论就会僵持不下，来回兜圈子，得不出结论。在这种场合，可以采用作业单或便签的方式，使全员看得见提出的主意和讨论的过程。这样就有可能顺利地推进讨论、发现新的视点。

日本学者小林宽子（2009）在理科教学中倡导有助于促进实验的信息链接的知识与方略——"假设评价图式"，并把这种教学同不施加特别影响、自由地展开协同学习的教学进行比较，结果表明，施加"假设评价图式"的协同学习无论在理解教学内容本身还是在实验技能的提高方面，都优于别的协同学习。在"作业单"中提示的"假设评价图式"如下：（1）请设想问题的答案，并写下其理由（预测）；（2）请思考该进行怎样的实验才能得出明确的答案，并写下所设想的实验好在哪里及其依据（实验计划）；（3）实验结果是怎样的（结果的观察）；（4）从实验结果可以得出哪些判断（结果的解释）。[21]

8. 反思小组学习，并把小组学习置于整个教学的全局中来思考。在活动结束之后，个人和小组反思一下是否已经展开了适当的活动——作为个人，可以从"自己是否负起了责任""对方是否明白了自己表达的见解"等视点，来进行反思；作为小组，可以从"是否以好的协同反思求得课题的解决""角色分工是否公平合理"等视点，来进行反思。

"协同"不仅是学习的一种形态，而且包括了学习情境在内的集体形成的一种理想状态。上述的前两个原则（协同的价值、对话的氛围）是形成"协同学习"的必要条件，后几个原则是形成"协同学习"的充足条件。

（四）"协同学习"的效果

正因为不同，才可能产生协同。"协同学习"的基本结构是"课题明示—个人思考—集团思考"。在协同学习中，要求在集团学习（集体思维）之前，必须进行个别学习（个人思考）。相互学习的每一个人是通过学习者个人的思考，拥有自己的见解，然后才能展开深度的集体学习。[22]

"协同学习"本质上是一种"互惠学习"。人是在伴随经验、重复经验的过程中，形成任何状况下都能运用抽象概括的知识——图式——的。在以"同多样的他者交互作用"为前提的"协同学习"中，通过接触众人的图式，个人的图式不仅实现了量的增加，而且可以期待基于经验的多样性，在质上实现图式的多样性。再者，在数名伙伴共同探讨一个问题的场合，个人可以观察到他者的问题解决过程。由于视点与思考方式的差异，能在某种程度上对问题加以客观地把握。就个人而言，也可以产生细致地检查自己思维过程的契机。这样，在"协同学习"中的知识建构由于成员之间的多样性，会不同于个人内在的知识建构的模式，产生更高的效率。根据认知心理学家的研究，同成人与教师等认知达成度高的对手相比，基于同样认知发展水准的同伴之间平等的交互作用的"协同学习"，对学习者理解与知识的习得，会产生如下的效果。[23]

1. 他者的不同见解、思维的提示与认知冲突的发生。在同样的认知界定的伙伴中，通过和拥有不同见解、存在一定差异的伙伴交流，在彼此的认识上会产生认知冲突，从而会在每一个人的内心世界产生知识重建、借以消解认知冲突的倾向。跟自己的见解完全相同，思维方式也相差无几的对手，以及跟自己的见解分歧很大的对手，不容易产生认知冲突。因此，同那些见解有适当差异的伙伴进行组合，是非常重要的。

2. 讨论焦点的明确化与旨在促进理解的批判性信息的提示。对于促进理解而言，聚焦这种批判性验证的活动——重要的关键形象与属性的讨论及信息的提示，在"协同学习"的实施中非常重要。诸多先行的研究揭示，在"协同学习"中会产生如下一连串的重要过程：诸如在交互作用的活动中产生直接同学习与理解的促进相关的批判性信息；然后分享这些信息；再作为个人的能力与技能加以内化。就是说，能在多大程度上产生这种批判性信息，是一个决定性的关键所在。

3. 基于语言性沟通的课题解决步骤的明示化。用语言表达自己的观点与见解的活动，以及把自己的意图与思考传递给对方的尝试，是课题解决的重心。结对学习的儿童通过表达各自头脑中的思考，课题内容得以客观化，也得以分享。这种协同作业的经验，是同学习者设计与调整独自解决课题时所必须的行为——这一元认知技能的提升，联系在一起的。

4. 基于多元视点的思考。在共同作业中可以获得分担责任与减轻负担的直接效果。倘若在拥有不同思考的小组之间展开论争，儿童对自身所属的小组拥有归属意识，从我方的视点出发，围绕我方的视点展开讨论。在激烈辩论的场合，一方面申述我方的主张，当然另一方面又听取对方的意见，探讨双方的见解到底在哪些方面有所差异、论点是什么，促进论点的明确化。通过这种讨论，发现不同于我方的见解与思维方式，从而得到从多样的视点出发来再度斟酌、矫正的机会。这样，无论从怎样的立场出发得出的见解，都可以从多元的视点出发来加以比较与考量，这是同纠正自己的理解与认知活动这一"反思性"活动息息相关的，是走向"深度理解"的重要一步。这样，基于"协同学习"的基本认识，通过在小组里展开的活动与协同学习，儿童的学习得以深化，人际关系也得以构筑。

在现代社会中，人们通过协作来解决的课题越来越多，培育作为其根基的沟通能力与协作能力成为学校教育的一个重要任务。从"协同学习"的机制与设计原理来看，可以作出合理的假设：一旦展开了基于"协同精神"的高阶知性活动的协同学习，学习者获得的不仅是认知侧面的能力，同时也获得社会情感侧面的能力。[24]

参考文献

［1］［2］［3］［4］［5］［7］［9］［10］［11］［19］　C. M. Reigeluth, B. J, Beatty, R. D. Myer. 教学设计的理论与模型：实现学习者中心的教育（第4卷）［M］. 铃木克明，主

译. 京都：北大路书房，2020：9 - 10, 9, 91 - 92, 11, 91. 247, 248, 249 - 259, 260 - 261, 408.

［6］［12］［13］［17］［18］ 钟启泉. 课堂研究 ［M］. 上海：华东师范大学出版社，2016：48, 52 - 53, 55, 57 - 60, 60 - 62.

［8］［20］［21］ 濑尾纪美子. 教育心理学 ［M］. 东京：科学社，2021：95 - 96, 108 - 109, 110.

［14］［15］［23］ 中田正弘. 培育能动的反思性学习者的教学创造 ［M］. 东京：学事出版股份公司，2020：41, 41 - 42, 49 - 51.

［16］ 高垣真由美. 授业设计的前沿：链接理论与实践的知性协作 ［M］. 京都：北大路书房，2005：31.

［22］［24］ 松下佳代. 能动学习 ［M］. 东京：劲草书房，2015：118, 114.

第八章　基于"学科素养"的教学设计
——以埃里克森的"三维度设计"为中心

知识社会的教学设计重点不在于教师"教"的设计，而在于学生"学"的设计，亦即学习环境的设计。而"学科素养"（Discipline Accomplishment）本身就是"核心素养"（Core Competences）的一个组成部分，因此，基于"学科素养"的教学设计自然是实现"核心素养"目标的一个重要课题。本章首先阐述知识社会教学设计的基本特质，然后举述语文的阅读教学与数学"三维度设计"的实例，勾勒基于"学科素养"的教学设计内涵及其特色。

一、知识社会教学设计的特质

（一）学习理论发展的启示

心理学的学习理论旨在揭示动物与人类的学习机制，从实验室的研究发展到生态学生活现场的学习研究，它是随着时代的变化与学生的进展而发生变化的。[1]

行为主义与建构主义学习论——在整个 20 世纪，围绕"学习"的心理学基本理论经历了从"行为主义—认知知主义—社会建构主义"的发展历程。20 世纪初最早出现的学习理论是"行为主义"。它把"学习"视为刺激与反应的连接（S-R 理论），这是一种基于经验的行为变化的思维方式。到了 20 世纪六七十年代，皮亚杰从发展的角度来把握认识的发生，主张学习者不是被动地接受外来的刺激，而是能动地同环境进行着交互作用的存在。根据这种理论，学习者的学习过程被解读为这样两个过程——基于自身拥有的行为图式来理解外界信息的"同化"过程，与因应外界的信息、变更行为图式的被动"调节"过程。即便由于同图式不相称的信息而产生了不均衡，亦可借助"调节"达致平衡。儿童心理学的种种实验表明，儿童的知识量比成人少，而且在知识的质上拥有不同于成人的心智操作与行为运作的结构。这种结构性阶段是发展变化的，形成这种学习者自身同环境产生交互作用的行为图式，谓之"结构主义"。根据皮亚杰的理论，儿童是能动的学习者，同时又有别于成人。这种差异不是因为动机与经验、知识量的多寡，而是思维操作的质的差异。因此，学校的课程与教学必须因应儿童发展阶段的特征来进行设计。

信息处理学习论——从 20 世纪 50 年代后半叶开始，随着人工智能等电子计算机的发展，心理学的研究引进了信息处理的概念与术语，采纳电子计算机记忆存储的隐喻——认为人的行为乃是基于心中的表象，来论述概念、信念、事实、步骤、模型的知识结构；注意与记忆、思维推理与意义处理等认知策略的处理过程。人的记忆的架构是，通过工作记忆与长时记忆两个储存库模型，记忆信息的过程被视为识记、保存、再现三个过程，作为学习的知识习得是在长时记忆中保存信息。于是提出了一种教学见解——要很好地记忆，就得把信息模块化，以便系统地记忆；从把握意义的深层处理的水准上，求得更精致的记忆。再者，通过分析运用所保存的知识进行种种问题解决的过程表明，所谓"问题解决"就是形成表象，从而直面解决的目标状态，进行处理与过渡的过程。而这种过程的熟练化是长期的学习过程，借助熟练化，拥有更复杂的表象、形成步骤与计划，从而能够因应状况，求得问题的解决。反思种种实施过程的能力是通过长期的学习才能产生的。根据这种理论，学习是知识的存储过程；是视需要检索并利用这种知识来求得问题解决的过程；是长期地通过经验熟练化的过程。

社会文化情境学习论——不同于聚焦个人头脑中认知处理的信息处理学习论，社会文化情境学习论强调的是，在社会文化中通过同他者的关系来展开学习的观点。皮亚杰与同时期活跃的苏联心理学家维果茨基为"情境学习论"奠定了理论根基。维果茨基论述了注意与思维等高阶认知能力是在怎样的社会背景中发生的，阐述儿童在同成人的关系之中发挥功能的心智活动，逐渐地得以内化，从而能够独立地采取行为，显示出从心智间（个人间）向心智内（个人内）的发展方向，因而把学习过程视为一种同成人共同行动的交互作用过程。维果茨基区分了两种水准——儿童当下能够独立完成的水准；借助成人与历史文化所形成文化工具的援助而能够达到的潜在的发展水准。这两种水准之间的区域，谓之"最近发展区"（Zone of Proximal Development，ZPD）。在这种领域的作用之下，发展的可能水准便会成为尔后的发展水准。他说："教育不应当囿于儿童发展的昨天，而应当面向明天。惟其如此，横亘在最近发展区中的发展阶段，才能在教学过程中发挥现实的作用。"[2] 根据这种学习论，一个人唯有将人类创造的文化工具作为媒介，才能学习与发展。这里所谓的"文化工具"包括改变周边环境的物理工具，同时还有语言与符号、教科书之类的心智工具。人通过获得作为心智工具的语言并加以内化，将其既作为同他者沟通的工具，也作为内言（自己思维的工具）来使用的。这种学习论也称为"情境学习论"——把学习视为浸润在社会情境与境脉之中的活动。莱夫和温格（J. Lave，E. Wenger，1993）认为，所谓"学习"是个体成为实践共同体一员的过程。就是说，作为共同体的新参与者，从重要性低的业务开始做起，随着技能的熟练，逐渐成为担当重要业务的完全的参与者，这是作为共同体的一员形成人格的学习，使用共同体的话语展开活动，进而建构共同体。这样，学习不是在个人之中形成，而是在与参与实践共同体的成员共同分享的进化过程中形成的。

从 20 世纪心理学研究的三个里程碑式的发展线索，可以获得诸多的启示。

其一，人的学习是极其复杂的活动。无论哪一种理论都难以说明一切的学习境脉。究竟怎样来说明学习境脉与学习过程，不同的研究者有不同的目的、兴趣与视角，因此各种学习理论能够说明的部分也是各异的。在心理学研究中把"学习"视为"习得"的学习论是基于行为主义心理学研究与认知心理学中的信息处理研究，而把"学习"视为"参与"的学习论是社会文化研究与情境学习论（合理的边缘性参与论）。不同的学习理论对教学过程做出了不同的解读并提出了不同的教学策略。

其二，看待"学习"的基本立场发生了根本性的转折。行为主义与认知主义是把学习视为纯粹个人的现象，强调"学习"的三个本质性特征：1. 学习是对经验的反应，是经验的记录；2. 学习往往是伴随着时间变化而发生变化的；3. 学习是行为变化（行为主义），是不可视的心理实体的变化（认知主义），一般被视为发生在个人身上的事情。[3] 这样,"学习"被视为是"向个人心中灌输知识的一种超凡脱俗的现象"。不过,现代哲学家对这种传统的观点发起了挑战,诸如詹姆斯(W. James)、杜威、维特根斯坦(L. Wittgenstein)、海德格尔(M. Heidegger)等启蒙哲学家倡导把学习"置于凡人的日常生活世界的适当位置,热切地期待构筑新的学习与知识的见解"。

其三,技术本身并不是决定学习本质的要素,技术终究不过是一种旨在支援学习者的意义生成的工具性要素。[4] 晚近随着信息和通信技术的急剧发展,个人的活动方式、游戏方式、学习方式发生了戏剧性的变化。不过,不管技术形态发生怎样的变化,即便是被优质地设计和凝练出来的技术,它本身并不是改变教学实践的力量。要拓展教学实践的可能性,就得有多侧面的设计——包括课程(教育设计)、资源(信息与通信科学)、参与结构(交互作用设计)、工具(设计研究)与物理空间(建筑设计)等在内的设计研究。

(二)教学设计的视点、要素与准则

1. 学习环境设计的四个视点——基于情境学习论的立场,布兰斯福德、布朗和库金(J. Bransford, A. Brown & R. Cooking, 2000)揭示了学习环境设计的四个视点。[5]

"学习者中心"的视点。学习者中心的环境意味着,充分注意到学生带进课堂的知识、技能、态度、信念的教学环境,可以用诸如"文化适应""文化协调""文化关联"来形容教学实践。意义的建构是学生自己的事,教师的责任在于,在深刻理解学生的信念、知识、文化实践的基础上,选择适于学生的思维与学习程度的学习课题,组织学生喜爱的学习活动。就是说,在学科内容与学生之间架起桥梁。因此,教师必须把握桥的两端——学科内容与学生状态。换言之,优秀的教师就是尊重并理解学生的经验和知识,让学生能够以自己的理由来思考与行动,并"给学习者提供理由"。在此基础上,把学科内容与学生链接起来。

"知识中心"的视点。知识中心的环境意味着,学生通过基于理解的学习、产生迁移的学习,获得真正意义上的知性的环境。知识中心环境同学习者中心环境有重叠的部分,两者均强调教学必须考虑到学生的既有知识。人是以自己的既有知识为基础建构新知识的，因此，教师必须考虑到学习境脉中的既有知识，能够预测学生碰到新的信息时学习什么。要设计着眼于知识的环境，就得关注学生理解学科原理所必需的信息与活动，重要的不是停留于围绕表层的碎片化知识的浅层学习，而是关注根本性原理与核心概念之间的相互关联，旨在授予包括学习方略在内的学习方式的学习，叩问学生理解的质。归根结底，所谓"知识中心"的教学环境是一种重视意义理解的环境，也是促进学生元认知活动的环境。

"评价中心"的视点。有效的教学环境是学习者中心的环境、知识中心的环境，同时也是评价中心的环境。就是说，重要的是给予反馈信息、获得修正的机会，然后进行形成性评价与终结性评价，求得"目标·教学·评价"的一体化。就是说，评价与教学应当是一体化的。评价作为教学的一部分，必须适度与持续；评价必须提供学生达到的理解程度的信息；评价不是着眼于学生所获得的"知识的量"，而应当着眼于评价学生所达到的"理解的质"。因此，在评价学生学业成绩的场合，必须考虑到思维、理解等认知过程的理论。

"共同体中心"的视点。共同体中心环境意味着，在学校与课堂中形成"合作学习的伙伴意识与规范"，积极地纳入有效的学习活动，亦即学生之间通过交流与提问，彼此分享知识，相互协作，致力于问题的解决。同时，学校必须向社会开放，形成超越班级、超越学校的更大的共同体，借以充分利用社会资源，诸如图书馆、美术馆、博物馆和社区人士等人力资源。

上述四个视点是密不可分的，整合四个视点设计教学环境乃是促进学校内外学习的关键。基于"整合"的视点来设计教学，包含三个要诀：一是谋求不同教学活动的融合，二是谋求整个学校的合作，三是学校中的活动不能脱离社会的目标与价值观。因此，教师制定的教学目标应当同整个学校的教育目标相一致；而整个学校的课程与学校教育目标应当同课程标准相一致。优质的教学环境设计应当同时兼顾所有这些目标。

2. 建构式教学设计的要素——如上所述，按照社会建构主义的设计原理，学习不是让学习者单纯记忆教师给予的信息，而是个人与社会双重意义上的意义建构过程。教师的作用不是帮助学生填满知识的储罐，而是点燃智慧的灯火。因此，社会建构主义的学习活动设计所强调的，不是教师制定"讲授"内容的计划，而是思考"学习活动"的计划。教师在协助学生开展学习活动的过程中，秉持坚定的教学信念，调动每一个学生参与学习、编制建构式学习图景的方法，就是社会建构主义的"学习设计"（Curriculum Learning Design，CLD）。它由六个要素构成——情境、协同、支架、任务、展示（外化）、反思——构成，这些要素作为有作用的条件是重要的，当然，其顺序不是固定不变，是动态变化的。[6]

情境。设定具有教育价值的情境需要把握三个关键词。（1）目标。教育归根结底是知识的再建构。目标不是单纯地提供教育，而是借此来促进学生展开分析与思考。（2）话题。系指让学习者在共同的思考中发现意义、使学习得以形成而加以选择出来的概念、结构与思维方式。（3）评价。可以借助每一个个体的成熟度评价与班级专题的成熟度评价，来把握学生的成长状态与理解能力。

协同。协同学习是实现教育公平的重要战略。通过协同，基于探究，有可能使得学习达到个人学习、同步学习不能达到的高度，本质上是一种互惠的学习。协同学习的组织必须回答三个关键问题，即如何进行学生的分组；如何让学生发现意义；需要运用哪些媒体。协同学习的终极目的是最大限度地发展每一个学生的学习能力。

支架。支架或脚手架的理论基础是维果茨基的"最近发展区"，在学习情境中学生是通过协同解决问题与交互作用，来获得新的知识与技能的。在学生的既有知识与新建知识的学习课题之间搭起脚手架，就是旨在发挥这样一种作用。教师应当提供引导教学的本体，教给学生应当固定的支点。架设脚手架必须回答三个问题：（1）倾听——围绕话题所展开的概念、过程与思维方式，学习者拥有哪些准备性知识；（2）分享——使学习者的既有知识可视化，组织共同作业；（3）链接——创造共同的链接与话语，汇集每一个学生既有知识（正确与否）的信息。

任务。所谓"任务"是以自由的方式尽可能做出广泛解释，学生围绕论题在形成他们自身共享的兴趣与意义的同时，促进共同的思考。任务的设定必须回答三个问题：（1）兴趣——怎样引发学生的兴趣，促进意义的发展；（2）学习——构成怎样的学习记录，把握记录的难易度；（3）思考——学习者提出了怎样的问题，教师又如何应对。教师往往会常采用各种有特色的提问，诸如引导式、设想式、明晰化、整合化。

展示。知识的社会建构必须向他者展示自己的知识，同他者分享自己的思考。展示的设定必须回答三个关键问题。（1）学习成果。学生如何制作学习成果；（2）发表。学生如何说明发表的成果；（3）说明。学生怎样说明自己的学习成果，展示的主要目的是让学生的思维可视化。

反思。所谓"反思"是吸纳新知识的一连串作业。反思的设定必须回答三个关键问题：（1）情感。学生如何反思所体验到的教育；（2）想象。学生如何体会所获得的教育；（3）语言。学生如何反思从对话中获得的经验。重视个人与集体的反思成为建构主义学习设计的重要构成部分。学生之间的差异意味着不同的思维方式，学生在课堂中不断暴露出来的无知、矛盾、疑虑、困惑、惊异，恰恰是课堂教学的原动力，而不是阻力。从这个意义上说，善于挑动学生之间"认知冲突"的角色才称得上是"好教师"。

3. 建构式教学设计的准则——晚近学习心理学的研究强调，教学设计应当践行如下五个准则：（1）保障参与。即保障儿童对学习活动"投入"（行为投入、情感投入、认知投入）的强度与素质；（2）保障对话。亦即形成学习者之间相互倾听的关系；（3）保障分享。拥有源于共同理解的相互学习关系的一体感，以共同的话语系统，协同建构学习，从而随时随地能够分享知识。在这里，必须将各自的思维可视化；（4）保障多样。保障同学之间的差异（多样性）的琢磨，以及源于差异（多样性）的探究。在混沌的、不理解的、辩解的、补充的声音中，无论是知之者或是不知者都能够获得更深度的理解。（5）保障探究。对于教学过程中产生的新的疑问，需要从多元的视点出发，形成周而复始的"发现—追究—反思—展望"的良性循环。[7]

"知识灌输教学"和"个人主义学习"是同培育"学科素养"格格不入的。当代认知科学揭示了这样一种倾向：一个人单凭工作记忆，只懂得一点皮毛的知识，就以为自己是专家了。相反，越是懂得的人，越是会感到自己的无知。"井底之蛙"是可笑而危险的。斯洛曼和芬巴赫（S. Sloman & P. Fernbach，2017）指出：人类的心智不同于储存大量信息的大型计算机，它能抽取新的境脉中做出决策的最有用的信息，灵活地解决问题。因此，个人无需在自己的头脑中积蓄关于客观世界的详尽的信息。从这个意义上说，人类及其社会类似于蜜蜂和蜂窝。我们的知性不在于个别人的头脑之中，而在于凝聚的心智之中。发挥心智的力量，不是凭借个人头脑中的知识，而且凭借众人知识的结集。倘若集合了所有人的智慧，人类的思维就将变得更加缜密、卓越，形成真知、洞见。不过，这种人类的思维是共同体的产物，不是某个人的产物。[8] 倘若我们真正重视思维与真理，那么，就必须认识到——知识不是权威，知识必须是民主的、分享的。

二、语文的案例：《化蛹为蝶》《冬天的小木屋》阅读活动的设计

（一）《化蛹为蝶》阅读活动设计

1. 批判性阅读

事实上，在我们周边的世界和日常生活的场所里，学生已经在运用创造性思维能力解决直面的问题。比如，比较绘画的优劣、评价电视节目的趣味性、说服家长带自己去哪里游玩、解释朋友言行举止的意涵，等等。这些能力应当在学科教学中得到应用与发展。因此，教师必须设定能够运用思维能力的环境，提供示范性的模型以及实际运作的支撑。美国五年级语文课教材《化蛹为蝶》，选自弗朗西斯科·希梅内斯（Francisco Jimenez）的《这条路的尽头》（1997）。该书是希梅内斯的自传性小说，原书名为《The Circuit》，描写的是美国一个来自墨西哥的移民家族，尽管贫困交加，但亲情与希望不灭，奋发图强，与命运抗争的故事。教师要求学生分享阅读这本小说的读后感，讨论故事的象征性存在是什么？它是如何凸显这个主题的？从下面引用的这段对话，可以看到两位学生为解读复杂文本而相互协作，还可以发现他们彼此分享思考的依据、同别的情节相链接，而展开带有哲理性探讨的样貌[9] ——

A 生：（主题词）我想是"勤奋"，象征这种状态的是毛毛虫吧。

B 生：能不能稍微作些解释？

A 生：毛毛虫只能在周边徘徊，而且就像被封闭在瓶子里一样。弗朗西斯科也像是一个被关押的囚徒。他为了能同他人自由自在地交谈，就得苦苦地等待学习英语的机会。

B 生：我想，从弗朗西斯科刻苦求学开始，就像毛毛虫一般。补充说一句，他从不逃学。即便老师没收了他的画作，他也没有对老师大声地嚷叫。

A 生：是啊，当他亲手接过一等奖绶带的时候，就连那些平日里不太友好的家伙也对弗朗西斯科的画作显得赞赏有加呢。这件事让弗朗西斯科感到了幸福，就如同蝴蝶那般美丽。（问）你的主题词是什么呢？

B 生：大体跟你的一样，"拼搏"。

A 生：为什么那样想的呢？

B 生：当他望着瓶子的时候；当旁边的伙伴望着他的时候，弗朗西斯科显得有些手足无措的样子。不过，他毫不退缩，疯狂地学习英语。

A 生：这是他的又一个挑战。为了学习，就得读书。他渴望学习，却苦于不懂英语。

B 生：是的。所以他学习绘画创作，挑战优美的画作，还获得了奖赏。然而，依旧是一条毛毛虫吧？或许，毛毛虫的命运就是拼命地破茧成蝶。

A 生：那是它为了成蝶所必须花的功夫。

"对话"是船，是锚，是目的地。"课堂对话"是深度理解学习内容、提升思维能力与语言能力的极其有效的手段。[10] 阅读不是以"教师讲解"为中心，而是以"对话学习"为中心的。在这里，没有出现通常所见的从讲解"生词"开始的教学情景。让学生学会运用一系列的思维技能比之记住字词的含义与正确的语法更为重要。倘若教师一味地让学生按照规定的"句型"来发言，对话一定会变得刻板生硬、有始无终。首要的课题是，让学生通过交流思考的机会，感受到运用自己的话语来产生新的思考的成就与价值。当学生沉醉在基于全文理解而展开对话的过程之中，那些生僻字词的解读自然会迎刃而解。

任何一门学科都有其独特的概念体系、思维方式与价值诉求，有效的语文教学不能满足于单纯的死记硬背。倡导"批判性阅读"需要运用多种思维能力，根据兹威尔斯（J. Zwiers, 2019）的提案，作为基础学科的语文阅读教学中所运用的思维能力应当涵盖如下八种能力要素：（1）分析——分析作品的重要要素与架构；（2）比较——发现出场人物与故事中的事件、作品间的共同点；（3）把握因果关系——推论事件与出场人物变化的因果关系；（4）共情——理解出场人物与作者；（5）综合——辨析文学作品与文学样式，提炼重要的观念；（6）解释——解释文章的结构、主题、隐喻；（7）评价——评价文章的品质与作者的匠心；（8）传递——清晰地向他者传递自己的思考与观点。[11]

2. 阅读教学的"理解模型"

基于"对话学习"的阅读教学是以"理解模型"为理论基础的。这种"理解模型"由五个维度组成。阅读教学的对话包含了丰富的内容，同学拥有不同于自己的理解，可以为自己提供新的发现、质疑、回答、解释、议论。倘若是两个学生阅读一篇课文，对课文的理解与解释的可能性就会扩大。即便是班级全员阅读同一本书或一篇课文，不同的学生对课文的理解也会由于"理解模型"中的五个维度所发挥的作用不同而有所区别。就是说，每一个学生拥有大量的可同别的同学分享的独特视点。当这些维度相互链接，读者就会迸发出电光石火般的思考，引向深度理解。具体地说，所谓阅读理解的"五个维度"[12]指的是什么呢？

维度一，形成新的契合作者目的与读者目的的明确意涵——在对话中，学生协同形成有关书籍与课文的思考，这是核心的理解技能。要深度理解书籍或课文，需要整合其他四种技能。重要的是以适当的方式运用适当的技能，尽可能获得有效的思考。在学生之间提出如下的问题，有助于发展这种核心技能：（1）我们阅读本书（或课文）的理由（目的）是什么？（2）要形成○○的思考，本书（或课文）起怎样的作用？（3）从本书（或课文）得到的新的思考是什么？（4）学习本书（或课文）的价值是什么？（5）是否真正理解了本书（或课文）？要获得更深度的理解，还该做些什么？等等。阅读的目的与对话极其重要。倘是旨在理解本书（或课文）的意涵，形成思考而阅读，就会给对话带来显著的作用。不过，倘是旨在回答不感兴趣的问题，为提升分数而阅读、而对话，就会兴趣索然。因此，为了求得深度对话，教师就得准备好富于吸引力的书籍（或课文）、富于驱动力的提问。

维度二，聚焦作者的写作手法——围绕阅读的对话大多是在阅读课文的一部分之后进行的，也有在阅读之前提示全文概要、章节标题、图表，然后设想其中包含了哪些思考之类的谓之"内容梗概"的对话。不过，正式的对话是在阅读之后进行的。在这种场合，同学之间主要围绕作者的写作手法（语与文，篇章结构，其他线索）展开诸如下述的提问：（1）作者为什么使用这些话语（句子、段落、图表）？（2）这篇课文的结构是怎样的？作者为什么采用这种结构？（3）作者的表现手法是怎样的？从课文中的哪些段落（要素）可以印证这一点？（4）这篇课文的关键词是什么？为什么？（5）这长长的一句话，究竟意味着什么？

维度三，运用理解的方法——可以罗列运用理解的方法的一长串清单，诸如"汲取重要信息""归纳""提问""设想""推论""反思"，等等。在这些清单中包含着"链接背景知识""发现未知的语句"等要素。倘若全然不用这些方法，就难有"深度阅读"。比如，倘若没有"归纳"的机会，就难以把握长篇的内容；倘若不能作出"设想"或"推论"，就难以理解课文中不明白的部分；倘若没有问题意识，就不会有基于文本寻求答案的思考，等等。在这种对话中学生能够采用的提问，有如下述：（1）○○有多重要？（2）以上这些内容能否归纳一下？（3）能否给这个段落取一个小标题？（4）作者对出场人物的言行举止，为什么作这样一种描述？（5）在下面的段落中，作者是怎样描述的？（6）有别的什么疑问吗？

维度四，运用思维技能——学生为了理解阅读教学中所采用的文章，就得运用思维技能。在几乎所有的文学样式（报告文学、传记文学、回忆录、随笔）中，作者会采用若干方法，诸如，数据与关系的解释、比较与对照、原因与结果、多元视点、论证与应用等，把自己的思维加以结构化。倘在围绕阅读的对话中使用这些思维技能，学生就能达到深度理解的境界。在这里，学生能够采用的提问有：（1）这篇课文的主题与主张是什么？（2）这个根据（数据）说明了什么？（3）关于〇〇，这个根据有怎样的说服力？（4）这些，是怎样相互关联的？（5）〇〇与〇〇，有哪些相似，有哪些差异？（6）作者对〇〇的描述，是基于怎样一种视点？（7）这些思考对现实生活与人生，有着怎样的启示意义？

维度五，链接背景知识——即便在开始阅读之前的阶段，倘能利用正文中的线索（插图、题目名、小标题等），把正文内容与既有知识链接起来，就能启动思考。倘若正文内容同头脑中的某些知识链接起来，就能从视觉上捕捉其间的内在关系与具体形象。当然，牵涉正文内容的背景知识越多，提升理解的可能性就越高。不过，即便学生的背景知识不多，只要有一些哪怕是关联度低的知识，把它同正文联系起来，也具有形成意义的力量。汲取正文内容的背景知识展开对话，对于学生而言，具有三个层面的叠加作用：（1）获得来自伙伴的更多背景知识；（2）表达自己同正文内容相关的知识，获得伙伴的回应；（3）观察别人是怎样链接并运用背景知识的。在这里，学生可能提出如下的问题：（1）这些内容，能够同以前碰到的其他文章、问题与事件关联起来吗？（2）从这篇课文可以引出哪些思考？（3）阅读了课文中的这一部分，形成了怎样的形象？（4）在作出设想与推理的时候，你的经验起到了怎样的作用？

从上述的设计思路可以看出的一个重大变化是，学生之间的提问替代了教师的提问。倘若学生之间能够作出"理解取向的提问"，那么，便可以在对话学习中源源不断地产出思考。总之，阅读教学是以对话学习为中心展开的，而对话学习又是基于"理解模型"而展开的。在语文教学中汲取"对话"的元素，不仅有助于沟通能力与语言能力的提升，而且有助于深度理解各种文学样式的内容，充实"语文素养"的内涵。

（二）《冬天的小木屋》阅读活动的设计

1. 阅读，让儿童发出心底的"声音"

"阅读"是读者同超越时空的作者的对话。不同的读者乃至每一个读者的每一次阅读，都会因其所处境遇的差异，而获得别样的阅读体验。美国一所小学的语文老师舒尔茨（R. Schultz），选择柏森（G. Paulsen）的《冬天的小木屋》（*The Winter*

Room）作为读物，让五年级小学生共同阅读，并分享各自的心得。这是一部获得1990年度纽伯瑞儿童文学奖银奖的关于成长的小说。作者以简洁优雅的笔触，描述一个寒冷刺骨的冬夜，埃尔登和哥哥韦恩同家人围坐在火炉旁，兴致勃勃地听着大卫伯伯讲述神奇的伐木工的故事。小说透过一个个故事所蕴含的感人的力量，让少年读者领略如诗如画的乡村生活，感悟诚挚正直的人性品格。[13]

教师：读了这本书，有什么感想？

A 生：读着这本书，感到了作者挥洒在纸上的满腔热忱。

B 生：也充满想象力。因此，可以感受到作者的心情与思考。我想，正因为有读者，书籍才显得有意义。

C 生：书籍，是白纸加上黑字的东西，却是人类不可或缺的。

教师：为什么这么说呢？

C 生：因为我们是一无所知的。前人若不写下来，那么，就不能向自己的子孙和他人传递知识。因为人死了，就不能说话了。

A 生：……书籍还可以提供各式各样的思考……书中的思考与心情是相互衬托的……读完之后，一个个场景令人浮想联翩。

教师：你说，是读过的人那样想象的，还是作者的小说中那样想象的呢？

A 生：两者都有。作者发挥自己的想象力来展开故事的陈述。因此，读者能够围绕主题与事件展开思考。

D 生：是的，作者把自己的思考惟妙惟肖地跃然于纸上，就可以在读者心中培植起相应的思考。

C 生：书籍，真是奇妙无穷。人的情感五光十色，有欢乐有忧伤。书籍可以化解忧愁与悲伤，引导人们走向新的世界。

从上述的这段对话交流，可以窥见阅读教学的力量。在欧美国家，作为语文学科的教材，除了教科书之外，还包括师生周边的书籍、报刊杂志、手册、说明书、网页等，而且把课外阅读的时间——包括"自由阅读""个别阅读""读书会阅读"，置于语文教学核心环节的地位。

2. 读者共同体

读者共同体——班级的学生可以感受到自己是读者共同体的一员，即便是初习识字的儿童也会发现自己是生活在文字与书籍的世界里的。爱不释手地翻阅自己心仪的书籍、读取喜闻乐见的故事，或者通过多次集体阅读与个人阅读，总会使自己受益匪浅。这种开卷有益的实际感受，是同所有年龄段的人走向阅读的成功联系在一起的。即便是阅读困难的学生，教师也应当让他们拥有"终有一天会成为优秀的读者"的自信。为了同文字的世界相遇，应当调动班级周边的一切素材。这些素材倘若不同阅读的满足感相连，那是毫无意义的。为了形成读者共同体，教师应当创设支持学生阅读与写作的环境，支持他们的读写活动，使他们认识到，阅读与写作是人生不可或缺的。对于一线教师而言，这就首先需要形成一种环境——每一个学生都享有成为一个读者的环境，然后提供如下的时间：（1）学生自主地选择书籍，能够安静地、定期地进行阅读的"个人阅读"时间；（2）围绕同一本书籍或者作者和主题，以文化系列的教材包的方式，设置有一定数量的学生参与的"读书会时间"；（3）整个班级全员参与的"共同阅读时间"；（4）练习，在向伙伴开展的前提下，面对"搭档"、面对"小组"、面对"全班"，进行"朗读·听读的时间"。在班级中可设置个人阅读的场所、结对阅读的场所、整个班级阅读的场所，亦可设置图书角、张贴读后感的告示版、新书布告栏，等等。

咀嚼"读后反应"——人们对外界的刺激往往会在无意识之中做出反应。阅读也是同样，某种思维活动会涌上心头。有的学生在读后往往会说"没什么感觉（感受或感悟）"。不过，学生通过反复地咀嚼自己的"读后反应"——"心底的声音"——的练习，是可以克服这个问题的。学生在对作品做出"反应"的时候往往会调动多种素养与能力。他们咀嚼着自己读后的"反应"，进行深度思考，乃至探索表达此种反应的方式。这当然需要花费时间。咀嚼、体察自身的反应，是同发现故事的世界与自身的世界紧紧相连的。为了明确自身的思路与疑问，表述自己的想法，乃至提升独自的见解，就得有一个人或者同他人一起进行活动的时间与机会，这样才能感悟阅读心得、增添探究自身内在声音的机会，反应也因此可以转化为因应现状的实实在在的体验。作为教师，应当为学生创造如下的环境：（1）打破陈规陋习；（2）在同他者的交流中获得新的学习；（3）围绕故事中的出场人物与事件，发现新的见解；（4）发现"大观念"，从更大的境脉把握作品的逻辑；（5）确认推测的妥当性；（6）思考质疑的问题与被质疑的问题的答案；（7）探讨作品的主题；（8）思考阅读的心得，同既有知识链接起来；（9）基于作品，提出疑问，进行比较与评价，做出结论；（10）反思阅读体验，汲取经验教训；（11）采用诸如诗歌之类的形式，将阅读的心得表达出来。表达"反应"比之阅读本身更加费时费力。一线教师应当设计出积极的、有意义的阅读活动，帮助学生一步一个脚印地成长为"名副其实的读者"。

3. 唤起"读后反应"的教学创造

通过精心地设计牵涉"读后反应"的活动，就能唤起学生更高阶的思考、情感与学习。

围绕作品展开对话——（1）围绕作品展开对话、反思与点评；（2）倘若学生自身处于事件之中、境脉之中或冲击性的场面之中，那就跟学生自身链接起来，展开对话；（3）把当下阅读的作品同相关的作品链接起来，展开对话。诸如聚焦其他的式样、形式、主题、文体、作者、文化等，展开讨论；（4）围绕主题，发表各自的见解、展开课堂讨论、进行辩论；（5）围绕作者其人其事其背景，或作者塑造的人物，展开讨论；（6）围绕主题与问题点，展开头脑风暴，解决问题，做出决策；（7）组织沙龙，在无拘无束的氛围中展开比读书会更为深入的讨论；（8）从陈述的内容到从字里行间，挖掘读后的感悟与思考；（9）围绕所读作品的内容，归纳疑问与相关事项；（10）分享来自作品的发现，分享学生自身的发现。

议论情节——（1）把故事中的话语同自己的想法链接起来；（2）基于每个人的见解展开再对话；（3）把自己设想为目击者与出场人物的角色，进行作品的品读；（4）议论同阅读的作品相关的或从中派生出来的情节；（5）从该作品衍生出情节，进行说书。

开展戏剧活动——（1）选取某个场景，进行角色扮演；（2）同伙伴一起，把文章改写成脚本；（3）利用故事的出场人物，编写新的故事；（4）利用文章的语调、布局、氛围，为戏剧活动提供底色；（5）思考动作与哑剧，设计木偶剧。

大声朗读——（1）大声朗读，同伙伴分享喜爱的情节；（2）选取同作品相关的文章，进行阅读；（3）把自己写下的眉批，读给别人听听；（4）举办图书沙龙；（5）进行故事录音，随时随地试听；（6）把台词的部分编成脚本，进行演出；（7）配合别人的动作与哑剧，进行旁白；（8）读给自己的"搭档"与小朋友听；（9）把故事编成朗诵剧之类的脚本。

激活阅读活动，进行写作——（1）模仿原创作品，写出自己的作品；（2）探寻故事的替代方案；（3）模仿故事中的出场人物，把自己当成主角，写成故事；（4）调查、考察作品与资料中的信息；（5）编制故事的情节图与结构图；（6）从读后感中获得灵感，创作别的故事；（7）给作者、出场人物或者班级同学写信；（8）写日记，把读后所思所感写下来。

并行阅读·相关阅读——（1）阅读同一作者的其他作品与同一作品配有插图的图书；（2）阅读同该作品的题目、思路、文体、文化相近的图书；（3）发现背景性信息，通过网站调查作者与插图画家；（4）阅读同该小说相关的报告文学；（5）探寻该作品或该作品的时代背景、舞台设定、作者的有关评价与报告；（6）阅读别的同学写的有关该作品的作文。

可视化——（1）根据内容绘制插图，归纳思考与感想；（2）设计展示该作品、主题和作者的专柜；（3）围绕作品中的事件，绘制连环画；（4）基于自己的反应，制作立体造型；（5）设计该书的宣传画、封面和广告；（6）利用其他的媒体（诸如录像、幻灯片、静止画、视频等）宣传该书。

筹划有关作品与作者的集会——（1）邀请作者与插图家，进行深度采访；（2）沿着作者所追求的主题与方向，举办图书沙龙；（3）整理班级同学围绕同一本书所写的读后感，筹办交流会；（4）根据页面中介绍的作者其人其事，展开阅读；（5）学生自己也写作品，结集出版；（6）设计全校有关该书与作者的集会活动。

基于"理解模型"而展开的形形色色的课外阅读活动，最大限度地拓展了对话的空间，不仅有助于促进学生"读写能力"的发展，而且成为培育每一个学生作为"学习者"的自觉与自信的重要契机。

（三）启示与借鉴

上述两个美国小学五年级阅读教学的案例，具体而生动地反映了欧美语文教学的基本理论及其实践的典型侧面。《化蛹为蝶》是阅读课，《冬天的小木屋》是课外阅读，但两者均以"对话中心"的教学活动展开。从两个案例的对话记录可以感受到真正的"对话学习"所迸发出来的知性的火花。"对话学习"不是降低教师的指导作用，恰恰相反，正是因为有了教师紧凑的阅读活动的设计，才能出现令人折服的成果——那些流淌在对话过程中的颇具哲理的思考、恰如其分的链接、凝练明快的话语，居然出自小学五年级学生之口。这是他们从心底发出的声音，不是教师灌输的声音。这就是对话的力量、对话的魅力。理想教学的实施不仅受"教学内容"的制约，也受学习者"认知方式"的制约。我们的教师必须熟悉教材，同时也要把握"当下学习者的状态"——学习者的认知方式。更直白地说，教师在教学中必须着力于了解学习者是如何认知与思考的，怎样才能促进学习者的认知飞跃。多年来，我国的语文教学一直重视阅读教学，积累了宝贵的经验，也存在不少问题。国际语文教育界有诸多阅读教学的经验值得我们借鉴。

其一，从"封闭式阅读"走向"批判性阅读"。[14] 自 20 世纪 90 年代以来，"读者论"与"文本论"的文学研究思潮渗透于语文教学之中，"儿童阅读"被视为"儿童读者对文本（作品）与儿童读者之间交互作用的一种读取行为"，亦即儿童阅读是儿童读者的"意义建构活动"。儿童读者不是机械地接受来自作者的表象（文本）的"消费者"，而是"生产者"。从这个意义上说，"阅读"是以源自作者的表象（文本）为"经线"，和以源自读者的阅读活动为"纬线"交织而成的织物，这种阅读说到底是一种"批判性阅读"，是在文本（作品）与读者之间的交互作用之中形成的，因此，不存在统一的标准答案。[15] 然而，我国中小学语文教材的编纂仍然停留于"范文选编"，有些阅读课满足于不折不扣的"灌输式教学"——教师讲解字词句篇，给出标准答案；学生唯命是从，死记硬背。这是典型的"封闭式阅读"，而"封闭式阅读"是不可能培育"语文素养"的。

其二，"课外阅读"被置于语文教学的重要组成部分，同"阅读课"等量齐观。教师充分地信任学生，尽可能提供丰富的教材与活动，培育他们成为真正的"读者"。阅读书目听凭学生自由选择，有助于拓展每一个儿童自身的视野与思考，也有助于激励每一个学生分享各自的感悟与见解。这样，学生的整个阅读活动便成为洗涤思想、提升素养的过程。自由的"课外阅读"并不意味着放任自流。有效的课外阅读需要基于认知科学（学习科学）的理论支撑，为学生提供切实的示范与指导。这是因为，儿童阅读的本质是一种"意义建构"。在建构过程中儿童阅读的边界不是固定的，而是灵动的。因此，儿童阅读的研究不能停留于外在的阅读活动组织与具体方法的层面，而是需要细致入微地把握儿童的认知活动本身。

其三，聚焦"语言力"的培育。语文学科有其自身固有的特质，"语言力"是构成"语文素养"的关键要素。所谓"语言力"是以知识与经验、逻辑思维、直觉与情感为基础，深化自身的思考，运用语言同他人进行沟通所必需的能力。离开了"语言力"的培育，无异于否定语文学科本身。旧有的语文教学屈从于应试教育的陋习，被严重异化了。一边高唱"素质教育"、一边推崇"背诵"是最有效的"传统法宝"，却对彰显语文学科之本质的"语言力"少有问津，这种现象是不可思议、也是不可容忍的。"传统与变革"的辩证法告诫我们——真正的变革必然立足于优秀传统的根基，但一味地恪守传统无异于放弃变革。瞄准现代社会需要的"语文素养"，提升语文教学研究的水准，创造新的语文教学格局，是摆在我们面前的一个严峻的挑战。

三、数学的案例："圆的几何学"的单元教学设计

（一）"单元地图"的设计格式

埃里克森（H. L. Erickson, 2017）倡导的基于"概念理解"的单元教学设计代表着当今教学设计的一个发展趋势——从"双维度设计"（知识·技能）转向基于

"概念理解"的"三维度设计"（知识·技能·概念）。基于"概念理解"的单元教学设计亦称"概念型课程单元"，既有超越学科边界的跨学科设计，也有仅限于一门学科的教学设计。无论哪一种场合，之所以能体现"概念型单元"的特征，就在于它着力于学习者的低阶思维与高阶思维之间的交互作用。就是说，"概念型课程"是按照这种知性的"相乘作用"来组织的。埃里克森指出，"知识结构"与"过程结构"的知识，是优质地展开单元教学设计的预备性知识。不过，我们不应把"知识结构"与"过程结构"视为单元设计的全部。单元设计中的诸多步骤反映了这两个构成要素（比如，概念与概括）。单元设计的步骤更为具体，也必须更为仔细地关注前后顺序。"概念型单元"设计的格式是多种多样的，但必须具备所有单元共通的要素。这里试举圆的几何学中的"单元地图"为例，作一些介绍（表 8-1）。[16]

表 8-1　单元案例：圆的几何学

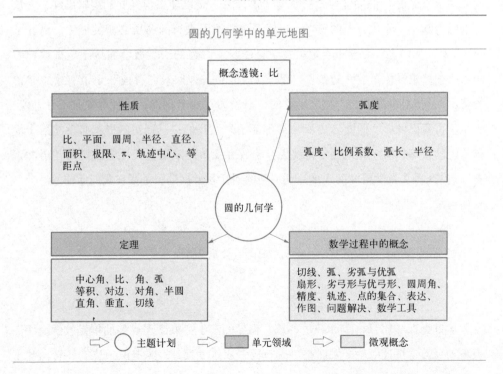

圆的几何学中的单元地图

概念透镜：比

性质

比、平面、圆周、半径、直径、面积、极限、π、轨迹中心、等距点

弧度

弧度、比例系数、弧长、半径

圆的几何学

定理

中心角、比、角、弧等积、对边、对角、半圆直角、垂直、切线

数学过程中的概念

切线、弧、劣弧与优弧扇形、劣弓形与优弓形、圆周角、精度、轨迹、点的集合、表达、作图、问题解决、数学工具

⟹ ◯ 主题计划　⟹ ▢ 单元领域　⟹ ▢ 微观概念

续　表

单元名称	概念透镜　单元的长度　学年：8 年级	
单元导语：圆，古往今来无处不在，魅力无穷。我们在现实生活中遇到过哪些圆呢？人们善用种种手法来制作巧夺天工的圆。你能画出古代文物中设计的某种圆么？	**单元中的概念**：比、平面、圆周、半径、直径、面积、极限、π、轨迹、中心点、等距、中心角、比、角、弧、同值、圆弧角、半圆、直角、垂直、弧度、比例系数、弧长、弦、劣弧与优弧、扇形、优弓形与劣弓形、圆周角、精度、轨迹、点的集合。 **过程中的概念**：表达、作图、问题解决、工具。	

学生应当知道的	学生应当理解的	学生应当做到的
1. 知道求圆的面积与圆周的公式。 2. 界定作为比例系数的弧度法。 3. 知道关于圆的术语。圆周、半径、直径、弦、劣弓形与优弓形、切线、劣弧与优弧、轨迹、直角、弧长。	1. 所有圆的周长与直径之比，用圆周率（π）表达。 2. 从一定点为中心等距离而运动的轨迹叫做圆周。 3. 把一个圆分成无限的扇形，可拼成等积的长方形。 4. 半圆所对的圆周角是直角。 5. 半径与圆的切线构成直角（垂直角）。 6. 圆心角是圆周角的 2 倍。 7. 同弧所对弦切角等于圆周角。 8. 弧度法表示的角的值，表达半径与圆之间的比例系数。 9. 弧度法使得求解扇形的弧长与面积的公式简洁化。 10. 知道正确地描述圆的构成要素（例：切线、弦、弓形、扇形、弧、角）是解决几何学问题的关键。 11. 正确地运用旨在表达种种轨迹的数学工具，表明"轨迹是点的集合"这一普遍性。	过程：发现联系 1. 用弧度制转换弧度。反之亦然。 过程：推理与证明 2. 证明所有的圆都是相似的。 3. 利用相似原理，通过换角度的弧长，求圆的半径。 4. 导出求扇形面积的公式。 过程：形成推论与证明的表达 5. 画出三角形的内接圆与外接圆，证明内接四边形的性质。 6. 过圆外一点作圆的切线。

概括化（让学生理解……）	促进思维的提问
1. 所有圆的周长与直径之比，用圆周率（π）表达。	事实性提问： 　求圆周长与圆面积的公式是什么？ 　如下术语是什么含义？ 　圆周长、直径、半径、弦、劣弓形与优弧形、切线、劣弧与优弧、轨迹、直角、弧长。 概念性提问： 　所有的圆有怎样的相似关系？ 　所有圆的周长与半径之比为什么是一定的？ 　所有圆的圆周率与直径有怎样的关系？
2. 从一定点为中心等距离而运动一周的轨迹叫做圆周。	事实性提问： 　圆周的定义是什么？ 　所谓"点的轨迹"意味着什么？ 概念性提问： 　点的集合的轨迹，构成怎样的圆周？
3. 把一个圆分成无限的扇形，可形成等积的长方形。	事实性提问： 　圆面积的公式是什么？ 概念性提问： 　怎样运用和的极限，推导圆的面积？ 　圆怎样才能变成长方形？
4. 半圆所对的圆周角是直角。 5. 半径与圆的切线构成直角（垂直角）	事实性提问： 　圆的定义是什么？ 概念性提问： 　怎样界定圆周角、半径与弦之间的关系？
6. 圆心角是圆周角的 2 倍。如何表述？ 7. 同弧所对弦切角等于圆周角。	事实性提问： 　弧度的定义是什么？
8. 弧度法表示的角的值，表达半径与圆之间的比例系数。 9. 弧度法使得求解扇形的弧长与面积的公式简洁化。	概念性提问： 　为什么说弧度是无次元量？ 　怎样来表达弧度法？ 　比例系数的概念同角的弧度法有着怎样的关系？

续　表

概括化（让学生理解……）	促进思维的提问
10. 知道准确地描述圆的构成要素（例：切线、弦、弓形、扇形、弧、角）是解决几何学问题的关键。	事实性提问： 　什么叫缩放图？ 概念性提问： 　怎样利用作图来解决问题？ 　为什么作图有助于问题解决过程？ 　在怎样的情境中，准确的圆的局部图有助于问题的解决？
11. 准确地运用旨在表达种种轨迹的数学工具，表现"轨迹是点的集合"这一普遍性？	事实性提问： 　何谓数学工具与几何画板？ 概念性提问： 　怎样利用作图与几何画板，来表达轨迹是点的集合这一性质？

促进讨论的提问

要测量角，利用弧度法好，还是利用度数法好？

资料来源：H. L. Erickson，等. 概念型课程的理论与实践［M］. 远藤みゆき，ベアード真理子，译. 京都：北大路书房，2020：178 - 181.

（二）单元设计的特质与步骤

所谓"三维度概念型教学设计"模型，是旨在提升学习的水准——把概念的理解作为学习目标的重要侧面。在这一点上，不同于传统的只是由事实与低阶技能构成的二维度教学设计。就是说，"二维度模型"重视的是事实与技能，"三维度模型"则是旨在深度理解学习单元的相关概念，从而掌握概念、事实与技能。其基本特质是：1. 有助于发展进入脑的信息的分类、整理、范式化的结构（脑的图式）。2. 在两种水准——低阶认知过程（事实与技能）与高阶认知过程（概念）——上发挥作用。3. 产生低阶认知过程（事实与技能）与高阶认知过程（概念思维）的相乘作用。4. 引导学习者通过唤起个人兴趣的"概念透镜"，思考事实与技能，提升学习积极性。5. 让学生精通学科的概念性表述，从而可以期待更丰富的学术性对话。6. 促进学习者把理解迁移到新的情境，在概念水准上发现范式与关联。7. 由于要求师生双方的思考，可以借助知性活动实现更为精致的学习。[17] "三维度概念型教学设计"步骤如下：[18]

步骤一，设定单元名称（焦点或境脉）——单元名称，设定构成中心的主题与境脉，使学习得以聚焦；提示符合学年的主要课题，这些课题是该学年的教学中应当落实的。所谓"单元名称"既有不伴随"键盘输入"和"拼写法"之类内容的一连串的技能，也有"熊""苹果"之类的同概念的结构相关的不可或缺的单词。另外，单元名称必须用充分的语言表达来界定有限的课时中展开的学习。倘若简洁地表达了主题与境脉，那么也就意味着有了唤起深度讨论的提问形式，激发学生兴趣的方式也是可能的。在这种场合，不应当忘却明确地提示教学的内容。在瞄准有迁移可能的深度理解的概念型教学中，借助单元名称所显示的课题，成为唤起学生的思考与反思、激发情感的首要契机。

兰尼（A. Lanning，2013）界定了优质的单元名称的条件如下：1. 现实生活中的困惑与激发思考的观念（或内容）有助于激发儿童的兴趣与好奇心，同时促进丧失积极性的学生参与教学。2. 不是单纯的"知识灌输"，而是以学生既有知识作为脚手架，增添新的挑战的机会。3. 引出探究与新的见解。这里试列举有问题的单元名称与优质的单元名称（表8－2）。[19]

表8－2 单元名称的优劣

有问题的单元名称	
生命（太宽泛）	植物的部位（太狭窄）
范式（太宽泛）	句号（太狭窄）
我们是谁（太宽泛）	爱尔兰马铃薯大饥荒（太狭窄）
绘画（太宽泛）	殖民地皇冠（太狭窄）
火（不明确）	权力，权力，权力！（不明确）
优质的单元名称	
"我和我自己"	

续　表

自然界的范式

我们是谁：家族的今昔

风景画

植物：这样做，就能成长！

防范火灾：救助！

大屠杀：权力会使人性堕落吗？

资料来源：H. L. Erickson，等. 概念型课程的理论与实践［M］. 远藤みゆき，ベアード真理子，译. 京都：北大路书房，2020：65.

设定单元名称的焦点。第一，在单元名称中运用更多的词汇，有助于增加明确性，更加聚焦。比如，在"宇宙"这个标题中并没有明确地传递单元的焦点。倘若是题为"太阳系：我们在宇宙的哪里？"，就可以更具体地明确是关于什么内容的单元了。第二，首先设定该学年有几个单元，每个学科每个学年设定5—6个单元就可以了。压缩单元的数目有助于通过探究的过程理解教学内容、习得技能，以及旨在达成概念性理解，确保充分的时间。这是同适当的指导联系在一起的。反过来，倘若过分增加单元的数目，教师只能回到知识灌输的老路上，忙于赶进度。要实现优质教学就得减少单元数量，从而增加每一个单元的时间，引导学生走向该单元的深度学习。单元的数目一旦决定了，就可以参照前述的标准设定单元名称，形成该学年度的单元整体方案。由此，就可以着手第一个单元的设计。

步骤二，设定概念透镜——所谓"概念透镜"是指能够带来学习的焦点与深度，学习者在脑中处理低阶问题与高阶问题之间进行相乘式思维（通常是幅度广泛的宏观概念）的概念。概念透镜必然是在设定了单元名称与单元境脉之后设定的，不期望把教学的内容同预设好的透镜相匹配。概念透镜必须给学习带来适当的过滤器或是焦点，促进学生对单元教学内容的思考。作为概念透镜的例子可举"观点""相互作用""对立""目的""关系"，等等。但教师有时应当选择典范、谜语之类等更小的透镜，借以促进学生对单元主要概念的深度理解。透镜既可在设计"单元地图"之际，记载在单元名称的栏目之中，亦可写入单元名称。需要注意的是，透镜的选择左右着单元的方向性。比如，在关于转基因食品的单元中，以"结构与功能"为透镜、还是以"安全性与选择"为透镜，两者之间有着巨大的差异。由此看来，通过改变透镜可以改变思维的方向。可以说，这就是透镜的力量。

步骤三，设定单元的领域——在跨学科单元中是借助"单元的领域"（Unit Strands）来表述学科的。另一方面，在内容量多的学科专门单元中，通过单元的领域，学习的单元可以分解为更易操作的各个部分。就是说，单元名称倘若是课本的各个章节，那么，单元的领域就是从这些章节中抽取出来的。单元的领域被置于以单元名称为中心的"单元地图"之中。在过程重视型的学科中，"理解""反应""评判"与"产出"的单元领域是预先决定的，表明这些是学习过程中的重要领域。在这种场合，单元的领域也被置于以单元名称为中心的"单元地图"中。

步骤四，把主题与概念写在单元领域之下——"单元地图"是居高临下地统领单元内容与概念的一种框架。教学设计者在这一步骤中缜密地思考整个单元的布局。而且，单元地图的制作过程是其中的关键步骤，发挥着提出主意、归纳构想的功能。教学设计者在考虑单元中处理的重要事实与技能之前，率先从概念性思维开始。构成"单元地图"的材料包括学力标准的要件、教科书、单元教学中能够采用的其他资源、教师的专业知识等。教师在这一步中通过一丝不苟的工作，将会带来单元的各个领域中设定主题与概念之际的协调与深度。统揽全局的"单元地图"的完成度越高，那么，"概括"或是单元编制过程的质量也会越高。

步骤五，写出期待学生从学习单元引出的概括（学生必须达到的概念性理解）——所谓"概括"是指学习者通过单元的学习，将必须深度理解的重要的概念性思维水准，用语句表述出来。根据每个学年的课时，通常一个单元展开5—9种概括。概括有迁移的可能性，特定的时间、地点、人物、场所，是不能"概括"的。在一个单元中大体有1—2种的"概括"体现概念透镜的主要理解，剩下的是引出单元的各个领域之下的概念之间的关系。有时一种"概括"可以同单元的多重领域相对应（特别是重视过程的学科）。在单元中是重视内容还是重视过程，是根据该学科的课程标准来决定的。因此，在跨学科单元中"概括"究竟是牵涉教学内容的理解还是牵涉过程的理解，取决于以哪一门学科为中心。以语文学科的单元来说，若干的概括或许是该单元的标题或是内容（教科书）的重要理解。不过，大多数牵涉学生应当理解的重要过程，诸如"理解"（读、听、看）、"产出"（写、说）、对单元中使用的教科书的"反应"以及"点评"之类。这样，就可以形成语文这一学科的连贯性。另一方面，在社会科的单元中，大多数的"概括"是从关于事实的内容中导引出来的。不过，若干"概括"也有牵涉到收集历史学家的著作和成果的过程。即便是在重视内容型的单元中，要求通过该单元的学习理解重要的过程的场合，关于过程的"概括"也被组织在单元之中。

步骤六，编制促进思维的提问——所谓"促进思维的提问"是有助于学生围绕概括而展开思考过程的教学步骤，可以分为不同的类型——事实性提问、概念性提问、激发讨论的提问。一种"概括"必须有 5 个以上的关于事实的提问与概念性提问。在各个单元的整体中要准备 1—2 个激发讨论的提问。不用说，教师需要在教学中引发学生的进一步提问。运用"促进思维的提问"的最大目的在于，引导学生基于资料与实验、讨论，形成概念性理解。"事实性提问"是有关时间、地点、场所、情境的提问，因此，不能用于不同的案例。而"概念性提问"则可用于不同的案例，借以实现可迁移的概括。比如，"国家为什么要发展经济"这一个问题就是超越时间的，这是"主题型单元"与"概念型单元"的又一个巨大差别。比如，在"主题型单元"的历史教学中由于学习目标是事实性背景，大凡在教学中应当处理的所有问题都是事实性问题；而在"概念型单元"中，会使用三种提问——事实性提问、概念性提问、激发讨论的提问。通过运用事实性提问巩固知识基础、并投入概念性提问，就可以使得学生展开深度思考、达到可迁移的概念性理解的目的。

步骤七，设定基础知识（学生应当掌握的基础知识）——所谓"基础知识"是实现概括的必要基础、加深单元内容的知识、强化关键性的过程与技能的关于事实的知识。因此，这是单元教学中应当逐一教授的知识要点。诸如，欧盟加盟国家，世界的主要生物群系，数学术语"交换律"与"结合律"的定义，等等。

步骤八，设定基本技能（学生必须学会的基本技能）——所谓"基本技能"是指在单元终结之前，学生必须学会的过程与技能，这是在学力标准或国家课程标准中清晰地规定下来的。基本技能应当是可以运用于不同的情境的，因此并不局限于学习实践或是评价课题中的某个特定主题。

步骤九，编制单元末评价课题与评分指引——所谓"单元末评价课题"是指围绕基础知识与基本技能以及重要的概括（1种或在组合的场合是2种），对学生的理解进行考察的问题。单元末评价课题一般由包括"概括"的如下要素构成：1. 是什么——围绕"单元名称或单元焦点"的考察（或调查）；2. 为什么——旨在理解"构成评价对象的概括"；3. 怎么样——学生围绕评价课题的解释。在拥有三维结构的概念型单元中，通过运用"是什么""为什么""怎么样"的成套的表述，可以把评价课题同单元中重要的概括，明确地链接起来。评分指引为单元末评价课题中测量学生的达成度提供标准。这是优质地进行评分的共同标准，也要求写明对学生提出的基础知识、基本技能、概念性理解（概括）的要求。

步骤十，设计期许的学习经验——所谓"学习经验"是反映学生在单元教学终结之际，学生应当理解什么、掌握什么、能做什么的要素，因此学生必须对单元末的评价课题有充分的准备。期待学习经验尽可能对学生而言是有意义的、贴近现实的。在这个段落中包括了学习的基本构成、形成性评价、差异化策略、单元资源，等等。拉宁（L. Lanning, 2013）提出了编制单元学习经验的方案。[20] 学习经验的部分应当是课程单元中预设好了的。书写学习经验的目的如下：1. 向学区或学校传递在教学指导中要求什么（比如研讨会和协同学习）；2. 提出学习经验的基本构成方案，所有的学生以同样的时间轴，准备好应对单元末的评价课题；3. 支撑每一个学生能够顺利地进行学习的迁移；4. 对学生在单元终结之际应当掌握的概括、基础知识、基本技能，提出明确且适时的要求。

步骤十一，写出单元导语——单元导语是教师做出的旨在向学生介绍学习的单元的言说，也拥有激发学生兴趣、唤起他们跃跃欲试的学习热忱的功能。单元导语是在最后一步做出的。作为编写有效导语的一个策略是，抛出引发学生兴趣的一连串的设问，然后再进行诸如"本单元学习△△△"之类的单元中包含什么内容的描述。

总之，概念型单元教学设计作为倡导洗练的教学的一种方法，有助于提供如下的信息，支撑课堂转型的实践。1. 教学的重心在于聚焦具体事实与过程背后的可迁移的概念性理解。2. 概念型单元的设计是如何支撑拥有三维度结构的概念型教学的。3. 对学生进行概念性理解的归纳性指导与探究。4. 着力于通过激发每一个学生的知性，提升学习的积极性。

当然，"概念型教学"的单元设计不限于单门学科，也包括跨学科的教学设计。跨学科教学的单元设计有诸多优点。比如，通过运用跨学科的视点，能够发现不同学科知识内容之间的关联；能够从不同的角度考察问题与课题；教师还可以节省课时。可以说，跨学科的单元设计是"现实生活的再现"。这是因为，复杂的问题与课题并非基于单门学科的信息。一个挑战性的问题在于，在跨学科的单元设计中通常会有一门作为"转运者"的学科，在教学中大多让所囊括的其他学科置于"后座"，作为"转运者"的学科几乎包揽了所有的学习。比如，在小学的跨学科单元设计中往往会出现"我的社区"的单元，在这里，作为"转运者"的学科自然是"社会科"，而其他学科——理科、艺术、数学、语文，则置于陪衬的地位。这就无异于牺牲了其他学科，仅仅局限于"转运者"学科的"学习经验"罢了，这是值得警惕的问题。[21]

（三）"概念型教学"的价值与及其检验表

概念型教学的价值与优势——概念型单元教学的价值在于[22]：1. 教师把事实与技能作为旨在深度理解、达成可迁移的概念与概括的手段来使用。事实与技能发挥着支撑深度概念之理解的基础作用。2. 在概念型教学中，运用探究的过程引导学习者走向概念水准的理解。3. 概念型教学的评价（形成性评价与终结性评价）不仅叩问学习者在事实与技能方面的进步，而且叩问理解的深度。概念型单元教学的优势是[23]：1. 由于通过低阶事实与技能同概念的链接，脑所处理的信息可以达到更高的水准，因而学习者可以更长久地保存事实性知识。2. 学习者通过在复杂境脉中的应用，可以更深度地理解过程、策略与技能。在语文、外语、美术、舞台艺术、音乐等重视过程的学科中，可以期待技能的迁移——从单纯的"实践"之类的技能，发展到伴随着理解实践背后的"为什么""怎么样"的技能。3. 借助学习者脑中的概念建构，使理解的迁移有了可能。4. 由于教师是立足于学科的重要概念、原理、概括来展开学习活动的设计，这就使得繁复的课程内容得以整合与压缩。5. 有助于学习者更具个性特色且知性地展开学习，促进学习动机作用的提升。[19]

单元地图与单元概要——在概念型单元教学中借助如下的"检验表"，实施学习活动的监控与评价（表8-3）。[24]

表8-3　概念型教学单元：检验表

单元地图与单元概要

——1. 单元名称，读者能否清晰地理解学习的主题。
　　强度单元名：技术对社会生活的影响
　　弱度单元名：零部件与陀螺玩具
——2. 单元名称，是否不太狭窄也不太宽泛。
　　太宽泛：生命、范式、系统。
　　太狭窄：地壳、天命论、两位数乘法。
——3. 在学习单元中是否伴有适当的概念透镜（嵌入单元名称中，或在单元地图的导语中提示）。
　　透镜，是否赋予单元名称以明确的焦点。
　　透镜，是否同学习单元的深度理解相关，反映深度理解的产物。
　　透镜，是否具备向其他学习领域与主题迁移的可能。
——4. 单元领域是否体现了该单元的主要学习领域。
——5. 必须链接的主题与相关概念是否列入各自领域的子项目（尤其是"内容重视型"的历史之类的学科）。
——6. 各领域的相关概念与相关主题是否反映了学力标准或者国家课程标准的要件，并且覆盖了该学年所要求的水准。
——7. 单元导语是否简洁凝练而富有魅力，发挥学习单元的指引作用。
——8. 在过程重视型的学科中，单元的领域是否提示了从单元的过程、策略、技能派生出来的概念。

概括（应当理解的知识内容）

——1. 概括是否根据必要的标准或者国家的课程标准编制；在该学习单元最重要的概念是否得到了应用。

——2. 概括是否反映了学生在学习中应当学习的最重要的概念性理解。

——3. 通过概括，学生能否把知识迁移到更广的境脉。

——4. 概括是否明确；同行教师是否易于把概括同单元内容链接起来。

——5. 概括是否有水准 1 的动词。否定动词水准 1 的动词是"影响到……""是……"以及"具有……"。

——6. 概括是否囊括了整个单元地图的所有领域。

——7. 在重视内容与概念的学科（社会、科学、数学等）的单元中，是否嵌入了重要过程的概括。

——8. 在概括中是否使用现在进行时与动作动词。

——9. 是否使用被动态的动词（比如，"被……而引起"）。

——10. 在概括中是否不用限定时间、地点与情境的代名词、固有名称或主题。

——11. 概括在不适于所有情形的场合，是否包含了限定词。

——12. 能否避免概括中的"价值示意"（"应当""必须"之类的语词信号）。

——13. 概括是否至少用强化两个概念之间的关系性的动词来表述。

促进思维的提问

——1. 在各自的概括中，嵌入 3—5 个事实性问题与概念性问题。

——2. 在整个单元激发讨论的提问是否有 2—3 个。

——3. 提问是（通过归纳性指导）把学生的思考从事实与技能引向教学的目标——概括。

——4. 概念性提问与激发讨论的提问，是否促进学生的探究。

基础知识（应当知道的基础知识内容）

——1. 基础知识是否伴有碎片化的知识点目标，而是形成关于事实所不可或缺的知识系列。

——2. 基础知识是否不仅仅作为概括，而是作为关于事实所不可或缺的知识系列加以表述。

——3. 基础知识是否有助于概括，反映了学习中有关主题的其他重要知识。

——4. 同概括并无直接关联的基础知识，是否也反映了单元主题的重要知识。

主要技能（应当做到的）

——1. 技能是否从学力标准或国家课程标准中提炼出来。

——2. 技能是否覆盖了复杂的思维过程。

——3. 技能是否表述了在诸多不同的情境中也能迁移。

——4. 技能是否并非同特定的主题相关。

续　表

评价
——1. 单元末的评价是否同概念型单元的三个重要要素——概括、基础知识及技能相对应。
——2. 在评价中，是否从表示目标的深度的概念性理解的概括中引出话题。
——3. 是否准确地设定了"是什么、为什么、怎么样"的评价要素。
——4. 评价课题往往是挑战性的，不是学习的机械反复，而是要求应用于新的境脉、情境与问题之中。
——5. 是否能够表明学生"知道什么、理解什么、能做什么"，在整个单元中设定了不同类型的评价。

评分导引
——1. 在评分导引中是否明确地记述了学生应当知道、理解和能做的基本标准。
——2. 在评分导引中不同的标准是否得到重视。
——3. 在评分导引中是否鼓励学生的自我评价。

学习经验
——1. 学习经验是否能够使得学生展开学习领域或学科固有的思维方式所体现的概括、知识与技能。
——2. 在学习经验中是否涵盖了旨在单元末课题解决的准备。
——3. 在学习经验中是否有应对真实性课题中所不能处理的其他概括、知识与技能的要素。
——4. 在学习经验中是否提供了别的教师易于计划的充分的说明。
——5. 学习经验是否能最大限度地展开，且获得有效的效果而加以计划。
——6. 展开的学习经验是否有意义，值得花费时间。
——7. 组织同样学习主题的学习经验是否过多。
——8. 在学生的经验中是否有意义地整合了种种的课程与学习经验。
——9. 学习经验是否适应于每一个学生的需求与兴趣。
——10. 焦点：在学程中同实际地指导学习经验的概括相对应的提示，是否简明扼要。

资料来源：H. L. Erickson，等. 概念型课程的理论与实践［M］. 远藤みゆき，ベアード真理子，译. 京都：北大路书房，2020：228－231.

（四）启示与借鉴

如前所述，"概念型单元设计"绝不满足于单纯的知识授受，而是寻求基于"概念理解"的知识与技能的掌握。因此，它有别于"双维度（知识·技能）的教学设计"，或可称为"三维度（知识·技能·理解）的教学设计"。这种教学设计的一个思想前提是，大凡缺乏数学概念的基本理解、热衷于运算熟练的数学课堂，是不可能培育真正的"数学素养"的。

"圆的几何学"的单元教学设计表明,着力于形成数学思维、建构数学概念,是走向"思考的课堂"的基本策略。在这里,"元认知"(Metacognition)与"工作记忆"(Working Memory)当然是学科教学的重要基础。认知心理学的研究揭示了"元认知"的技能直接影响到学业成绩,而"工作记忆"的容量越高,数学学科的成绩越好。布尔(R. Bull,2004)的研究揭示,教师采用了降低"工作记忆"负荷的教学方法,就能有望降低学习的困难程度。[25] 上述"圆的几何学"的单元设计,当然也不例外。不过,更具新意的是"圆的几何学"的设计蕴含了优质的数学教学需要把握的三个关键环节:其一,因应儿童个别差异的视点。儿童是多样需求的存在,学习方式也应当有所差异。建构适应差异的学习环境,通过促进探究(问题解决)的学习活动作用于每一个人的认知框架,一步步走向新的理解。其二,以"真实性课题"为中心进行教学设计。要使得学习具有意义,就得把所学的知识应用于别的情境。知识的迁移不是靠碎片化知识的记忆与再现,而必须通过探究现实性的课题,才能深化理解。其关键就在于"真实性"。其三,寻求教学与评价的一体化,并基于评价的数据,展开 PDCA(计划—实施—评价—改进)的循环往复。

基于"学科素养"的教学设计就是儿童学习经验的设计,亦即从"教"的设计转向"学"的设计。

参考文献

[1] 钟启泉. 教学心理十讲 [M]. 上海:华东师范大学出版社,2020:27-34.

[2] 秋田喜代美,藤江康彦. 授业研究与学习过程 [M]. 东京:日本放送大学教育振兴会,2010:19.

[3][4] R. K. Sawyer. 学习科学指南:促进有效教学的实践/协同学习(第2版第2卷)[M]. 大岛纯,等,主译. 京都:北大路书房,2016:209,209-210.

[5] 美国学术研究促进会. 变革教学:认知心理学的新挑战 [M]. 森昭敏,等,主译. 京都:北大路书房,2004:131-157.

［6］ G. W. Gagnon, M. Collay. 建构主义学习的设计［M］. 菅原良，主译. 东京：青山生活出版股份公司，2015：10－11.

［7］ 秋田喜代美. 学习心理学：教学的设计［M］. 东京：左右社，2012：25.

［8］ A. Beard. 改变世界基础教育的学习达人［M］. 岩崎晋也，译. 东京：东洋馆社，2021：358.

［9］［10］［11］［12］ J. Zwiers. 耕耘对话学习［M］. 北川雅浩、龙田彻、吉田新一郎，译. 东京：新评论，2021：33－34，3，33，148－158.

［13］ D. Booth. 我也想说：倾听学生"心声"的教学创造［M］. 饭村宁史，吉田新一郎，译. 东京：新评论. 2021：143－169.

［14］ 田国广. 如何摆正国语教育中文学作品的地位［M］. 东京：大修馆书店，2021：238.

［15］ 钟启泉. 解码教育［M］. 上海：华东师范大学出版社，2020：84－86.

［16］［17］［18］［19］［20］［21］［22］［23］［24］ H. L. Erickson，等. 著. 概念型课程的理论与实践［M］. 远藤みゆき，ベアード真理子，译. 京都：北大路书房. 2020：178－181，235－236，228－231，64－65，71－72，106－107，236，236，228－231.

［25］ 神田贵昭，桥本宪尚. 教育心理学［M］. 京都：智慧女神书房，2019：103.

第九章　基于"跨学科素养"的教学设计
——以 STEAM 与"综合学习"为例

随着信息化的进展，人类进入了社会变革与产业结构急剧变化的不确定时代。这就意味着，学校教育仅仅满足于学科知识的传递，将难以承担起培养未来社会期许的拥有"核心素养"的新的一代。换言之，学校教育不仅需要培育学习者的"学科素养"（Discipline Accomplishment），而且也需要培育学习者的"跨学科素养"（Interdisciplinay Accomplishment）。因此，基于"跨学科素养"的教学设计应运而生。这是将两门或两门以上的学科（领域）整合起来，旨在把新的知识同既有的知识、信息与体验链接起来，进而同社区生活乃至全球社会的现实课题链接起来，借以促进学习者对学习主题的基础性与实践性理解，亦即超越了单一学科范畴的深度理解的精致化教学设计。这种教学设计体现了"学习者中心教育"的诉求——"支援所有学习者发挥潜在能力，使他们的学习得以最大化"[1]。美国的 STEAM 和日本的"综合学习"就是当今国际教育界公认的"基于跨学科素养"的教学设计的典型。

一、跨学科教学的理论基础与基本原理

"教育成功"不是文本知识的复制或再生产，而是运用既有知识准确地拓展，进而把知识运用于新的情境之中。学校的教学不能仅仅满足于"知道什么"，更要求得"怎样在现实世界中运用知识"。基于"核心素养"的跨学科教学设计有助于实现"真实性学习"。这里所谓的"真实性"指的是：1. 不是既有知识的"再现"，而是新知识的生产；2. 不是单纯知识的"记忆"，而是基于先行知识的"学术探究"；3. 不是学校中封闭的知识成果，而是具有"超越学校价值"的知识成果。[2]

因此，"真实的学力"不是碎片化知识的堆积，而是指问题解决所必需的以"思考力·判断力·表达力"为中心的学力，这种界定受到诸多理论的支撑。

（一）理论基础

人脑的研究——脑科学研究表明，人类的"学习"能力依存于中枢神经系统，特别是构成大脑的庞大的神经细胞所形成的神经元网络的复杂作用。它"是人类与环境历经长期的交互作用而形成的""人脑作为沟通的生理组织形态，形成了加工语言与音乐（艺术）两个方面的精巧的神经网络"。[3] 大脑拥有性质各异的多样的认知能力。在成熟的大脑中，一定的认知功能是借助广脉的网络实现的，这种网络绝不是凝固的，而是具备超强的应变性。从这个意义上说，"教育即脑育"。所谓"学习即变化"的说法并不是单纯的隐喻，而是一种物理性的事实。就是说，通过学习，人脑会发生物理性变化。就是说借助皮层的神经元传递信号增加，促进更多神经突触的生长。由此细胞物质的密度提升，同其他神经元的联系增强，形成更多的突触。这种变化是由于从事学习体验的特定神经元反复刺激，和这些神经的周边存在牵涉某种情感的化学物质反应而产生的。这样所谓"学习"亦即所使用的大脑皮层的功能区相应地变大、变强，而且得以长期地持续。更多的皮层领域被使用，就会发生更多的变化。[4] 这就是说，在脑内不断有旧的细胞死亡，新的细胞产生。倘若细胞与细胞之间不链接，其回路不使用，链接就会消失。而链接的强度是随着脑形成构造而发生变化的。可以认为，脑是不断变化的极其复杂的生态系统，不限于在儿童时期或在学到了某种新的知识的时候，而且变化将持续人的一生。"一切的感觉、一切的思考……每当学到某种经验之际，总会刻下其痕迹，发生些许的变化。今日的脑同昨天的脑并不是一样的。脑，永远是处于发展中的未完成品。"[5] 在詹森（E. Jensen, 2008）看来，"教学设计应当基于脑科学的学习理论，令每一个学习者以兴致勃勃、欲罢不能的挑战性姿态，能动地参与学习活动。教学的内容则借助现实境脉的引进，激发学习者的浓厚兴趣。课堂的学习活动应当浸染活生生的现实世界的情境"[6]。

多元智能论——从传统上说，智能是由显示教育情境中个人学习能力的智力测验来测定的。这种智力测验的局限性在于，它主要是测定抽象性的推理技能，而不能测定其他重要的智力成分。在一般的学校环境中，教与学以及教学的评价大部分置于逻辑性或语言性的知识获取方法方面，随着其他的知识获取方法愈来愈为大众所认识、讨论与评价，关于人类智能的理解也变得更加复杂了。加德纳（H. Gardner, 1983, 1999）倡导的"多元智能"理论是众所周知的。他把"智能"定义为"解决有文化价值的问题，创造有价值的文化的能力"，主张起码应当通过 10 种（或 10 种以上）的智能来把握人类的学习。这就是：逻辑—数学智能，语言智能，空间智能，身体—运动感觉智能，音乐智能，反思智能，人际关系智能、自然主义智能、存在主义智能、精神性智能。这些多元智能同学校教育的学科教学与领域有着密切的关系。[7] 跨学科教学环境的特质就在于，可以提供有助于多元智能的发展与有意义表达的机会，包括借助多元智能促进学习者的经验及其意义的探究活动。在精心设计的跨学科教学环境中，学习者不仅运用逻辑—数学智能与语言智能的活动，还能发挥整个智能，参与问题解决、产出成果。可以说，多元智能理论在脑科学与教学设计之间架起了一座桥梁。

课程变革论——根据"联合国教科文组织"（United Nations Educational, Scientific and Cultural Organization, UNESCO）的说法，"所谓优质的教育制度必须让学习者能够获得并形成新的关键能力，同时自身的关键能力永远能够灵活应变"[8]。"美国课程再设计中心"（Center for Curriculum Redesign, CCR, 2015）基于证据与比较研究的方法，编制了"21 世纪型关键能力"的优先顺序模型，该模型以更简洁、更明确、更有用、更有序的方式，推出了"四维教育"（知识维度、技能维度、品格维度、元认知维度）的课程发展愿景。

美国"全球未来教育财团研究所"的普伦斯基（M. Prensky, 2017）教授主张，随着信息社会的进展，教育的"基础"及其要件也得变革。自 19 世纪以来，世界各国几乎所有的学校均以"MESS"（数学、英语、理科、社会）作为"核心学科"，或者说，习惯于"MESS+"（加上美术、体育、外语等其他学科）的课程编制。这些学科固然重要，但它们作为一切教育、特别是未来人才之基础的"正确的支柱"，缺乏"决定性的证据"。[9] 换言之，所有的人掌握同样的知识基础型课程的思维方式，是落后于时代的。随着网络的普及，所有的儿童都能借助同步与非同步的持续链接的快速通讯网络，获取链接（以及相互链接）的信息。因此，新型的学校课程不应囿于"MESS"之类的学科知识内容的增减，而应当着眼于能力与品格的养成，大幅度地拓展有助于形成"基础素养"的学科边界与种类。他主张，基础教育学校（从幼儿园至高中教育）的课程应当基于四大主题——"有效思维、有效行动、有效关系、有效达成"，进行再设计。就是说，必须以"有效"的上位层次的"思维""行动""关系""达成"的科目为中心，重建跨学科的课程结构。

（二）基本原理

新整合理论——布鲁纳（J. S. Bruner，1960）梳理了以往的迁移理论，倡导"新整合理论"。该理论强调的是，儿童的元认知与学科领域的知识内容的学习，同一般的思维方式的学习链接起来的重要性。在他看来，借助学科教学培育思维方式的同时，也应当通过跨学科教学，来培育儿童在别的情境中得以运用的"关键能力"（通用能力），特别是"批判性思维技能"。[10]

综合教学（ITI）模型——脑科学的研究有助于我们从生物学的视点出发理解人是怎样学习的，运用脑科学研究的见识对设计儿童与成人的学习环境、发展学习经验，具有重大的意义。倘若能够形成作用于脑的生物学机制（化学、神经科学、情感等）的经验与环境，就一定能拓展有意义学习的可能性，改善学校教育制度。科瓦里克（S. J. Kovalik，2002）倡导的"综合教学"（Integrated Thematic Instruction，ITI），就是从脑科学研究引导出来的以五项基本学习原理为基础而建构的跨学科教学设计模型。[11] 这就是：1. 智能同经验相关。2. 所谓"学习"是大脑与身体之间的协同作用。3. 要寻求问题的解决与生产性行为，就得有多元的知识与方法。4. 所谓"学习"是分两个阶段的过程：一是通过有意义的问题解决而形成"范式"的探索与意义的创生；二是利用理解了的知识，同长期记忆相结合的心理处理程序的开发。5. 人格影响到学习与成绩。跨学科教学注重以"学习经验"（资源、活动、内容）为中心的囊括性课题的探究，伴随着学习的进展，提供运用人脑所具备的能力的机会；提供认知并理解范式的必要性。跨学科教学不是碎片化地经验新的信息，而是强调概念、主题或课题之间的关联。

　　跨学科教学模型——这种模型涵盖了如下的基本原理。第一，采用囊括性的课题。跨学科教学模型的精髓在于，教学是在基本的境脉——该课题或主题提供问题空间，亦即学习实践的场域——中展开的。设计的学习环境一般同该课题的主要特质直接相关。第二，聚焦主要的学习目标。一旦决定了课题，接着就得设定主要的学习目标。跨学科教学采取境脉中心型的学习方式。第三，采用各种教学活动。学习活动的构成本质上是引领学习者的概念理解，从缓慢到加速、从小到大、从单纯到复杂，一步步地加以推进。换言之，大体遵循柯尔布（D. A. Kolb，1984）"经验学习周期"[12]——"具体性经验—反思性观察—抽象概念化—能动性实验"而展开。一言以蔽之，作为教学活动中一环的应用知识的机会是多种多样的。第四，提供有益的教学资源。一般而言，在跨学科教学模型中强调运用现实生活中的资源，比如报刊杂志、录音与录像、各领域的专家、社区的核心人物、以及文化活动等非教科书资源。第五，在跨学科教学中鼓励学生作品与档案袋的积累，采用"真实性评价"。

　　指向知识整合的教学设计——不是满足于碎片化知识，而是寻求既有知识与新学知识之间的无缝链接，促进深度学习。为了知识的整合，就得在课程、单元与课时计划中纳入如下四种活动：1. 引出学习者的既有知识；2. 赋予新的知识与思维方式；3. 秉持一定的标准，自我评价自身的知识与思考；4. 对自身拥有的知识与思维进行梳理。林恩（M. Linn，2006）基于科学（理科）的教学，归纳了如表9-1所示的强调知识整合的教学设计。

表 9-1　强调知识整合的教学设计

范型（一连串的活动群）	讲述（内容）
链接·诊断·诱导	学生各自的知识与链接的问题，上节课与本节课的链接，联系学生的既有知识与思维，提出并追加刺激知识整合作用的新的思维方式。基于这些活动，反复地调整上课的内容。

续　表

范型（一连串的活动群）	讲述（内容）
预测·观察·讲述	围绕教学的内容引出学生的知识与思考，提示、观察某种科学现象，针对学习者既有知识与思考同现象之间的矛盾做出解释。
知识与思维的提示（图示）	围绕学习主题进行推论，或者提示（可视化）解决复杂问题的方略。学生尝试这些方略，反思自身的思维。
实验	揭示问题的框架，思考探讨问题的方法，进行调查活动并评价其结果。通过反复地运用，根据所得的见解，梳理自身拥有的知识与思维方式。
模拟	展开脑力的挑战与辩论，揭示问题的框架。基于模拟验证推测，将这种模拟中获得的标准用于别的问题情境，修正知识与思考。
作品制作	界定问题，创制作品，评价结果，改良作品。反复地把创制作品的结果同教学内容链接起来。
论证	设定辩论的课题，相互交流，提供证据。明确自己的立场，基于反馈与新的证据，修正思维方式。
评论	对科学现象的思维方式展开评价，衡量是否符合标准，利用证据，申述自己主张的根据，反复对所用的标准进行修正。
协作	彼此交流各自的思考。相互回应各自小组的思考。论证自己小组的见解，形成共识，知识整合的关键在于意义的协商。
反思	分析自身提出的思考与彼此的思考之间的关系，监控理解。

资料来源：秋田喜代美，藤江康彦．授业研究与学习过程［M］．东京：日本放送大学教育振兴会，2010：26．

二、美国的案例：从 STEM 走向 STEAM

进入 21 世纪，指向"核心素养"的教育改革成为世界性潮流。这意味着学校教育目标的刷新——从"知道什么"，到运用知识"能做什么"的教育范式的转型，这种潮流大体表现为"关键能力"与"21 世纪型能力"。新型能力的概念在强调"学科素养"的同时，强调"跨学科素养"，涵盖了基本的认知能力、高阶认知能力，以及人际关系能力、人格特质与态度等核心的要素。美国从 STEM 到 STEAM 的发展，体现了"跨学科素养"教学的新高度。

（一）STEAM：在 STEM 中嵌入"艺术"的必要性

2006 年，全美学术会议（National Research Council，简称 NRC）倡导"科学、技术、设计、数学"（Science，Technology，Engineering，Mathematics，STEM）的理论框架，这是一个旨在改进美国中小学科学教育薄弱环节的课程设计方案。[13] NRC 的框架由三个维度构成：1. 科学工程，2. 跨学科概念，3. 学科的核心观念。其中第三个维度，专指物理、生命、地球与宇宙科学的专业内容。不过，在 STEM 的实践过程中发现，倘若纳入"艺术"（Arts）课程形成 STEAM，会更有助于儿童获得认知性、情感性、具身性的能力。因为，艺术原本就是人类生活的一部分，理想的学校是一种修习机构，在那里，合唱、器乐、舞蹈、美术、戏剧的课程，本应置于重要的地位。儿童从事钢琴演奏、诗歌创作、角色扮演、舞蹈活动或是绘画创作，有助于锻炼敏锐的观察力，砥砺精益求精的精神，编织现象的脉络。艺术学习不仅可以发展改进生活品位的技能，也可以形成科技工作者那样寻求未来的革新与跃进的创造性基础。美国学者的研究也印证了如下的判断："艺术促进认知的成长与社会性的成长。"这是因为，"艺术集中了超越人类参与的一切领域的技能与思维过程""发展艺术的技能意味着创造性、批判性思维、沟通技能、个人的自立与自发性、协同精神的培育"[14]。

（二）STEM 设计与 STEAM 设计的差异

艺术活动的适切性——把艺术活动嵌入幼儿园至小学 4 年级的课程是贴近儿童的心理特征的。这是因为，幼儿的大脑是"自由不羁"的。所谓"自由不羁"是指他们几乎不受同伴的干扰，听凭特定的习惯行动；他们乐于歌唱、描绘、舞蹈，无忧无虑；他们拥有成长的心态，相信什么都能干；他们的创造性与情感几乎是无穷尽的。[15] 这是由于大脑的额叶尚未得到充分发育，缺乏自制力。他们对挑战的反应呈现出快速的反射性，信马由缰，但难以企及抽象性思维与扩散性思维。这个年龄阶段的儿童大脑随着从环境中收集、读取并分类信号，能够以令人惊异的速度形成新的链接。这些儿童已经在作为一个"科学家"采取行动——确认花的部位、旋转小石块、进入车站观察地铁的车辆——试图理解这个世界了。时而，他们自己还会进行一些不成熟的实验——有好的想法，即便无结果也乐此不疲。借助这些探究，幼儿的脑创造着赋予事物以功能与相互作用的意涵，神经网路得以建构，信号通路得以整合。但未成熟的额叶几乎不能深度思考，是以这个年龄阶段的儿童每一天的决断往往仰赖于成人。教师倘若给予儿童同艺术相关活动的机会，他们就能发展认知方略、创造性地同伙伴协作，完成艺术作品与演技，体验满足与快乐。

运动动作的重要性——当儿童随着认知网络的快速成长、驾驭身体动作的神经经络的繁殖，产生游泳、跳绳之类的新挑战之际，粗大运动技能的发展是重要的，这是出于生存的需求。研究显示，身体运动与自由游戏能够最大限度地保障认知发展。有学者对拥有音声学与计算教学传统的幼儿园和强调自由游戏幼儿园中的 4 岁儿童进行比较，一年之后，采用自由游戏幼儿园的儿童，工作记忆、注意、自我控制之类的一连串重要认知技能得到更好的发展。研究者发现自由游戏的重要性就在于，儿童在快乐的时候容易聚精会神，自由游戏是有效促进认知发展不可或缺的手段。[16] 神经科学家指出，身体活动能够增加促进新的神经细胞生成物产产量。

"艺术+科学+数学"的有效性——在这个年龄阶段儿童的艺术类活动中引进科学与数学的概念，是有效的方法。比如，让小学生发现不同形态的恐龙，包括让他们描绘、涂色、制作不同的恐龙及其生息的环境的黏土模型，他们会体验到快乐。对于他们而言，这些"怪物"在数百万年前曾经栖息于我们地球上，尽管相信却是难以想象的。在"探险太阳系"中提供模型制作、唱歌、设计品类丰富的广告的机会，谋求扩大儿童关于这些话题的知识，也是一种容易办到的、富于刺激性的活动。把艺术类活动编织在科学、数学、技术的学科之中，可以达成三个重要目的。一是促进儿童的成长心态，可以借助多媒体的学习，发现不同的表达。二是有助于儿童发现，这些领域同科学、数学、技术是同等重要的。三是教师通过这些年级的一以贯之的艺术类活动嵌入 STEM 的话题，可以消弭不同领域之间的界限。当学习者在跨越学科边界之际，才谈得上创造性与才能的开发（表9-2，表9-3）。

表9-2 STEM设计与STEAM设计的差异（算术）

幼儿园：算术
大观念：请描述图形与空间
认知的复杂性：从中等程度到高水准

STEM的设计	STEAM的设计
组织班级活动	● 先是班级活动，然后分组活动
操作图形	● 让各小组制作大型的二维图形（平面图形）
讨论图形的差异	● 各小组讨论图形的属性，再向别的小组宣布
教师评价	● 在班级里观看表现三维图形（立体图形）的录像
	● 分小组制作三维图形，再同别的小组交流
	● 每人剪贴小型的三维图形，附上自己的名字贴在记录簿上
	● 每人剪贴小型的二维图形，写上自己的名字
	● 讨论、分析所见所闻
	● 全班围绕图形与空间的学习，展开讨论
	● 全班围绕图形与空间学习的心得，展开讨论

资料来源：D. A. Sousa, T. Munegumi. STEAM教育［M］. 胸组虎胤，译. 东京：幻冬舍股份公司，2017：99.

表9-3 STEM与STEAM设计的差异（科学）

小学2年级：科学
大概念：遗传与复制——植物与动物的子子孙孙是相似的，但亲子之间严格地说是不相似的
认知的复杂度：中等程度

STEM的设计	STEAM的设计
● 个人活动	● 全班讲授并以"如果……"的提问来提示概念
● 使用教科书进行讲授，提示信息	● 儿童分组，围绕动物、植物、人类生命周期的主要阶段进行观察活动

续 表

STEM 的设计	STEAM 的设计
• 围绕周边的庭院里播下的种子的成长与变化，进行观察	• 全班活动：说明并分析报告书同小品文之间的差异
• 记录变化	• 各小组创作描述生命周期之变化的小品文
• 提交给教师	• 全班活动，儿童阅读并讨论小品中的台词，讨论服饰之类的戏剧构成要素
	• 各小组持续地进行变化的观察，着手撰写描述变化的小品文
	• 各小组彼此分享草稿，进行写作过程的学习
	• 持续地进行观察与写作；讨论小品剧演出的构成要素，进行演出的设计
	• 小品剧的特定场景的再阅与再述，详细叙述服饰与发型的构成要素
	• 全班讨论：如何选择特定场景进行录像，以便为别的社团、班级和成人，进行汇报演出
• 个人或同伙伴一道活动	• 各年级选择不同的动物。可能的话，选择社区里有代表性的动物
	• 视各年级的情况，改变活动计划
• 选择一种动物，根据班级的信息渠道展开调查	• 举例：仿照动物的行为，设计动物的生息环境
	• 举出更多的例子：动物是怎样适应不同的环境的；该动物吃什么，揭示食物网所处的地理位置
• 将你所调查的动物，写下报告书，向全班报告	• 在围绕动物的调查活动之后，琢磨采用哪些艺术的构成要素来表现动物
	• 以班级或小组为单位进行作业，他们能够表演动物的生活与环境的一个戏剧性场景
• 提交给教师	• 他们能够创作说明动物的某些侧面的歌词，同兄弟班级进行演唱交流
	• 一些儿童能够描绘他们所调查的动物，进行着色，向全班展示，并能说明若干事实
	• 其余儿童能够以他们的动物作为主角，创作短篇故事与寓言

资料来源：D. A. Sousa, T. Munegumi. STEAM 教育 [M]. 胸组虎胤，译. 东京：幻冬舍股份公司，2017：100 - 101.

（三）幼儿园—小学—初中—高中的 STEAM 设计指引

青春期前的儿童时代，脑的成长与发展以显著的速度进行。"成长"与"发展"似乎是同义词，但生物学家西尔韦斯特（R. Sylvester，2010）在两者之间划清了一条界线。[17] 他说，所谓"成长"是指在现实条件下增长了重大的或独特的能力，所以，我们培育"成长"。而"发展"则表现为修正或结构的变化，所以，我们观察"发展"。给植物施肥，培育其成长，我们就可以发现植物发出新的枝、叶、根。随着儿童加法运算能力的成长，乘法的技能发展起来。儿童的情感脑从 10—12 岁会充分地发展，但逻辑脑处于成熟之中，会持续到 22—24 岁。成长中的逻辑脑开始影响中学生的思维过程及其反应。一方面，儿童面对挑战，不至于那么冲动，趋向内省、克制。前额叶的发展使儿童拥有了挑战更加抽象的概念与扩散性思维的能力。另一方面，大脑脑叶逐渐发育，儿童的社会性随即发展，开始观察施加于友人的社会影响。文化差异日益显现出来，往往会产生先入为主的偏见。把艺术（Arts）"编织"在 STEM 之中，有助于活跃每一个学生原本拥有的"扩散性思维"等复杂的脑的活动，激发创造性。让这一年龄阶段的儿童作曲、画画，通过丰富多彩的艺术活动，可以获得丰富多彩的学习。也可以组织儿童进行班级旅游活动，因为他们喜欢走出教室，这是一种巨大的刺激。基于"项目学习"（PBL）教学的构成要素是理解科学概念的有效手段，同时有助于达成跨学科素养的科学标准。

美国的苏泽和胸组虎胤（D. A. Sousa，T. Munegumi，2017）进行了系统的 STEAM 的研究，集中体现了一个重要的观点："教师是科学家，同时又是艺术家""教师的教学应当是科学的，同时又是艺术的"。下面，试举他们编制的若干 STEAM 的设计指引。[18]

【例一】科学——幼儿园"用我的眼睛看世界"

教学目的：通过专心观察的过程，更好地认识人类世界及自己周边的生物。

艺术目的：探索艺术基本的结构性要素，尤其是色彩。

社会情感目的：通过投入表达个人情感的艺术作品的作业，激发观念与印象。

活动：儿童学习一次性着色与二次性着色，制作微型的扇形书。使用索引卡、蜡笔、标签、水彩颜料或彩色铅笔，对事先准备好的卡片编码进行着色，并写上自己的名字。用装订机将其一角缀在扇子上，做成一本扇形的书。然后，带着幼儿去幼儿园周边和所在的社区进行不动产之"旅"，引导他们观察周边的自然景色和建筑物上的诸多颜色。利用扇形书，确定所看见的颜色有多少种类。让他们思考最喜欢什么颜色；或者花时间专心观察某种事物，让他们讨论"为什么那么喜欢"。他们还看到了各种各样的色彩——诸如，新长出的树叶的绿色；或者废弃房屋的褐色之类。最后，让幼儿描述从旅游中发现了什么、喜欢什么，并把记得最清楚的印象随手画下来。也包括描写他们自己，运用色彩来表达自己的感情。这样，持续地指导幼儿进行创造性的深度学习。

评价：儿童最终描述出来的作品，体现了他们自身的感悟，以及他们的观察能力的水准。

材料：索引卡、蜡笔、标签、水彩颜料、彩色铅笔、绘图用纸、装订机。

【例二】科学——小学1—5年级"生息环境"

教学目的：通过生息环境模型，理解自然界；通过深度观察，认识生物之间的相互依存关系。

艺术目的：1. 创作旨在表现种种不同地形（高原、盆地、平原、丘陵、山地）的生息环境模型，收集并再利用包括该地区特有的动、植物在内的材料。2. 理解并创作以地形背景为底板、拼贴植物与动物的地貌模型。

社会情感目的：1. 协同而又独立的活动；2. 发展精细的运动技能；3. 基于阶梯式模型化教育，满足不断精进的需求。

活动：要求儿童模拟包括地形、气候、特有的植物、动物在内的生息环境。儿童在工作用纸和艺术用纸上，剪贴杂志上的图画，制作地形背景。他们可用雕塑黏土、自然材料和再生材料来制作地表，他们能用雕塑黏土创作地衣植物。儿童应当在适当的时机，在认识特有的动物及其捕食者作用的基础上，讨论不同生息环境的植物。

评价：每天记日记。形成性评价、地区/学校所必须的测验。

材料：瓦楞纸板、杂志、工作用纸、艺术用纸、工作台、回收的自然材料与再利用材料、剪刀、浆糊、雕塑黏土。

【例三】科学——小学 5 年级—初中 3 年级"细胞的制作"

这个活动为学生提供使用黏土与其他材料，制作细胞的机会。这是学生所向往的，因为在科学的教学中完全没有使用这种材料（黏土）的机会。作为初学者的学生能从事雕塑的活动；高年级学生则能得心应手地从事从毛胚到上色全过程的活动。

教学目的：1. 学习动植物的细胞结构；2. 理解同样的细胞作为一种组织是怎样在动植物中形成结构的。

艺术目的：1. 运用录像与照片观察不同的雕刻，懂得解决三维结构问题的方法；2. 懂得艺术制作的过程，并把它应用于特定的科学课题；3. 通过艺术制作的过程，能够很好地钻研、修整、打磨艺术作品，能够产出彰显个人艺术追求的产品；4. 要使雕塑黏土同作为最终产品的色调匹配，就得引进色彩理论并展开实际调查。

社会情感目的：为了学习、理解艺术制作的过程，儿童必须学会如下两点——其一，认识问题解决的方法是多样的，不同的艺术家有不同的选择；其二，要寻求特定的艺术难题的解决，就得分享思考，展开协作，从而体悟思维碰撞的重要与团队作业的价值。

活动：儿童学习植物细胞的结构特征（单细胞结构——胞口、口腔、食物沟口、食物泡、小核、大核、纤毛、溶酶体、肛门），结队展开活动，制作细胞模型。先把黏土黏贴在纸上，再用别的黏土制作植物与动物的细胞部件，注意适当的色泽与质感。待毛胚干燥之后（倘有必要，则涂上颜色），儿童运用说明书，标识细胞的各个部分。

评价：儿童用语言表述细胞的构成以及细胞具有怎样的功能。他们相互提问，强化彼此的知识与概念。

材料：初学者——各种色彩的雕塑黏土、纸面、木制器具；高阶学习者——各式各样的雕塑黏土、各种型号的画刷。

【例四】科学——初中 3 年级—高中 3 年级"创作水彩画，感悟大自然"

这是学生走出教室，观察大自然，透过水彩画，表现自然界活生生事物的一种活动，也是法兰西血统的美国人、博物学家奥杜邦（J. J. Audubon，1785—1851）的经历。他拿起画笔，走近自然，创作了一系列表现自然生态环境中鸟类与四足动物的优美画卷。在这里，让学生通过创作多姿多彩的植物画面，重走奥杜邦的足迹。

教学目的：1. 观察大自然，特别是植物；2. 详细记录植物的构造。

艺术目的：1. 创作表达自然景色的水彩画；2. 学会运用水彩画的技术。

社会情感目的：同伙伴分享水彩画，相互交流学习心得。

活动：其一，给学生提供水彩画用纸，带领全班学生走出校门，一起去有植物与树林的地区散步。要求学生观察周边的自然景色，记下自己感兴趣的植物。他们通过水彩画，记录植物的特征。如果可能的话，应当选择茎、叶、花、球根、根，来做标本。一旦发现标本，可坐下来进行描摹，可能的话，把它带回教室。倘若两者均难以办到，亦可用数字照相机把它拍摄下来。其二，学生应当在水彩画的用纸上，记录自己的名字、日期、观察的场所、植物的分类。在大体认识了植物的结构之后，应使用软质铅笔描摹其整体的样貌。当他们敏锐地观察之后，就可以详尽地把握叶脉、花瓣、茎上的毛与刺，以及枝杈的状况。他们应当原原本本地素描植物，而不是想当然地描画。然后是作水彩画。他们应当学会着色——从最亮到最暗的色调，应当避免使用黑色（素描没有必要着色）。待绘画干了，学生（全班或分组）围绕植物的话题，展开关于学到了什么，画素描植物有什么感受之类的讨论。

评价：学生先围绕各自的素描，展开评论，然后讨论"当画素描自然景物时，是否把握了其独特之处"。

材料：水彩画用纸、软质铅笔、可供描摹的自然标本、水彩画具（或彩色铅笔）、盛水的容器、画笔。

【例五】数学——初中3年级—高中1年级"几何学领域的探究"

这个活动有助于揭示如何把数学应用于现实世界（这里指的是几何学）及其艺术性的项目。教师可视学情，调节活动的难易度。获悉有哪些学生在校外就认识了形形色色的几何图形的情况。

教学目的：1. 认识不同的几何图形并赋予其名称；2. 把包括在校外看到的含有几何图形的对象，逐一进行拍照。

艺术目的：认识几何学对艺术作品的创作有怎样的贡献。

社会情感目的：同伙伴分享照片，讨论几何学的应用。

活动：全班学生一起温习几何学的术语——诸如，圆、圆柱、球体、正四角锥形、棱柱、锥体、弧、三种三角形（直角三角形、等腰三角形、等边三角形）、多边形，等等。每个学生用数字照相机把现实世界中的几何图形拍摄成照片。比如，交通标识塔是锥体，"停"的标识是八角形。在建筑物的结构中有大量的几何图形。目标是，在规定的课时内收集大量不同的几何图形，最后把照片输入电脑中，并分别说明各张照片是怎样表现独特的几何图形的。全班学生或拥有兴趣的学生聚焦某一个主题，进行精选。比如，一定会有在体育运动、建筑物、自然界和艺术作品中发现几何图形的学生。

评价：倘若学生记住了形形色色的几何图形，无异于项目学习与特定的累积式进步状态的一种体现。可采用形成性评价。

材料：几何术语的测验、可能的话每个学生配备数字照相机。

【例六】数学——初中3年级—高中3年级"千年壁画"

这种数学教学明确地体现了数学的实际应用。共同体的指导者要规划公共服务、建筑、城市规划、交通网络，就得理解城市的人口在未来将会发生怎样的变化。

教学目的：1. 绘制表示相关性的图表并进行解释；2. 理解系数的表述方式与概念、相关领域与取值范围，以及系数方程；3. 他们所在的学校、城镇与城市的人口估计；4. 了解不同民族集团与年龄层在20世纪的人口变迁，推想未来世纪的人口变化。

艺术目的：1. 懂得壁画是怎样绘制出来的，欣赏有名的美国壁画；2. 应用这种知识与境脉化的知识，分析艺术作品中的内容与观念是怎样被使用的；3. 作出特别的艺术选择。说明在创作过程中进行的选择，体现了怎样的艺术意涵。

社会情感目的：1. 体悟共同体的多元文化特质，认识到在多元文化的融通中获得成长的道理；2. 认识各自的观念、解释与行动给整个共同体带来的影响；3. 认识到大凡永恒的艺术作品的创造都是协作的最终选择的结果，拥有永恒的魅力。

活动：学生探讨学校的人数，或者20世纪以来共同体的人口演变，从而把握长期的人口结构——民族构成、年龄范围、巨变事件。从这种讨论与探讨中，可以作出下一世纪人口统计变化的预测。学生结对进行活动，确定采用怎样的记录数据来加以图表化。通过讨论，可以引出涉及人口变化的历史与未来的整体图景的结果。同时，全班描绘一张用不同于传统版式（比如，用人物形象来替代传统图表上的线条）的图表，来表达这种信息。他们采用多种方法来表达最终的设计，讨论、选择绘画色调与类型，在最终阶段（容许他们耗费大量时间）涂上壁画的色调。这是设计者转换表达方式的关键所在，借以逼近壁画的探讨。其结果是可以节省大量的时间与精力。学生使用画布来创作壁画，便于在校园随处张挂。壁画的大小也值得考虑。倘若太高，需要脚手架和梯子之类，安全性存在问题。宜根据学生的年龄特征与特定状况做出调整。

评价：整个项目学习可采用形成性评价。项目终结时，学生应讨论怎样使用综合的信息来制作图表；应能解释多种类型的图。宜采用面试与笔试两种考试方式来进行评价。

材料：纸、笔记本、铅笔、标签、蜡笔（打草图用）、墙壁和画布、适当的涂料、塑料垫布、打扫用碎布块、画笔、两脚规、比例尺，投影仪，等等。

【例七】科学（生物）——初中3年级—高中3年级"它是活的：用造型素材制作人体骨架与组织形态"

高中生喜欢形象与视频。他们沉迷于妖魔鬼怪的魔幻世界及其描述，赋予恐怖的妖怪多重的人格。年轻人对震撼性效果带有先天的免疫力，如痴如醉，从中获益。他们从眼花缭乱的视频中知悉了千奇百怪的吸血鬼的血型差异，而这些在教科书中是难以寻觅的。为了创作兴趣盎然的、对话式的、富于创意的"人体解剖与组织"单元，就让他们借助吸血鬼的视频来展开活动。

教学目的：1. 定义人的躯干与手足的主要骨骼与骨骼组织的特点；2. 定义并理解肌肉组织的解剖学与组织特点；3. 确认人体的主要肌肉；4. 确认并理解脊髓、内分泌系统、心脏与心血管系统、淋巴系统、循环系统、呼吸系统、消化系统、神经系统。

艺术目的：视觉艺术——1. 通过艺术创作过程中的好奇心、兴趣的范围、记忆力、复杂性、艺术意图的融汇，践行自我表达；2. 确认审美选择的逻辑依据；3. 协助他人的工作，或者根据推崇的评价标准作出评价，支持艺术发展的结论与判断；4. 在艺术分析中，利用描述性语言与多样的表达方式，解释艺术作品的意涵与目的。

社会情感目的：1. 在要求对某种选择作出说明之际，富有自信而又留有余地；2. 在创作之际，能在技能上相互协助，并在此过程中心照不宣地作出支援。

项目——这是一个内容广泛的项目，要求相当多的计划编制与日程安排。归根结底，是制作人体的形状。该项目有助于理解骨骼结构。创作中枢神经或周边装置——神经系统（包括主要的穴位在内），可以使用庭院喷水的水泵和约莫 0.64 厘米的塑料管，借以表达复杂的循环系统。在这里，创造性过程是不可或缺的。由于项目内容的多样性，教学计划由 4 个模块组成，亦可视情形做出调整。该项目起初每周 1 天，临结束之前，每周 3—5 天。

活动步骤：

模块 1：运用教科书、讲义、录像机，向学生提示人体的组织与内脏；运用造型素材介绍美术创作的概念；进而在网络上展开研究，了解饶有兴趣的不同艺术作品的面貌。他们把所有的作品记录在笔记本、电脑和手机上，笔记的记录是持续性的，就像科学家那样，学生应持之以恒地做记录。

模块 2：要求全班探讨造型素材美术或组装美术。让他们回答对怎样的艺术作品感兴趣，为什么；探讨材料的改进与再利用的优点。可能的话，聘请专业领域的专家，举例说明作品的制作过程。全班进行创造性过程的解读与讨论，让他们归纳探讨的见解，用文字记录下来。整个班级进行分组，确定制作人体骨架（塑胶）的方法。他们会讨论用什么材料能做出骨骼（是木材还是塑胶?）；用什么来表现肌肉组织（泡沫塑料?）；用什么来表现主要的内脏（心脏用时钟?）；回收的配管与罐头用来做消化系统？使用集中造型材料的集块，来制作脑、目、耳，如此等等。再同别的小组进行交流，决定什么是制作酷似人类生物模型的最佳素材。他们应当借助日常的笔记本或者电脑进行素描。在表述所有材料与对象的素描中，描述他们准备怎样来表现骨骼与内脏；怎样来组合（这里需要注意的是，骨骼必须做成能够动的）。当然，还需要注意安全，可以跟社区的百货公司取得联系，时装店或许能够提供人体模特道具之类的东西。

模块3：班级收集了造型素材之后，需要加以系统地梳理。可以考虑由1—2名学生运用电脑制作部件记录表；其他学生则2人为一组，持续记录小组的工作。这样，学生就能够解释各个部件的功能与目的，以及同其他部件之间的交互作用。

模块4：全班同学做出人体骨架的艺术表达的最终方案，开始组装。学生最好是2—4人为一组来展开工作。各个小组分别负责组合整个形体的一个部件，比如，手腕、脚、耳、躯干。局部的部件组装一旦完成，就可以进行整体组装，并追加部件（组织、内脏、静脉，等等）。项目的单纯化或复杂化，当然取决于教师的引导。

评价：学生分个人与小组进行作业，描述形体的特征性部件与功能。作为教师可以根据真实性评价的格式记录或某种方式的记录，做出评价。在这里，传统的考试或许不再需要了。

材料：电动钻床、锯子、螺母、螺栓、绘画、铁丝、细丝、涂料，等等。

在上述案例中，作为评价方法特别强调了两点：其一，运用加德纳的多元智能的视点——语言的，逻辑—数学的，音乐的，身体运动感觉的，视觉—空间的，博物学者、人际间、个人内，进行全面检验。其二，运用布卢姆的认知过程的维度——记忆、理解、应用、分析、评价、创造，进行全面评价。

爱因斯坦（A. Einstein）说："我们能够体验到的最美妙的经验是不可思议的，它是从真正的艺术与真正的科学共生的地方奔涌出来的基本情感。"[19] 从 STEM 走向 STEAM，典型地体现了爱因斯坦这一跨学科教学的思想。斯坦福大学的艾斯纳（E. Eisner, 2002）进一步告诫我们，艺术教育有助于养成如下八种素养（能力）：1. 关系性认识。音乐、语言或其他艺术领域中创作的作品，有助于儿童认识到一件作品的构成要素在很大程度上是相互影响、相互作用的。这种技能也有助于生物学的认识——在一部分生态中的局部变化是怎样影响到其他部分与系统的。2. 发觉微妙的差异。艺术有助于儿童学会发现微妙的差异，大量的视觉推理，介入微妙的意义差别、形状、色彩，能在不同程度上满足艺术作品。写作也是一样，关注语词运用的细微差别，运用暗示、讽刺、比喻是必要的。这种技能有助于科学家对非科学家做出高难度抽象概念的解释。3. 有助于获取课题的多元解决与疑问的多样答案。问题的解决可以用不同的方法。学校过分强调了聚焦一个标准答案的教学，然而在现实生活中最困难的课题解决所需要的是，考察优越性不同的多样的解决选项，衡量各种解决方案的利弊得失。4. 应变能力。艺术活动有助于儿童认识并追求当初未曾思考到的目的。学校教育把目的与手段之间的关系过分简单化了，艺术有助于发展儿童适时改变目的的智慧。5. 允许不合规则的决断。运算中有规则与可测的结果，但在许多场合存在着不受规则支配的例外。在没有规则可循的状况中什么是正确的、如何出色地工作，取决于个人的判断。6. 凭借信息源发挥想象力。艺术有助于提升儿童的情境视觉化能力与权衡计划性行为的适切性。7. 允许超越边界的活动。这种跨界活动不存在仅限于单一的目的（语言的、数学的或视听的）为手段的结构。让儿童把艺术作为跨界的手段，可以为他们提供发现有效地激活跨界方式的机会。8. 从审美的视点出发编织世界的能力。艺术有助于儿童设计崭新的方法，从诗意的角度编织世界。[20]

当然，这里的 STEAM，也有称之为 TEAMS 或者 STEMA 的。这就是说，除了把"艺术"视为 Arts 之外，也有被界定为"应用数学"（Applied Mathematics）、"人文教养"（Liberal Arts）和"艺术与人性"（Arts and Humanity）的。借助 STEM 与艺术

（A）的融合，有助于改变儿童的心态。在 STEM 中往往会出现挑战性活动鲜有进展的儿童，这是因为他们持有僵化的心态。不过，德韦克（C. S. Dweck）的研究证据表明，由于脑具有可塑性，教师可以"通过适当的教育影响与环境设计，使得儿童从僵化心态转向成长心态"。[21] 这就是说，把他们置于挑战性的、激励性的、有内在动机作用的环境：1. 教师相信，儿童之间能够相互理解，相信每一个儿童的价值与潜能。2. 课堂中的每一个儿童必须负起一以贯之的班级运营的责任。3. 儿童是在独立性与自我认识的增长联动中得以学习的。4. 儿童必须是相互协作者，相信班级里的每一个儿童能够掌握最本质的内容。5. 课堂的主要目标不是每一个儿童同他者竞争，而是儿童发现自身的成长。6. 教师设计不同的教学方法，旨在制定让儿童优质地展开挑战的计划，切实地支援每一个儿童能够达成目标。7. 所有儿童公平地从事富于兴趣的、有魅力的课题，而所有这些课题必须基于高水准的要求。一言以蔽之，嵌入艺术与人文学科的跨学科教学的设计，有助于促进学校、课堂、一线教师与承担艺术教学的艺术家之间的协作文化；有助于消弭学习者内心与学习者之间促进社会文化的障碍。在众多设定的境脉中相互学习的公共经验，也是增进多元文化理解、促进思维方式碰撞，形成有意义学习的舞台。

"人类在本质上是一种社会的动物，尤其在社会性的交互作用中拥有着最活跃的脑的领域。正是这个领域，使社会情感得以发生"。[22] STEAM 的设计与实施告诉我们，学校教育中的所有学科都有其不可替代的独特的价值，同时着力于打破分科主义的束缚，强调科学与艺术的融合、认知能力与非认知能力的统整。这是实现新时代学校教育目标的必然选择。

三、日本的案例：从"合科学习"走向"综合学习"

瑞士教育理论家和实践家裴斯泰洛奇（J. H. Pestalozzi）传承卢梭（J-J. Rousseau）的教育思想，注重儿童的直觉与自发性，首倡"生活即陶冶"的理论。所谓"生活即陶冶"意味着生活本身即蕴含着发展人的力量与价值。日本受"新教育运动"的影响，19世纪20年代初展开了以"生活教育"为中心的"大正新教育"改革运动，奠定了当今日本"跨学科教学设计"的传统，其典型代表就是"生活单元"与"合科学习"。1907年就任兵库县明石女子高等师范学校教师兼附属小学事务主任的及川平治，批判日本传统的"分科课程"，倡导"生活单元"（经验单元）课程，小学低年级实施"生活大单元"，小学三年级以上在学科框架内，编制"生活单元"。1919年就任奈良高等师范学校教师兼附属小学事务主任的木下竹次，立足于"学习即生活"的原则，倡导小学所有年级实施"合科学习"——低年级"大合科学习"，中年级"中合科学习"，高年级"小合科学习"，借以培育"自律性学习者"。[23] 日本"综合学习"的理论与实践着力于回答的课题是，如何认识渐次拓展的人际关系与社会生活，使人得以成长起来。日本学者川合章对"儿童生活"做出的界定是：第一层，"衣·食·睡眠·排泄"之类的基础性日常生活活动；第二层，驱动全身心的"游戏·工作·运动"之类的实践活动。这种活动有助于丰富同辈关系、培育积极性与能动性、形成价值观。第三，语言、数学、科学、艺术等学科课程。在现代社会里由于第三层膨胀、第一层和第二层受到轻视，从而引发了一系列儿童身心发展的问题。[24]

日本自20世纪80年代开始，针对堆积如山的"丧失学习"的教育问题，倡导"综合学习"，集中反映了日本教育界的变革意识——学校教育必须"因应儿童的需求"进行根本性的变革，开始了"综合学习"的实践与创造。1989年开设"生活科"，1998年新设"综合学科时间"，分别经历了30多年与20多年的岁月。日本文部科学省于2018年颁布新修订的《学习指导要领》（小初高分别从2020、2021、2022年开始实施）中规定"综合学习时间"的内容与目标，即围绕"探究性课题"——跨学科的综合性课题、基于学生的兴趣爱好的课题、因应社区与学校特色的课题展开探究，培育如下的更好地发现与解决课题的能力与素质。这就是：1. 在探究过程中，掌握课题的发现与解决所必需的知识与技能，形成相关课题的概念，理解探究的意义与价值。2. 能够从现实世界与实际生活的关系出发，发现问题，提出课题，进行信息的收集、整理与分析，再加以归纳与表达。3. 主动而协同地展开探究，同时，发挥彼此的优势，创造新的价值，培育创造更美好的社会的态度。[25]

那么，多年来日本的"综合学习"实践究竟给学校教育与儿童学习带来了什么？换言之，日本的"综合学习"究竟积累了哪些经验与特色呢？日本的"综合学习"是以儿童的生活与经验为基础、超越学科的框架而展开的学习。"综合学习"的主角是儿童，不用现成的教科书，没有事先预定好的教师教授的内容。探究的课题是基于学习者"想知道""想解决"的意愿而设定的，从而在探究中形成超越学科的广域性。一言以蔽之，"综合学习"就是把儿童学习的需求、指标与成绩加以"可视化"，从"学习者中心"的角度，创造教育实践。

（一）因应儿童的学习需求

1. 儿童学习的开始——从惊讶与发现中产生的"问题"

当儿童拥有了富于情趣的生活、热切交谈的伙伴之际，就会意气风发地展开学习。教师就可以断定，这样的儿童确实变了。东京都町田市的一所私立学校处于多摩市与川崎市的交界处，该校以注重自然环境著称，校园里保留了一片郁郁葱葱的杂木林。竹内老师执教的 1 年级有一名调皮捣蛋的 K 生，通过游戏教学活动，K 生与同伴于教学实践中构筑了温馨的互动模式——K 生的显著变化是从"认识秋季的昆虫"开始的。[26]

一天，K 生把螳螂带进教室，竹内老师想让同学们观察一下昆虫捕食的情形，带来了大小不一的蚂蚱，还有一些同学带了蜘蛛来，老师对带昆虫的同学称赞了一番。同时，让学生围绕"昆虫吃什么"的问题展开讨论，归纳了出现的四种说法——"吃草和树叶""吃水果与果子""吃别的昆虫""什么都吃"，学生相应地分成了四个小组。在休息时间里，K 生同一名同学去图书馆查找了相关资料。

孩子们比预想的要兴奋得多，所以竹内老师决定把"生活学习"（综合学习）持续下去。在讨论"螳螂的食物"的时候，K 生说："吃蚂蚱"。于是，将螳螂与大小不一的蚂蚱放进一个饲育水槽中，看看会发生怎样的情形。讨论中提出了两种观点——"全部吃掉""吃小东西"。不过，在他们观察的时间里，它们纹丝不动，并没有持续捕食的场面。但在同学们写下的《感想》文中，依然表现出了"惊讶"与

"兴奋"。

第二天一大早，几个同学匆匆跑进教室说，"老师，好像吃了呢!"竹内老师表扬了他们，说"很好! 观察细致。""生活学习"的教学让他们充满了乐趣。其实，在前一天放学之后，竹内老师就发现了一只螳螂捕食蚂蚱的情景并拍下了照片，准备用于今天的教学。上课伊始，儿童观察完螳螂捕食的照片之后，讨论昆虫的食谱，并由此构成了食物链的金字塔。当议论到"螳螂肚子里的东西"的时候，K 生提出了新的问题——发现"不可思议的生物"——那是铁线虫，螳螂腹中的寄生虫。提问接二连三，K 生一一作答。K 生的兴趣同班级同学的兴趣关联起来了。

这种昆虫的教学过程给我们提供了如下的启示：其一，有话可说、有情可抒的生活。亦即，对儿童而言是一种充满惊异与发现的生活。其二，有对话的场域，有共情的伙伴。所谓"对话场"是指能够自由自在地表达自己见解的场域；所谓"共情"是指对发言者的惊异与发现，提出具有共鸣的疑问或者不同的见解，意气相投。其三，儿童自发的学习是在同他者的交互作用中，从问题发展为深化新问题的过程。保障这种"儿童的学习"的教育，是培育能动的、主体性的学习的基础。

2. "原体验"：儿童学习的基石

私立和光鹤川小学的教学设计重视"原体验"的三种力量，这就是："探究、理解力（惊异·发现·钻研）；社交力（游戏·发表·对话）；行动力（制作、饲养、栽培、烹饪、表演等）"。所谓"原体验"亦即"原初的体验"（或叫"原型体验""有价值的体验"），是以触觉、嗅觉、味觉为基础，重视包括视觉、听觉在内的五官的"直觉体验"。[27] 按照辞书的界定，它是在其人固化自身的思想之前的经验，是对尔后的思想形成会产生巨大影响的要素，是塑造人、作为人来培育的根基的原初的体验。这样看来，所谓"有话可说、有情可抒的生活"，对于儿童而言，亦即充满惊异与发现的生活，而重视"原体验"的教育实践便构成了"有话可说、有情可抒的生活"——"综合学习"。

静冈市立北沼小学的增田敦子老师的"游戏：无尽的发现"（1 年级）就是体现这种教学实践的案例。谁都懂得，儿童的认识过程是从直觉的感性概念发展到理性概念的。增田老师认识到，从直觉到科学——重视直接体验，无异于培育认识事实之芽。因此，在她的教学计划中作为初夏的活动，策划了三种学习——"漫游湿地""观赏河川""泥塘摔跤"。一个雨天，在校园的一角显现出一座泥塘。孩子们穿上游泳衣，尽情地在泥塘里扭打和摔跤。将这些看似"粗野"的活动作为学校的教育活动，是弥足珍贵的。平日里看似"温文尔雅"的孩子，骤然间变得虎虎生威，成了一个个活脱脱的泥人。游戏，使得儿童的身心获得解放，活跃了"学习"，发现了"湿地、河谷、岛屿的水的温差"和"流水的力量"，培育了"认识事实之芽"。在增田老师看来，这种"原体验"将成为尔后 5 年级理科"流水"教学的基础。[28]

这样看来，"综合学习"绝非止于单纯的体验，而是要求提供这种体验背后的事实认识、知识（概念）以及洗练的方法。把"原体验"置于学校教育视野的综合学习就是一种"原体验教育"。在这种原体验教育中题材的选定极其重要。这种"原体验"是基于活动的目的、选择"素材"、使用"工具"（材料、燃料、容器等）、运用适当的方法，产出"目标物"的诸多因素，借助如何设定课题的意识，而得以形成的。可以说，研究的重点在于"如何从三个视点——儿童所生活的社区（该场所）、时间点（该时刻）、儿童的兴趣所在（该班级儿童的发展课题）——出发，来选定典型的教材、题材和场景"。[29]

（二）培育儿童的科学见解

那么，在这种着眼于"原体验"的教育实践中，有着怎样的"见解、意见表达和行动"得以相互链接的可能性呢？这里，试考察一下日本冲绳县竹富町的西表岛的"综合学习"——"山猫"的教学实践。[30]

在西表岛上栖息着珍奇的冲绳山猫（登录"世界自然遗产"），推测有 100 头左右。不过，其生存状态由于舟车社会与观光产业的进展而濒临灭绝。根据"山猫学习"的教学设计，设想由三个层面的教育活动组成：1. 同西表岛·竹富町·冲绳的自然（动植物）相遇，实施校外的探究活动；2. 从儿童的视角，探索这些西表岛的自然（动植物）同产业、文化、人类之间的关系；3. 从儿童的视角，思考自然

（动植物）同产业、文化、人类之间的共存之道，发表见解、发出信息。在同学校的学科教学链接的综合学习中，其中后两条是基于先行的学习，围绕生物与人类共存的课题、表明见解与应当采取的保护环境的行为，向家长与社区的人士提出来。可以说，这部分是激活知性探究与协同学习，以及作为未来主权者的见解表达的一种新型学校教育。

整个教学从 9 月开始至 12 月的学习汇报会为止，包括语文、音乐、课外活动时间在内，共进行了 35 次活动。活动进程大体由如下内容构成：

同"熟悉而又陌生的自己"相遇——邀请山猫爱好者、摄影家横冢真己人做专题演讲，让孩子们回忆西表岛的自然风光，再围绕能否讲述山猫的情形，进行自问自答："山猫即便在晚上，也能像白天那样看清东西""能捕食比自己大的动物""爪子长了如何""寿命有多长""奔跑的速度有多快"，等等。

探讨山猫之所以是山猫的本性：深度学习的诱惑——乘坐校车赶赴环境部管辖的"西表野生生物保护中心"，听取高山雄介局长（西表岛支部保护基金事务局）关于山猫的特征、猎物的报告，了解到山猫被车辆碾死的案例、不惧怕人等故事，由此引申出诸多新的问题，诸如，"山猫吃骨头之类的东西吗？""能否游到附近的岛屿？""山猫的地盘究竟有多大？""有毒的东西也吃吗？"诸如此类，提出了即便成人也未必想到的问题。在从中心出发的归途上，一位同学发现了山猫的粪便。于是，全班被分成三个小组，展开粪便分析。他们发现，粪便中残留着各种未消化的食物，有骨头、爪、鳞、鱼、毛之类。"这是什么？什么？"——热烈的讨论、种种的推测，此起彼伏。通过这种讨论会，儿童不仅认识了山猫的外形，而且把山猫的生活习性与生态环境也具体地刻画出来了。借由粪便的发现，抓住了山猫的食性——"能吃超越了我们想象的各色各样的食物"这一本质属性的事实。

年终的学习汇报会——这是儿童通过探究、调查、学习的总结过程，是培育学习主体性的名副其实的"综合学习时间"。

（三）克服教学与生活相脱节的状态，实现"真实性学习"

在传统的教学中即便让学生掌握了"作为信息的知识"，也不过是"死的知识",这种知识在现实生活中是派不了用场的。唯有借助"真实性学习",才能形成"活的知识",培育学生的"生存能力"。真实性的问题得以产生、并同探究联系在一起的,是在问题解决对儿童自身而言成为"真实性需求"的时候。因此,重视实物、事实、真实的事物的"真实性学习"是必不可少的。"综合学习"就是这样一种学习。"综合学习"指向的是,跨学科进行综合性、多视角的考察与思考,促进知识的结构化,实现"深度学习"。当然,"探究"并不限于跨学科的体验性学习,还需要把"探究"的见识还原于各门学科,展开运用学科知识的"探究"。以高中的"综合学习"为中心的社会参与和社会贡献,成为提升学习素质、提升社区活力的源泉。

1. 超级全球高中与探究活动:从社区走向世界

日本文部科学省于 2014 年部署了 56 所"超级全球高中"(Super Global High School, SGH),形成旨在培育全球领导人物的学校教育体制,倡导探究性课题解决的学习。金泽大学人类社会学域学校教育学附属高中就是这种"超级全球高中"之一,早在 20 多年前就率先实施了"综合学习"。在成为"指定校"之后,着力于社区课题的解决,谋求深化课程内容的探究活动。该校地处金泽市娴静的住宅区,是一所以培育独立自治精神、自主自立为传统著称的学校。[31] 在构想"从北陆培育改变世界的全球化精英人才"的名义下,在金泽大学全方位的支持下,其提出了刷新学校课程的目标:① 基础性教养;② 课题应对能力;③ 英语会话能力;④ 全球化精神;⑤ 领导力。作为超级全球高中研究开发的支柱,实施四个课题研究。这些课题研究运用"综合学习"时间,从 2014 学年度开始,"综合学习"的学分从 1 个学分增加至 4 个学分。

"综合学习"不同于"学科教学",重要的是聚焦论题,以提升社区及其居民的生活质量为目的,梳理社区的课题与问题,探讨振兴社区的具体案例,凝练自己希望投入的课题研究。然后根据各自的课题,由 3—5 名学生为一组,正式投入社区课题的研究。课题确定之后,分组归纳"现状分析""振兴方略的案例调查""班组的提案与具体案例、设想的结果"。调查必须附有相关的网络资料和文献、采访记录问卷调查和心得体会。然后进行现场观摩学习，拜访积极参与社区振兴的人士与组织。对于高中生而言，接触致力于社区振兴的人士，多视角地看待课题，是深化探究活动所必需的。在课题研究过程中组织汇报会，各组之间会提出疑问，发表者会披露自己的思考过程，陈述取舍选择的理由。学生们根据四个指标——"调查力·逻辑建构力·表达力·协作性"，记录感想，彼此展开评价，最后由教师做出口头评价。教师的点评至关重要，可以让学生重新认识自己的优点，明确课题。"综合学习"效果的关键在于教师的"信念"——"探究学习"同学生未来的生存能力息息相关。今日的"社区学习"是同明日走向亚洲、走向世界，联系在一起的。

2. 跨学科的探究学习

石川县立金泽泉丘高中是日本的一座"超级科学高中（Super Science School，SSH）"（从 2003 年度开始）和"超级全球高中"（从 2015 年度开始），一直致力于文理融合的探究学习。该校以"心身一如"（禅林用语，身指色身、身体，心指心灵、精神。即肉体与精神为一体不二者，乃一体之两面，身即心之身，心即身之心。亦说"身心如一"）为校训，拥有 1 199 名学生（1 个数理班级、9 个普通班）的先锋学校。[32] 该校采取的具体措施如下。

其一，借助"量规"激励学生的学习志气与热忱。超级科学高中的实施旨在培育开拓未来的国际科学技术人才。学生自主规划运营的超级科学高中委员会和通过未来研究室展开的自主探究活动，激发了对科学技术的兴趣爱好。由于真实性课题的多样性与广幅性，需要以质性的专业性解释与判断的方式来进行评价。该校编制的"量规"（Rubric），就是借助若干阶段的尺度与各种评分、评语的表述，来衡量学习成功度的一种评价方式。功能不同的三种量规，引导学生能够主动地学习，从事规划、谈判、运营的活动。愿景量规通过 4 个阶段来显示未来的前景，归根结底是描绘未来人才的形象。这样，这种量规不再是单纯的评价，同时也勾画了作为未来的研究工作者与技术工作者必备素养的蓝图。长跨度的量规借助三个视点（探究、思考、行动）、八个等级的评价，基于各自的项目学习，累积式地进行。量规能把"学生的学习究竟达到了怎样的程度"加以可视化，每个单元编制的量规能够引导学生对学业成绩、成果之类进行自我评价、相互评价、他者评价，还准备了日常也能具体运用的表格。

其二，以人工智能项目的名义，借助"吉格索学习法"，展开课题研究。各个课题小组制定并公布小组的研究计划，通过相互评价，反复去粗取精、去伪存真。数理科 3 年级生福田骏同学等 6 人组成的小组，以"用酸化亚铅（氧化锌）替代增感型太阳能电池半导体"作为研究课题，试制成功了比传统的色素增感型太阳能电池成本更低的、以酸化亚铅为材料的新型电池。福田早在小学时代就向往做一名科学研究工作者。他说："经过课题研究的过程，我深切感到信息收集的重要性。即便是经过验证实验得出的结果，其实也要有先行研究，也会耗费时间。况且，当先行研究与结果有出入，就会发现新的差异，促进深度思考。这是一种磨练研究者成长的体验过程。在研究中研究者也从各个小组的擅长领域，学到了不少东西。"

其三，举全校之力，整体设计"综合学习"。在为课题研究奠定基础的普通科 1 年级生的学习设定科目——SG 思维基础（3 学分）中，实施理科、史地、公民科、信息科的合作教学。围绕能源与环境问题、全球化课题，以文理融合的视点、采取演习的形式展开。在数学理科与人类科学（学校设定学科）中，实施理科、家政科、保健体育科、史地、公民科的合作教学。2 年级学生根据各自的志愿、通过选拔修习文理混合的《SG 探究》（2 学分，综合学习），学习全球化社会课题的解决。3 年级学生在《SG 探究运用》（1 学分）中，总结此前的研究，举办英语对话宣讲会，撰写作为政策建议的论文。超级科学高中推进室的教师前田学说："不同学科有不同的概念系统与思维方式，文理融合，无论对于学生还是教师而言，都会产生新的价值。"合作教学是重新发现自己所授学科的契机，将会促进学科教学新的变化。

日本的"综合学习"之所以能有声有色地推进，主要受到两股力量的支撑。一是"合科教学"的传统。日本自明治维新以来一直活跃着"新教育"——主张活动教育，尊重儿童的个性——的教育思潮。木下竹次强烈地批判传统的分科主义"切断、隔离"了尚未分化的儿童的生活，主张基于"生活单元"的"合科学习"。他的《学习原论》（1923）立足于"学习即生活"的原则，倡导培育"自律性学习者"的方法，进而展开"合科教学"的实践。他认为，"所谓学习原本就是混沌的、综合的"。因此，木下的"合科"不是单纯地将几门学科串联起来，而是要实现"全一的生活"。[33] 二是"教学战略"的转移。[34] 新时代的学校教育旨在培育新型的基础学力——"核心素养"，从"记忆型教学"转向"思维型教学"乃是势所必然。从"教学战略"的角度说，势必从"记忆战略"（记忆中心的教学）——死记硬背的应试教学，转向"自主调节战略"（自主性学习）——自己规定目标、制定计划、透过反思、调节自身学习状态的学习，以及"精致化战略"（网络型学习）——把新的知识同既有信息、知识与体验链接起来；同其他学科领域的信息、知识与体验链接起来，同周遭的社会现实乃至整个世界链接起来。透过"深度学习"，形成"核心素养"的硬核——"跨学科素养"。

无论美国的 STEAM 还是日本的"综合学习"，一个共同点是，冲破传统的学科边界，也不再满足于书本知识的授受，着力于挖掘可能的学习资源，让学生直面现实世界的问题展开跨学科的探究，这就大大拓展了学习的广度与深度。两者的切入点不同，但隐含的改革原理是一样的。具体地说，一是批判课本中心的死记硬背的教学方式，基于儿童的主体性与协同性，实现真实性问题解决的学习。二是批判划一的、抹煞个性的教学方式，扎根于每一个儿童的兴趣爱好、保障个性化学习的机会。通过上述一系列具体案例的考察，我们可以领略到基于"跨学科素养"教学设计的特质与价值，从中获得诸多实现课堂转型的经验与启示。

第一，"跨学科"意味着对传统"学科观"的颠覆。信息时代不同于产业时代的主要特征之一，就是传统的"分科主义"课程。它以"MESS"（数学、英语、理科、社会）作为"核心学科"，加上音乐、体育、美术等边缘学科的课程结构，难以为未来人才奠定坚实的基础，因此，"整体主义"（课程的整合）终将取代"分科主义"（课题的分割）。[35] STEAM 或"综合学习"正是反映这种趋势的典型代表。在这里，"跨学科"包含两层涵义。其一是，基于学习者的生活与经验、组织教学的生活教育与经验课程的思维方式。据此立场，从儿童的兴趣、爱好、愿望、需求出发，指向贴近生活的教学。这是一种儿童自身设定问题、探究问题的跨学科教学，其立足点，全然有别于学科教学的教学观与儿童观。其二，旨在更有效地达成学科教学的目标，推敲教学方法的跨学科教学，比如，国际理解、信息、环境、福利、健康等现代学习的课题，不是一门学科的框架能够容纳的。超越学科的边界，借助单元学习活动（合科式教学）的设计或是各门学科的教学相互交融（链接式教学）的设计，来促进多角度、多层面的理解。

第二，"跨学科素养"意味着对传统"儿童观"（发展观）的颠覆。具体地说，就是"学习"与"发展"的视点从"垂直维度"转向"水平维度"的变化。传统的学科教学论的背景是设定知识与技能的"阶段"与"水准"，旨在促进学习与发展的变化——实现从低水准向高水准的"阶段提升"，谓之"垂直维度"。而"水平维度"意味着实现"水平而垂直的跨界"的"情境学习"和"跨界学习"（跨越多层境脉的学习），求得"水平而垂直的发展"。这里面存在着这样一种发展观——在校内学习与校外学习之间存在多层境脉的场景：通过课内课外、线上线下相互交融的无缝学习，不仅习得"学科素养"，而且习得"跨学科素养"。这样，把"发展"视为"从特定的具体性水平向高阶的抽象性水平的阶层性移动"。[36] 换言之，意味着从依存于特定的具体境脉的状态，向掌握不依存于特定的具体境脉的状态——跨境脉状态——的过渡，有助于促进新的知性品质的形成。诸如，磨练应对复杂问题的思维技能，寻求深度的洞察与探究，挖掘新的见识，等等。

第三，"基于'跨学科素养'的教学设计"意味着对传统"教学观"的颠覆——传统的教学模式醉心于单纯的知识传递、个人的知识"存储"，或着眼于个体主义的能力发展。但正如莱夫、温格（J. Lave, E. Wenger, 1991—1993）的"合法的边缘性参与"理论所主张的，"学习"是一种"参与"实践共同体的过程，学习者在从"新参与者"（边缘）到"熟练者"（中心）的角色变化过程中不仅获得了知识，更本质的是实践共同体与学习者关系的变化，也是学习者自身在实践共同体中人格变化的过程。[37] 因此，把学校的教学任务归结为单纯的知识灌输，"育分不育人"是大错特错的。学科的或跨学科的教学都包含了学习者在交互作用中的知识建构问题，也包含了学习者在交互作用中的人格建构问题。借用赖格卢斯的话来说，就是借助"有效思维、有效行动、有效建构、有效达成"的超越学科边界的课程与教学的设计与实施，使每一个儿童获得珍贵的学习经验。他们从学校毕业出来，不仅拥有学业成绩的证明书，而且拥有实践历练的履历书。[38] 这也就是我国教育部自 2001 年以来一直倡导的从"知识本位"转向"素养本位"的"新课程改革"的真意。

参考文献

［1］［5］［9］［35］［38］　C. M. Reigeluth, B. J, Beatty, R. D. Myers. 教学设计的理论与模型：实现学习者中心的教育（第 4 卷）［M］. 铃木克明，主译. 京都：北大路书房，2020：9，415，125－126，16，126.

［2］　松尾知明. 学校课程与方法论：基于核心素养的教学设计［M］. 东京：学文社，2014：45.

［3］［14］［15］［16］［17］［18］［19］［20］［21］［22］　D. A. Sousa, T. Munegumi. STEAM 教育［M］. 胸组虎胤，译. 东京：幻冬舍股份公司，2017：5，16，90，90－91，116，175－221，1，18－19，49，27.

［4］　S. J ohnson, K. Taylor. 脑科学揭示的成人学习［M］. 川口大辅，长曾崇志，译. 东京：人类价值股份公司，2016：16－17.

［6］　A. Hansen. 一流的头脑［M］. 御舣由美子，译. 东京：森马克出版股份公司，2018：31.

［7］［11］［12］　C. M. Reigeluth, A. A. Carr-Chellman. 教学设计的理论与模型：走向共同知识基础的建构（第 3 卷）［M］. 铃木克明，林雄介，主译. 京都：北大路书房，2016：304，302－303，310.

［8］　C. Fadel, 等. 21 世纪的学习者与教育的四个维度［M］. 岸学，主译. 京都：北大路书房，2016：47.

［10］　布鲁纳. 教学变革：认知心理学与教育实践的链接［M］. 田文子，森昭敏，译. 京都：北大路书房，1997：67.

［13］　钟启泉. 课程的逻辑［M］. 上海：华东师范大学出版社，2019：88.

[23] [33]　钟启泉. 透视课堂：日本授业研究考略 [M]. 上海：华东师范大学出版社，
　　　　2020：31，30－32.

[24] [26] [27] [28] [29] [30]　行田捻彦，船越胜. 儿童自发的学习 [M]. 东京：新
　　　　评论，2020：360，356－359，361，362－364，381－382，383－386.

[25]　山本博树. 教师讲解的心理学 [M]. 东京：中西股份公司，2019：11－12.

[31] [32] [34]　田村学，广濑志保. "探究"之探究：有声有色的日本高中综合学习
　　　　[M]. 东京：学事出版股份公司，2017：70－77，154－161，19.

[36] [37]　青山征彦，茂吕雄二. 学习心理学 [M]. 东京：科学社，2018：82，53－54.

第三编

教学设计的展望

20 世纪后半叶，在哲学、心理学、社会学的领域中开始了摈弃支配知识与学习的近代实证主义、合理主义、行为主义原理的思潮；20 世纪 80 年代以降，这些领域实现了知识与学习向建构主义乃至社会建构主义原理的转型。在学校教育的领域中，教学设计也从"知识本位"转向了"素养本位"。"素养本位的教学设计"与"知识本位的教学设计"的根本区别，就在于前者"目中有人"，寻求"全员发展"与"全人发展"。

第十章 教学设计的新境界

"世事洞明皆学问，人情练达即文章"——我国古典小说《红楼梦》中的这副对联，上联指"智商"，下联指"情商"。可以说，最简约、最真切地表达了教育的功能与"全人发展"的意涵。真正意义上的"学习者中心"的教学设计关注"智商"的培育，同时也关注"情商"的发展，因为这两者是一个人获得人生的成功与社会的成功所必须的。本章以晚近哲学、心理学、社会学中受瞩目的三个概念——"社会建构主义""非认知能力""社会关系资本"为线索，探讨夯实"核心素养"发展的根基——"真诚的对话力""坚韧的向学力""互惠的亲和力"，为一线教师创造教学设计的新境界，提供一个参照点。

一、社会建构主义：真诚的对话力

（一）社会建构主义学习的特质与知识教学的原理

弗莱雷（P. Freire）针对传统教育的弊端——以为可以像银行储蓄那样大量地储蓄知识的"储蓄型教育"——展开了批判，倡导"对话的教育"。他认为，"没有对话就没有沟通，没有沟通也就没有教育。"[1] 社会建构主义教学设计的最大特质就在于借助"对话学习"，实现三个"深度"：其一，深度学习。旨在凭借自身的能力去理解概念、寻求意义，因此着力于把概念同既有知识与经验关联起来，以此来探讨共同的范式与原理。学习者通过验证证据、引出结论，以及缜密而批判性地琢磨逻辑与论述，得以深化自身的认知水准，同时对教学内容也会拥有更积极的关注与兴趣。这是同灌输碎片化知识的"浅层学习"决然不同的。其二，深度理解。理解是深度学习的基本特质。维金斯（G. Wiggins）界定的"理解"概念涵盖了六个侧面，即能说明、能阐述、能应用、能洞察、能共鸣、能觉知。著名课程专家麦克泰格（J. McTighe）揭示了"理解"的三个层次。最浅层次是事实性知识与个别技能的掌握；较深层次是可迁移概念与复杂过程的掌握；最深层次是原理与概括化。可迁移的概念与复杂过程、原理与概括构成令人经久不忘的可迁移的"永续的理解"。其三，深度参与。这里的"学生参与"涵盖了课堂内外所有学生参与的机会。"参与"存在不同的层次，从"非参与"到"浅层参与"再到"深度参与"。所谓"深度参与"就是达到"热衷""痴迷""忘我"的状态，"深度学习—深度理解—深度参与"是相辅相成的。基于深度学习的这一认识，我们可以把"能动学习"描述为两个维度的能动性，即"内在活动的能动性"与"外在活动的能动性"。[2] 由此，可进一步引申出如下知识教学的原理。[3]

原理一，基于儿童的既有知识。儿童不是以一张白纸的状态进入学习活动的。所谓"学习"是指，运用既有知识作用于世界，同世界交互作用，从而修正、发展自己的知识体系（概念）而进行的重新建构的知性活动。儿童拥有的知识体系往往谓之"朴素概念"，在"朴素概念"中存在儿童式的"错误概念"。不过，倘若将这种"朴素概念"视为"低水准"而"听之任之"，一心一意地教授"教科书知识"，那么，这种教授的"知识"也是不会嵌入既有知识体系之中的。儿童拥有的知识体系并没有得到修正性、发展性的重建，仅仅是停留于"语汇的声音与文字的记忆"罢了。因此，在教学活动中最基本的是操作情境、运用所掌握的知识。这样，通过同境脉的交互作用，当碰到不同于既有知识、不能做出反应与操作的困难之际，就可以通过问题解决而获得新的知识。这样，儿童的知识体系就能修正性、发展性地加以重建。

原理二，同成人的协作实践。儿童单靠一己之力尝试同世界展开交互作用，将不会形成有效的学习，也不可能建构同他者分享的知识体系。在儿童的知识（体系）的建构中必须依靠具有更丰富的知识体系的成人的支撑。儿童是通过同成人一起进行作业这一实践活动，来学习关于世界的新的知识的。就是说，需要经历系列的协作活动，诸如：1. 同成人分享境脉；2. 成人提示新的交互作用的方法；3. 在成人面前实际上做做看；4. 得到成人的认可，能够同成人一样做事了，等等。举例来说，孩子同父母在河畔散步的时候遇见天鹅，于是在该情境中父母说，那是"天鹅"。不久，孩子对父母说，看见"天鹅"了。不过，父母说"那是鸭子"。又过了一会儿，孩子说，"那是鸭子"。但父母说："不对，那是鹅"。如此这般反反复复，孩子陆陆续续得到父母的认可，能够区分天鹅、鸭子和鹅了。那么，儿童通过尝试错误，在头脑中建构了怎样的知识体系呢？该儿童起初从天鹅身上发现的知识，仅仅是色彩这一特征，接着展开一连串的识别行为是一种尝试错误。不过，儿童以父母的反馈作为线索，逐渐地关注颈的长短与叫声等其他部分，发现天鹅、鸭子、鹅的种种特征，从而建构了关于"水鸟"的知识体系。这样，儿童基于自己建构的知识体系，就能够同父母一样，识别"水鸟"了。儿童通过同成人的这种协同活动，积累社会经验，在自己的头脑中建构起能够同成人分享的知识体系。就是说，所谓"学习"是在成人的帮助下，尝试同世界展开交互作用，建构起自己的能够同社会分享的知识体系的活动。基于这种学习活动的特质，谓之"社会建构主义"。

原理三，作为行为规则的知识。社会建构主义所谓的"知识"，意味着各种事物与事件之间的连续与关联，诸如"做 A，就会成为 B""发生 A，接着就会发生B""从表面上看是 A，实际上是 B"。关于"水鸟"的知识体系（概念）是从识别天鹅、鸭子、鹅所必须的颈的长度与叫声的意义而形成的。在这里儿童是把意义作为行为的规则来运用的，比如，面对"转瞬之间被黑云覆盖的天空"的情境，就必须做出该有怎样的行为的应对——"暴风骤雨即将来临，马上进室内躲避"之类的行为应对。在这一点上，社会建构主义并不追究某种知识是否就是"真理"。重要的是，比如借助关于"水鸟"的知识体系，能够识别或者发现各式各样的水鸟，将其作为有效的规则来发挥作用。"知识"的价值就在于，旨在判断所直面的情境的性质与应当采取的行动，这能够作为一种规则而起作用。倘若知识是旨在情境的解读与判断、行动计划的制定与决定，那么，重要的是产生导致结果的目标的精准性。在这里，要求"知识"产生这种效果而追问是否就是"真理"是没有意义的。所谓"探究"不是旨在究明"真理"的活动，而是旨在解决现实世界的课题的活动。即揭示直面的困难情境的特质，思考有效而精准地达成课题的行动计划的知性活动。

原理四，作为现实世界的行动者的人。在社会建构主义中，人并不是基于认识"真理"的客观性而公正地进行观察的"观察者"，而是在现实世界的具体情境中作为问题解决的"行动者"。人类居住的世界是流动的，多种多样的问题会随时随地发生。能够应对所发生的问题，人类才能维持生存。为了持续地生存，人类必须解决所发生的问题。在当今时代，以联合国可持续发展目标（Sustainable Development Goals，SDGs）作为课题展开学习活动的学校在急剧增加。SDGs作为目标所提示的课题，全是需要思考行动计划，通过协同性探究去有效地加以解决的问题。以往的事例即便可供参考，但不限于"正解"，必须做出达到"最适解"的行动计划。人生存于现实世界，毫无疑问需要协同地思考，并且做出指向问题解决的行动，才能持续地生存。

原理五，基于"共识"的"最适解"。所谓"知识"是旨在同世界交互作用的"行动规划"。这样，"知识"的价值所显示的是根据该规划而做出的行动的结果。产生作为目的之结果，是有效的"行动计划"，就是有价值的知识。因此，知识的价值是同其活动目的相契合的。比如，木匠与伐木工人各自对"树木"的价值的看法是不同的，这并不取决于双方关于树木的知识——究竟哪一个是"真理"。木匠与伐木工人各自的活动目的不同，所需要的行动规则是不同的。因此，决定知识的价值的普适标准是不存在的。那么，人们分享的知识是怎样作为"分享的有价值的知识"来决定的呢？社会建构主义是基于人们的"共识"+"那样解释易于理解"（"那样表达易于传递""用那种方法实施，易于达成"）之类，得以分享知识的。就是说，所谓"社会积累的知识（体系）"是人们运用这些知识，同世界展开交互作用，这样通过"间主观"的验证而积累起来，产生作为目的之结果的精准性高，从而"共识"得以形成的知识（体系）。木匠分享旨在建造坚固的房屋的知识，伐木工人分享旨在营造美丽庭园的知识。所谓"知识（体系）"就这样在人们之间基于"共识"得以分享而形成"最适解"。不过，这种知识并非是最终的真理，"知识"具有借助人们的活动而得以修正与发展的可能性。知识体系不仅在个人内部，而且是在社会与共同体中也得以修正、发展，而加以重建的。人们进一步对基于精准性高的"最适解"有了"共识",知识体系才得以修正与发展。

归纳起来,在社会建构主义中关于"知识教学"强调了如下几点——知识是同世界交互作用的方法;知识是通过人们的协同活动而在个人的心智内部建构的;根据情境与行动的判断而使用的是"行动规则";人们基于"共识"而分享"最适解";人们是运用知识(体系),直面现实世界问题解决的"行动者"。

(二)对话学习:对话与倾听

"对话教学论"体现了旨在克服发话者基于"单向沟通"的单向意义传递而进行的理论建构。换言之,就是从发话者中心的"独白"转换为重视倾听的"对话"。[4] 对话教学意味着"主体性学习",所谓"主体性学习"是儿童能动地展开学习活动的形态,亦即儿童用自己的语言展开自己的思考与表达。无论成人还是儿童,只能用自己的话语来言说自身的体验。所谓"体验"是学习者自身同世界直接进行交互作用的个性化活动,而且是在用话语表达之前只有自己所能感悟到的一种状态。通过反思这种体验,梳理同对象的交互作用,作为知识(意义)得以明确、作为经验得以建构、尔后这种体验在类似的情境中能够有效地引导活动的知识,才得以建构。在这一点上,"体验"不可能原原本本地向他者传递。倘若没有适当的话语来表达,就不可能让他者明白。当然,通过绘画与图画、身体动作、手势等表达也可能传递。但不管怎样,倘若不反思、不能让对方明白自己想要表达的内容,就不可能传递自己的体验。这里需要重视如下三点。[5]

1. 用自己的话语来言说。在向他者表达自己的体验的场合,就必须在探索能够适当地表达的语言(绘画、图表、动作、节律)上,下一番功夫,独立地展开知性作业。借助"自己的话语"来传递彼此体验的感受,这是"主体性学习"不可或缺的"用自己的话语来言说"的能力。

2. 同自己的经验相链接的言说。儿童在围绕教材的信息同自己的经验相链接的场合,用"自己的话语"来说明自己的想法。特别是儿童自身围绕信息产生"自己"的直觉——诸如"能接受""能理解""能共鸣""感觉奇怪""我认为是错的",等等,在赋予信息以意义之际表达出来。儿童基于自己的经验而获得的直觉是非常重要的。当然不能停留于原原本本的直觉。为了获得这种直觉，重要的是立足于自己的经验进行反思，从中反思性地探讨信息的真假，完成有价值、有意义的知性作业。借助这种作业就能够拥有自身的思考，然后才能"用自己的话语"把它传递给他者。直觉性的发言植根于每一个儿童自身特有的经验，教师必须尊重儿童基于自身经验的个性化的直觉的发现。

3. 感悟生活的意义。直觉的发现是从经验的积累这一基础迸发出来的。丰富多样的经验的积累越多，迸发直觉性发现的态度就越高。自己想做什么、期待什么、关注什么、指向什么、为什么而生存——感悟生活本身是非常重要的。浑浑噩噩地生活是不会有对信息的敏感反应的，也不会有直觉发现的迸发。这样，"主体性学习"也就不可能开始。通过感悟到自身的生存方式，才能意识到种种信息对于自身所拥有的意义。归根结底，所谓"主体性学习"意味着用自己的话语来言说自己的思考。当儿童叙述自己的体验之际；当儿童联系自己的经验来言说之际；当儿童醉心于挑战活动之际，是"用自己的话语"来言说的。因此，形成"主体性学习"必要的基础是：五官受丰富的刺激而形成的体验、挖掘生活中的经验、保障向他者表述的活动。

对话性学习的前提是对话与倾听。社会建构主义学习的"学习"指的是，儿童相互交流思考，建构全员能够接纳的"最适解"的学习活动。学科教学不能仅仅满足于"知识点教学"。所谓"知识点教学"是一味追求碎片化的"知识内容"，忘却了把握"知识内容"背后的关系、结构的"方法论知识"。而欠缺了后者的教学，不能说是真正的知识教学。"倾听"是"对话"的基础，基于协同探究的"最适解"的建构这一学习活动是通过儿童的"对话"来展开的。在"对话"中参与者各自叙述自己的思考，一起相互推敲，指向能够取得"共识"的"最适解"的构成，思考（知识）得以辩证地提升——所谓"对话"就是这样展开的一种言说活动。

要使"对话"得以适当地展开并产生共识，就得充分地倾听，推敲彼此的思考。换言之，仔细地听取对方话语的"倾听"，成为一个前提。在对话中所谓"倾听"指的是：其一，适切地把握对方话语的逻辑、意涵、要点；其二，探讨该意涵的价值、缺陷、不足与可能性；其三，修正该话语中的提案，提出更佳的发展性提案；其四，洞察对方的话语背后所蕴含的某种经验与情感等对方所特有的意义世界，如何加以共情地理解，然后做出回应。[6] 这样，"倾听"包含了回应与提案。"倾听"是一种伴随高度的理解他者的能动性知性活动。一言以蔽之，所谓"倾听"是"一起思考，给予助力"。

对话的基础就是这样一种"倾听"彼此的话语，借助这样的相互倾听，对话才得以发展性地展开。要使得儿童"相互倾听"、展开"对话"，重要的是围绕什么、怎样进行"言说"。观察儿童的对话活动，仅仅是发表内容、单纯罗列事实的场合、或是照着稿子念、"照本宣科"的场合，听的儿童是几乎不会做出回应的。即便有所反应，也不过是"声音再大一点"之类的感慨而已，不会提出关乎内容本身的质问与发展性见解。不过，当发言者（发表者）联系自己的体验或生活中的经验、关注、情感，用自己的话语来言说的时候，儿童会迸发出活跃的回应。用自己的话语来言说，会使得听的儿童联想起自身的体验与生活。所谓"相互倾听"是发言者用自己的话语，基于自身的体验与社会的关注，亦即借助揭示自身的意义世界而开始的。"倾听"是各自生存的意义世界的相互展示与交流，而通过这种对话，彼此的意义世界或者局部是一致的，或者各自的意义世界相互刺激而发展，实现儿童各自的学习。对话是发言者展示自己生存的特有的意义世界。亦即，对话是通过"用自己的话语"来言说而开始的。

亚历山大（R. Alexander, 2008）对课堂对话的特质作了如下概括：1. 集体性——师生不是个别地、而是一起从事学习的课题。2. 互惠性——师生相互倾听、分享观念，从多样的视点理解事物。3. 支援性——学生畅所欲言，不害羞、不畏惧"答错"。彼此支撑，达成共识。4. 累积性——教师和每一个学生自身，致力于产出观念、展开思维与探究。5. 目的性——教师把对话性教学作为最重大的目标加以策划与运营。[7]

（三）培育"真诚的对话力"

社会建构主义教学设计最显著的视点就是培育儿童的"真诚的对话力"。所谓"对话力"就是多元文化之间的沟通能力，包括"倾听能力、归纳与重构能力、发信能力"，[8] 而这种对话力是借助"主体性学习"与"对话性学习"来培育的。在这里，一线教师应当具备培育对话力的基本认识。[9]

重视基于"困惑"的回应——"对话性学习"不是在"发言—举手—发言"那样井然有序的秩序中展开的，当然，也不是在"相互牵制""勾心斗角"之类的氛围下展开的。所谓"言说"，是说话者与听取者成为一体，协同地生成发言者的故事。就是说，发言者是在接纳听取者的回应中展开叙述的。因此，在对话中要求听取者做出回应，借以很好地引出发言者的叙述。就是说，发言者是通过听取者的参与协作而展开的。发言者接受听取者的帮助，同听取者一起讲述故事。在这一点上，来自听取者的瞬间发出的"困惑"起着重要的作用。"困惑"并不是对发言者言说的一种干扰行为，教师的重要工作是培育儿童适当的、能够帮助发言者的"困惑"。比如，1."厉害""不错""的确如此"之类的赞语式的反应。2."感到怎样？""看见什么了？"等把陈述内容加以具体化的询问。3."那么，而后"之类催促言说的手法。通过适当地做出这种困惑，发言者会感受到"大家在听取，给予了关注"。听取的儿童则能够感受到自己也参与到该叙述之中的一体感。在优质地展开对话的班级中，儿童彼此之间就能形成温馨的信赖感、相互关注与关照、激发协同学习的积极性。儿童相互听取各自的发言，彼此反思沟通的方式，就能超越教师的教学指导，自主地、有效地进行信息与方法的交流与分享，也有助于提升学力。借助彼此困惑、彼此回应的对话协同学习，在儿童之间形成一体感，就能统整地、高水准地实现对儿童的学习指导与生活指导。

求得理解与帮衬理解——通过自言自语的回应，还可以体悟到发言者对听取者的信赖感，以及听取者对发言者的贡献。据此，班级儿童之间温馨的一体感便会油然而生。这种班级儿童的关系一旦形成，就能逐渐地深化"对话"。就是说，能够彼此深化各自琢磨的思考。"哎？为什么这么说？""单凭这一点不足为凭""不能无视这一点"——针对各自思考的逻辑，共同地展开"琢磨"的"对话"。通过这种"对话"，儿童就得以建构高水准的"最适解"。在"对话"中"批判性思维"是不可或缺的，这里的"批判性"并不是意味着"否定性"，而是意味着"推敲"与

"验证"。要而论之，其一，不是否定对方的思考，而是旨在更好地发展思考、彼此理解各自的思考、围绕发现彼此思考的一致点而展开的。其二，即便揭示了不明确、不充分之处，也是共情地以"帮对方一把"的态度来一起展开思考，相互帮衬。故此，所谓"对话"是基于发现（分享）"更好的最适解"这一目标、以彼此之间的信赖感与真诚性而展开的协同性知性作业。

承认差异与"混沌"——在每一个人拥有的知识体系之间会存在某种程度的差异。"对话"就是以对方拥有部分不同于自己的知识体系、存在着有别于自己的固有的意义世界作为前提而开始的。在相互保留"混沌"、相互承认各自生存意义的世界之差异的基础上，基于真诚地致力于彼此洞察的共情的"相互理解"，"对话"才得以持续。"对话"当然是指向"相互理解"。不过，存在"理解的混沌"也是深度讨论的成果。重要的是，保留"混沌性"，真诚地持续展开"对话"。在对话的场合，彼此之间必须尝试"站在对方的立场上看看"。这样，就得洞察"对方是怎样考虑问题的""对方想要什么、因而那么主张"。在此基础上，探索彼此能够接纳的作为"最适解"的解决方略——这就是"对话"。就是说，所谓"对话"并不是指把拥有不同见解的他者视为"敌对者"，一味地加以压制与排斥。"对话"是把拥有不同见解的他者视为"协同者"，指向问题解决的方略，真诚地谋求"相互理解"，双方尽可能地指向"最适解"的建构的交往。因此，在对话性学习中必须尊重"透彻地相互对话"这一过程的经验。"对话性学习"不仅是求得单纯的思考力、判断力、表达力，而且必须致力于共情性的努力——把他者视为有价值的存在来尊重，彼此以最大限度的合作方式展开行动。对有别于自己的他者抱有"热忱"与"友爱"，培育能够真诚地"对话"的涵养。

二、"非认知能力"：坚韧的向学力

（一）"非认知能力"的界定

杜威教育论的先见性——杜威的哲学性课题是探明旨在解决 20 世纪初种种社会

矛盾的知性原理。随着 19 世纪后半叶急剧的工业化发展，在美国国内大型企业与弱小企业、工人、消费者之间的对立，旧移民与新移民之间的对立，成为深刻的社会问题。杜威针对当时正统派哲学旨在探明"真理"的主题，阐发新的哲学——探明旨在解决现实世界之社会问题的知性原理。杜威倡导旨在问题解决的方法论原理——探究。所谓"探究"是从"不确定状态"过渡到"确定状态"的周期性反复。[10] 探究的第一局面，从自己建构的知识体系出发，利用知识（意义），揭示问题情境的特质；探究的第二局面，使用知识（意义）问题，把它引入状态得以解决的情境并在高度的精准性中引出知识（行动计划）的设想。杜威倡导的"探究"是一种自我建构的知性活动。在杜威看来，人的探究活动是靠"开放精神""献身性""责任感"等卓越的"知性态度"，以及一以贯之、锲而不舍、不达目的决不罢休的"坚韧意志"来支撑的。就是说，认知能力与非认知能力是彼此不可或缺地结合在一起的。从这种观点出发，杜威倡导"作业"作为学校教学活动的原理。所谓"作业"是指儿童发现自己、感悟自身的价值，全身心地致力于问题的解决。杜威借助"作业"让儿童直面问题解决，亦即旨在培育"探究"所必需的优异的认知能力与良好的态度、意志力等"非认知能力"。

　　情商的倡导——人类的智能并不限于"认知能力"。一般所谓的"认知能力"，其一，指的是智力测验所测定的"智能"——能够又多又快地求得正确答案的能力，其二，指的是"学力"——能够在一定期间记住某种范围的知识、掌握问题的解法、并在学力测验中能够尽可能多地求得正确答案的能力。进而加德纳倡导的"多元智能理论"表明，人的"智能"并不局限于此，它是由多样的能力支撑的。在他看来，除了语言智能、逻辑数学智能之外，还有空间智能、音乐智能、身体运动智能、人际智能、内省智能、自然探索智能和存在智能。当然，所有这些智能全都优异的人是不存在的；反之，所有这些智能都拙劣的人也是不存在的。每一个人的智能都是作为这些智能的组合而建构的，并不仅仅限于作为"智商"的语言智能和逻辑数学智能之类可计测的智能。沙洛维和梅耶（P. Salovey, J. D. Mayer, 1990）把"情商"界定为"把握自己的情感加以适当地调节并利用的一种知性"。根据这个界定，"情商"指的是"认识种种情感的意涵及其关系，据此进行推测与解决问题的能力"。具体地说，包括四个下位的能力：1. 情感的感知——界定自他的情感、正确表达情感的能力；2. 情感的利用——产生有助于促进记忆与判断，促进思维的情感能力；3. 情感的理解——把握情感拥有的特征、情感与情境的交融，理解复杂情感的能力；4. 情感的管控——深度管控与调节自己与他人情感的能力。[11] 戈尔曼（D. Goleman）出版的《EQ：情商》（1996）是情绪性的"非认知能力"重新得以关注的一个契机。[12] 这是基于这样一个问题意识——"智商高的人未必成功、智商一般的人却能获得成功，那么，究竟是什么因素促成的呢？"他说，人的能力差异是涵盖了基于自制、热情、忍耐、意志力等的心理智能——情商使然。同时又说，情商是可教的，"借助 EQ 的提升，可以更丰富地发展儿童与生俱来的 IQ"。戈尔曼认为，在情绪与理性的交互作用之中，情绪脑或支援、或阻碍理性脑的思考，制约人们的判断。确实，情绪也会有种种不合理的作用，阻碍理性脑的思考作用，但也会对理性脑产生助力作用，引导课题走向成功。重要的是优化情绪的作用。"情商"高的人，由于理解自我、理解他人的能力强，能够采取有助于形成并维系人际关系的行动；由于接受周边人的帮助、运用社会支援达成目标，因而获得人生成功的可能性也高。研究表明，"情商"在最大限度发挥人类拥有的潜能中，发挥着重要的作用。

社会情感能力——诺贝尔经济学奖得主赫克曼（J. Heckman，2001）强调了"情感"之类的"非认知能力"（Non-cognitive Skills）的重要性，在其《幼儿教育的经济学》（2015 年）中，特别关注"非认知能力"所涵盖的诸多同多种个性特征与动机作用相关联的特性。[13] 赫克曼从《佩里学前教育研究计划》的追踪调查（20世纪 60 年代密歇根州实施的对于处境不利儿童家庭的介入支援），发现了两个事实。其一，实验组（亦即旨在提升儿童的非认知能力而接受介入支援的家庭的儿童），比之控制组（亦即不接受介入支援的儿童），在小学低年级期间显示出更优异的学业成绩（有关认知特质），但在初中之后，两组之间没有显著性差异。其二，在 40 岁的时间点上实验组比之控制组，犯罪率低，年收入高，持家率高，呈现出有显著意义的差别。由此可见，对婴幼儿期贫困家庭的育儿的介入支援，特别是培育"社会情感能力"的支援，可以说在发展 IQ 方面并没有什么效果。不过，赫克曼主张，从长期的视点看，介入支援是会产生经济效果的。赫克曼同科尔曼一样，主张如下：1. 不仅是借助 IQ 测验、学力测验、PISA 测验测定的认知能力，而且"非认知能力，亦即身心健康、顽强拼搏、坚韧不拔、意志力、自信之类的社会性情绪"，也是社会成功所不可欠缺的；2. 同认知能力一样，社会情感能力（Social and Emotional Skills）也是从幼儿期发展起来，而这种发展是受家庭环境制约的。确实，社会情感是"社会成功不可或缺"的，是可教的。不过，它是幼儿期发展起来，受家庭环境的制约，学校教育是能够干预其发展的。

"非认知能力"的研究表明，对学业成绩影响最大的是智商，其次是个性，再次是情商。情商与学业成绩之间呈正相关关系的理由在于，情商越高的人，就越能够调节同学业成绩相关的消极情感（焦虑、灰心、无聊）；越能够同作为学习环境的重要的教师、同学及家庭建立起良好的关系。[14]

"共情"也是"非认知能力"的重要特征。根据晚近神经科学的研究，"共情"（Empathy）的概念包含了三个要素：1. 感到同他者一致的情感（情感共有）；2. 明白他者的情感与心理状态（情感理解）；3. 对他者的挂心（社会性关怀）。不过，在"情感共有"中既存在无意识地自动发生的情绪感染，也存在有意识地发生的情绪感染。在临床心理学中，不同的研究者对"共情"有不同的界定。一般而言，在情感性·体验性的侧面与对他者的内心理解、角色作用的取得之类的认知侧面之间有着深刻关联的"共情理解"，受到重视[15]。

戈尔曼指出，"'技能产生技能'（Skills Beget Skills），幼儿时期的'非认知能力'产生尔后的非认知能力，就会像滚雪球那样发展起来。所谓非认知能力是一种'人力资本'（Human Capital），是日积月累地积累起来的、不会消逝。起初非认知能力高的儿童会得到更多的学习投资，这是因为非认知能力高的儿童比同样经验的儿童能够学到更多的东西。"[16] 因此，戈尔曼主张，理想的情感教育应从幼儿早期开始，通过学校与家庭的协作，实施符合其年龄阶段的教育。可以说，这是关系到儿童的幸福与未来的重大教育课题。这样，"情感能力""社会情感能力"或"非认知能力"，以及同"智商"相对的称之为"情商"的概念，作为新时代学校教育的重要命题受到注目。

(二) 培育"坚韧的向学力"

关注"向学力"——"经济合作与发展组织"（OECD，2015）梳理了世界各国发展"社会情感能力"的政策及其研究，强调"为使儿童获得人生的成功并有助于为社会进步作出贡献，就必须在认知能力与社会情感能力之间取得均衡的发展"[17]，并且界定了"社会情感能力"包含三个方面：1. 目标的达成（忍耐力、自我控制、对目标的执着）；2. 同他者的协同（社交性、敬重、同情）；3. 情感的控制（自尊、乐观、自信）。[18] 这就是说，"社会情感能力"就是坚韧不拔地挑战困难的课题，与他者合作，积极参与，直至成功。其核心是，为了达成目标，同他者协作、调控自身的情感。值得注意的是，作为"社会情感能力"一部分的"向学力"（"坚韧的向学力"或"丰盈的情感力"）越来越受到关注。日本国立教育政策研究所（2017）从发展与教育心理学的角度展开了"非认知能力"的研究，强调"习得活的知识与技能""养成应对未知情境的思考力、判断力、表达力""涵养人生与社会所必须的向学力与人性"。在这里，强调了"构成课程标准的核心是关键能力，亦即知识与技能、思维能力、向学力。前两者是"认知能力"，后者是"向学力"，两者都是重要的。[19]

早期培养的重要性——研究表明，"认知能力"的发展大部分同遗传相关，借助教育与环境难以改变；而"社会情感能力"更多地受环境变化的影响，通过介入教育与政策，可以期待获得变化。"社会情感能力"作为基于境脉的人的行为方式的特质，在指向课题达成的活动中，同"认知能力"是不可分割的。单纯地抽取"社会情感能力"的要素，离开具体的境脉进行训练，是不可能培育起来的。因此，不是作为"技能"，而是作为"社会情感素养"（Social and Emotional Competency）来把握，或许更为妥当。而这种"社会情感素养"是同学习者的性格密切相关的，必须从早期阶段加以培育。从这种观点出发，戈德伯格（L. Goldberg，1990）倡导并生成广泛认同的"大五人格理论"，该理论作为衡量核心素养的尺度，受到关注：1. 情绪稳定性（N），社交性、自我信赖感，等。2. 外向性（E），沟通力、达成动机、行动力，等。3. 开放性（O），浓厚的兴趣、创造性、探究精神，等。4. 宜人性（A），共情性、开放性、宽容性，等。5. 尽责性（C），自我控制力、责任感，等。基于这些特质，"社会情感素养"可以概括为5个维度：1. 拥有浓厚的兴趣；2. 对有价值的目标的高度达成动机；3. 指向目标之实现的自我控制；4. 顽强拼搏；5. 同多样的人们形成协作关系。作为致力于课题达成的坚韧的情感素养，是在求解具体课题的境脉中，作为个体行为方式的个性化良好特质，复合地表现出来的。[20]

日本学者小盐真司的研究团队从众多的"非认知能力"特性中取了15个心理特性，探讨了在学校现场培育这些特性的可能性。这就是：1. 责任心（Conscientiousness）；2. 坚毅（Grit）；3. 自我控制（Self-Regulation）；4. 好奇心（Self-Curiosity）；5. 批判性思维（Critical Thinking）；6. 乐观（Optimism）；7. 时间透视（Time Perspective）；8. 情商（Emotional Intelligence）；9. 情绪调节（Emotional Regulation）；10. 共情（Empathy）；11. 自尊（Self-Esteem）；12. 自我同情（Self-Compassion）；13. 正念（Mindfulness）；14. 恢复力（Resilience）；15. 应变力（Ego-Resiliency）。[21] 这种研究提醒我们，"非认知能力"这一术语隐含着多样性与复杂性。研究表明，推动个人成功与社会进步的技能是多元的。为了充实自己的人生，非认知的"社会情感素养"是不可或缺的。这不可能像技能训练那样加以培育，但在学校教育中可以通过其孜孜以求地解决自己的课题这一良性的经验，来培育每一个儿童的这种素养。

教师：儿童情感的扶持者——伴随着情感发生的具体学习活动的体验，是培育"非认知能力"所不可或缺的条件。就是说，它是通过具体境脉中的学习活动才得以养成的。"非认知能力"不是借助机械训练，而是通过境脉、基于儿童实际体验情感的发生而培育起来的。这就要求教师讲究必要的教学策略。

策略一，教学活动中情感情节的设想。一般而言，单元教学的方案主要是通过描述儿童获得知识的认知过程来展开叙述的。不过，要提升儿童的动机与自信，就得设想学习活动作为情感的发生与发展来加以设计。因此，在单元教学的设计中不仅要设计达成知识形成的认知性逻辑侧面，而且必须设计情感得以发生与发展的非认知情感侧面。就是说，需要计划：1. 在怎样的场景、促进儿童发生怎样的情感；2. 为此给出怎样的提示、提问与应对策略；3. 如何扶植所发生的情感，即设想儿童发生浓厚的情感、指向达成感/成就感而起伏展开的情节。如果说，在教学活动中，指向认知性逻辑的知识形成过程是一种"面子"的叙事，那么，指向非认知的情感性的达成感/成就感的过程，就是一种"里子"的叙事，两种叙事是表里一体的。借助"里子"的充实，保障儿童的学习活动的主体性，推进"面子"的展开。[22]就是说，通过情感这一"里子"的充实，促使儿童体悟到"自己是学习的主人公"。

策略二，情感的元认知指导与支援。大体包括三种格局：1. 指导儿童通过"反思"，对教学活动中的情感展开元认知。教师通过儿童的活动，让其在反思中认识到自己是在怎样的场景、发生了怎样的情感、又是如何展开的，借以促进儿童自身情感的元认知。2. 指导儿童在情感发生的场景中展开元认知。"主体性学习"正是从儿童觉悟到自身的情感之后开始的。比如，由于感到"有趣""不可思议""吃惊"等情感的发生而开始。教师不应忽略在这些场景中儿童情感发生的动向。就是说，教师需要发现儿童内心发生的种种情感——惊异、不可思议、疑惑、愤怒、喜悦、悲戚、悔恨、焦虑、紧张、期待、感恩、感动，指导、支援他们用相应的词语来表达。3. 指导儿童对自身体验到的情感展开元认知。教师应当鼓励儿童认识自身体验到的情感，同时让其对学习活动产生期待感。儿童通过学习活动与及其实现过程，就能提升自身的自尊感与有能感，也能体验到伙伴之间互惠的信赖关系。

策略三，教师自身必须具备"非认知能力"（社会情感能力）。情感是儿童"主体性学习"的推进力，是不可或缺的资源，而教师是儿童情感的扶持者。这就要求教师首先从提升自己的"非认知能力"做起，讲究循循善诱、润物无声的教导，特别是对儿童的情感过程提供支撑。诸如，引出儿童的兴趣爱好，提升惊异度与积极性，振作精神、赋予达成与成就以价值，分享喜悦，等等。教师通过这些对儿童的情感作用与反馈，促进儿童"向学力"与人格品性的涵养。

三、社会关系资本：互惠的亲和力

（一）互惠的非正式纽带

"社会关系资本"的概念——20 世纪 90 年代以来，在社会学、政治学、经济学、教育学等领域中，"社会关系资本"（Social Capital）受到关注。这原本是普特南（R. D. Putnam）倡导的政治社会学的概念。普特南在 20 世纪 70 年代围绕意大利导入的选举制度在各州发挥了怎样的功能展开调查，比较投票率高的州与投票率低的州。他从数据分析中得出了明确的结论：居民形成"社区共同体"纽带强的州，投票率高。就是说，居民之间彼此面对面地密切交互作用的州，政治参与意识高涨。这种正式的制度之所以能够适当地发挥作用，依存于居民浓密的非正式信赖关系的网络。世界银行的报告中介绍的案例也说明了这一点——即便对开发水准处于同样状况的若干村落进行同样的经济开发支援，村落内部村民之间人际关系的好坏，会使得投入资金的开发效果产生差异。在人际关系良好的村落，由于村民对开发的协作，投入资金得以有效地利用。但在不良的村落，投入资金不能有效地利用，导致开发的达成度低。这些研究表明，社会活动顺利而有效地推进，支撑着人们之间亲密友好的人际关系。普特南论述道，这种亲密友好的人际关系是人们之间积累起来的一种"社会关系资本"。这里的所谓"社会关系资本"不是指社会基础设施的"社会资本"，按照他的界定，这个概念指的是"平等的人际关系的纽带，亦即市民积极参与的社会网络，以及由此而产生的互酬性与信赖性的规范"，"体现了通过活跃各种经过调整的活动，能够改进社会的效率；表明了信赖、规范、网络之类的社会组织的特征"。[23] 根据 OECD（2000 年）的研究，"社会关系资本"被界定为"团队内或团队间的协作规范、价值观和理解易于分享的网络"。亦即，基于人们之间的信赖关系的规范的非正式人际纽带（网络），团队内或团队间的协同活动得以促进，支撑着社会制度得以适切而顺利地发挥功能。不过，"社会关系资本"并不是实际上的资本。它的存在是在其功能上——人际之间协同性的活动得以促进——

这一事实，而体现出来的。就是说，借助这种人际纽带，彼此之间的信赖性得以提高，从而产生"难以估量的价值"。

科尔曼（J. Coleman, 1990）的"社会关系资本"说——科尔曼着眼于把"社会关系资本"运用到教育学研究领域，调查了"社会关系资本"在儿童成长过程中的作用与意义。在兄弟姐妹众多的家庭，高中的退学率高。这是由于兄弟姐妹多，家庭经济贫困，亲情纽带淡薄，家长无暇关注孩童的成长，因此高中辍学是在所难免的问题。而天主教系统的私立高中，退学率低。这种高中的家长在信仰方面形成了亲密的纽带，家长之间的关系会促进孩童之间的关系，而且会对彼此的孩童给予关注与联系。这种家长之间亲密的"社会关系资本"成了儿童之间的"社会关系资本"，有助于防止孩子高中辍学。科尔曼揭示，家庭内亲子之间的纽带，以及家长同社区与团队的人们之间的纽带，可以成为有助于儿童成长所发挥的"社会关系资本"功能。

家庭环境与"社会关系资本"——普特南揭示，家庭的经济差距会影响到儿童"社会关系资本"的形成，以及由此引起差距的扩大。1. 在贫困家庭中成长的儿童，往往受到父母的疏忽，在语汇的获得力与情感的调控力方面，发展迟缓。就是说，家庭内"社会关系资本"的匮乏会妨碍认知能力与非认知能力的发展；2. 通过家长参与学校的活动，儿童受到来自教师与同伴的积极影响，会出于高度的达成动机，积极地运用学校拥有的各种资源；3. 在家长广泛发展社交关系的场合，儿童能够直接或间接地获得有助于成长的援助。家长积累起来的"社会关系资本"，对儿童在学校中的活跃度与青春期叛逆的克服有着巨大的影响。比如，亲子间的亲密情感交流会提升儿童的自我肯定感与自我效能感；在学校里同教师与同学积极的交互作用有助于形成互惠关系的自信；促进同社区人们的联系有助于获得必要的有效支援的机会。普特南警告说，倘若对家庭内"社会关系资本"匮乏的儿童置之不顾，在将来的社会中就会产生税收低落、社会福利费增大之类的经济损失与受煽动者蛊惑的反社会的危机。他认为，达成杜威理想中的"学校与社区之间的联系"有助于积累儿童的"社会关系资本"，期待整个社会取得共识：贫困家庭儿童也是"我们的孩子"，"对他者的儿童负起投资的责任"。

学校教育与"社会关系资本"——教师头等重要的大事是，为每一个学生提供最佳水准（而非最低水准）的教育公平的机会。日本学者的研究揭示了通过学校教育积蓄儿童"社会关系资本"的可能性：其一，家长的"社会关系资本"对儿童的"社会关系资本"的积累，会产生关键性的影响，而儿童积累起来的"社会关系资本"又会直接地影响到学力的水准；其二，儿童的"社会关系资本"受家长经济力的影响极小；其三，"家长的经济力·家长的文化资本·儿童的社会关系资本"这三个要素，无论哪一个都会对学力产生积极的影响。[24] 据此，即便是家庭的经济力不充裕，家长的学力不高，倘若儿童周边的家庭、学校、社区的人际关系丰盈，那么，儿童的学力就有可能达到相当高的程度。诸多研究还揭示，家庭背景会影响到儿童未来的学力与社会的成功。家长拥有资本的多寡对儿童而言是不可选择的"宿命"，在学习的达成动机、自信、起步线上，是存在不平等的。因此，对处境不利儿童的奖学金制度之类的经济支援是不可或缺的。不过，对挑战学习的高度的达成动机、持续学习的积极性、成长的自信之类的精神层面的支援，也是不可或缺的。儿童可以从多样的人际关系中获得支援，从而感受到周边对于自己成长的期待；而通过感受到来自他者的期待，他们就会形成持续学习的积极性与自信；家长拥有的经济资本与文化资本，学校是难以干预的。不过，学校在儿童"社会关系资本"的形成中可以直接做出如下的指导与支援。其一，形成儿童同教师之间的亲密关系。构建积极互动、教学相长的模式，在困惑的时候教师能及时予以回应，答疑解惑；其二，形成儿童同伙伴之间的亲密关系，从而分享相互理解的感悟、协同挑战的积极性；其三，形成儿童同社区人士之间的亲密关系，从而增强彼此的信赖感，并丰富自我成长的体验。总之，借助学校的教育是有可能充实儿童的"社会关系资本"的；儿童家庭背景的落差是有可能通过儿童的"社会关系资本"的积累而得到弥补的。

（二）培育"互惠的亲和力"

亲子关系对儿童的认知性、非认知性能力发展的影响——在亲子间情感互动弱的场合，儿童的认知能力与非认知能力的发展会发生哪些不利的局面呢？对于这种儿童，即便批评他"不懂规矩""死气沉沉""叛逆"之类，也无济于事。儿童是在发现不同的事物与现象之际而顿悟的。当儿童通过自己的发现并向家长传递据此发生的情感的时候，借助家长表达的共鸣，会感受到自己的认知受到肯定，对自己的知性活动与情感的发生拥有自信，从而积极地投入知性的活动并产生相应的情感，持续积极地作用于自身的世界。这样，在自身积累知识的同时，也会提升自己发现知识的"认知能力"；在拓展同世界（人、事、物）之间的互惠关系的同时，也会提升对自身的肯定感与成就感之类的"非认知能力"。"认知能力"与"非认知能力"是一体化地发展起来的。不过，部分经济困难的家长相对而言缺乏这种时间与精神上的陪伴，对儿童的认知与情感有所疏忽。儿童并不享有体验自己认知与情感得到认可的机会。如此，儿童就不可能对学习产生积极性与自信，缺乏自尊感与自我效能感。家庭处境不利的儿童缺乏同家长共情地接纳伴随发现而产生的兴奋之类的情感，也缺乏将这种情感加以贴心反思的经验。支撑认知性活动、发挥动机作用的认知性情感难以发展，而用适当的语汇向他者传递自己发生的情感的能力也只能处于未发展的状态。不能同他者进行情感性交流而产生共情，难以相互理解，还往往会引起暴力性纷争，这种儿童的"社会关系资本"极其脆弱。因此，在学校教育中必须考虑处境不利儿童的家庭背景，使其获得矫正经验的机会。对处境不利儿童进行学力补偿，也不宜操之过急，需要从提升其自尊感与自我效能感开始。

形成同教师的纽带——儿童的成长必须得到来自可信赖的年长者的支援，使其可以安心并自信地做出提升自己的努力。从"不会"到"会"的指导固然重要，但冒进地施加影响，反而会适得其反：儿童产生"被训斥"、自己的元认知"被否定"之类的情绪，往往会把儿童推向良好愿望的反面。在这里，首要的问题是如何使得儿童对教师产生信赖感，让其感受到"老师重视自己""老师期待自己成长"。在多数场合，处境不利的儿童同家长密切沟通的机会极少，亲子之间的关系淡漠。换言之，这些儿童并不懂得同教师进行沟通的方式，教师也不知道该如何入手，束手无策。教师需要让儿童认识到，当自己困惑的时候，教师并不是"斥责自己的存在"，而是作为"亲自帮助自己的存在"。这对儿童而言，是极其重要的"社会关系资本"。教师必须对儿童拥有共情的应对力，教师的"非认知能力"的高度对儿童"社会关系资本"的积累是不可或缺的。儿童必须认识到，成人尊重自己的存在，期待自己的努力与成长。这样，儿童就能在可信赖的年长者的精神纽带中乃至在整个社会中，培育有能地生存的素质与能力。教师应当成为这样的存在，这也是教师的使命。在儿童之间形成信赖关系是从儿童快乐地展开集体活动开始的。在这种活动中儿童自身的心理活动活跃，能够彼此表达喜悦与惊异的情感。教师赋予儿童的情感以共鸣与价值。儿童产生喜悦的情感，这种情感受到认可，从而感受到教师对自己的信赖。释放儿童正确的情感，相互表达心理活动，共情地体验彼此快乐的活动——这就是在教师与儿童的关系之间形成纽带的出发点。

形成同伙伴的纽带——教师的作用是使所有儿童参与学习活动，让他们体悟到参与学习活动并作出贡献的学习面貌。伙伴借助自言自语的方式，对自己的发言做出回应或表示共鸣，有助于促成饶有兴味的话题，补充不足之处。如此，身处其中的儿童就会感到大家都在关心自己、支撑自己，体悟到班级同学的友爱。反之，儿童自己通过自言自语的方式，回应伙伴的发言，也可以使伙伴体悟到自身对班级同学作出了贡献。所谓"主体性学习"是在儿童集体的互惠关系中展开的学习活动。教师要在儿童之间形成这种关系、发挥这种功能。通过真诚的对话这一协同探究，在体验伙伴们的共情与互惠的关系之中，培育每一个儿童的自尊感与自我效能感，加深自己在同伙伴的关系中生存的自信。作为儿童的集体纽带是支撑儿童向上的重要"社会关系资本"。

形成同社区的纽带——在积累儿童的社会关系资本方面，学校与社区的协作是极其重要的课题。儿童通过挑战现实世界的真实课题，能够体悟到在现实世界中自己的成长。学校教育是同人格的发展息息相关的。所谓"健全的社会"必须是在儿童的身心两个侧面给予充分营养的场所。然而，在应试教育背景下疲于竞争性学习的儿童，不能说是精神健康的。据称，"英国 14 岁以下的儿童每四个人中就有一个人被诊断为忧郁症，全世界有四亿五千万人患有某种精神疾病，不可小觑"。[25] 因此，不仅是知性与行动力，儿童的情感发展，也是学校教育必须加以通盘考虑的。换言之，我们需要重新发现学习的伦理、人性的侧面，致力于建构拥有关爱与信赖关系的"学习共同体"。

教师的工作不是控制学生，而是发展他们的潜能。"在教育中最重要的词语是关系、关系、关系。没有关系，我们将一事无成"[26]。

参考文献

［1］［2］［4］［8］　钟启泉. 解码教育［M］. 上海：华东师范大学出版社，2020：130，
　　　175－176，122. 126.

［3］［5］［6］［9］［12］［13］［22］［24］　藤井千春. 在问题解决学习中培育素质与能力
　　　［M］. 东京：明治图书，2020：22－27，30－36，40－46，48－51，59－60，60－61，
　　　75，92.

［7］　D. Booth. 我也有话说：激活学生"声音"的教学创造［M］. 饭村宁次，吉田新一郎，
　　　译. 东京：新评论，2021：20－21.

［10］　藤原さと. 形成探究学习［M］. 东京：平凡社，2020：63.

［11］［14］［15］［16］［21］　小盐真司. 非认知能力：概念·测量与教育的可能性［M］.
　　　京都：北大路书房，2021：134－135，141－142，165－166，26－27，259.

［17］［18］［19］　OECD. 社会情感能力：向学力［M］. 无藤隆，秋田喜代美，主译. 东
　　　京：明石书店，2018：3－4，52，219.

［20］　钟启泉. 教学心理十讲［M］. 上海：华东师范大学出版社，2020：152.

［23］　北井万裕子，R. D. Putnam. "社会关系资本"概念再考［J］. 立命馆经济学，2017，
　　　65（6）：1388.

［25］　A. Beard. 改变基础教育世界的学习能手［M］. 岩崎晋也，译. 东京：东洋馆出版社，
　　　2021：423.

［26］　G. Couros. 创新者心态［M］. 白鸟信义，宫田新一郎，译. 东京：新评论，2019：80.

结语　寻求优质的教学设计

一、回应课程变革的诉求

　　课程与教学犹如一枚钱币的两面，两者息息相关。教学设计的一个根本性前提是，回应课程变革需求。晚近有代表性的课程研究机构或者学者发出了同一个声音：基于"核心素养"的教育意味着学校的根本转型，学校的"课程"这一教育的"根本"及其"要件"也必须重建。正如杜威所言，"如果我们沿用过去的方法教育今天的学生，那么我们就是在剥夺他们的未来"。[1]

　　课程变革的中心课题是，如何设计培育"能力·素养"的学校课程（儿童的学习经验），如何经营学校的课程与教学。"课程再设计中心"（CCR, 2015）主张，将学校的课程标准视为一种有优先顺序的框架，重建学校课程。该中心强调，"核心素养"的核心在于"品格"的培育。课程不是碎片化知识的累积，而应当把它视为一个"整体化模型"，从"知识·技能·品格·元学习"四个维度，重新加以设计。[2]美国教学设计理论家赖格卢斯（C. M. Reigeluth, 2017）指出，19 世纪以来形成的"MESS 基础型课程"，把基础学科 MESS 作为替代不同学习者需求的划一的"代用品"或"手段"是落后于时代的，必须进行大手术，主张把它拓展为"MESS+"的整体化的课程（亦即加上更多的学科领域——诸如美术、体育、外语等其他选修学科），谋求所有的学习者都能实现"有效思考—有效行动—有效参与—有效达成"的经验。[3]我国应试教育的课程设计也是一种分科主义的设计，以"重脑力轻体力""重认知能力轻非认知能力""重学科知识轻跨学科知识"为基本特征，与新时代"核心素养"的大潮格格不入。从本世纪初发动的"新课程改革"（2001）开启了我国学校教育从"知识本位"转向"素养本位"的变革进程，寻求三者之间的均衡发展——求得脑力与体力的均衡发展；求得认知能力与非认知能力的均衡发展；

求得学科素养与跨学科素养的均衡发展。整整 20 年过去了，但"素质教育"与"应试教育"之间的较量仍然处于交织状态。在课程与教学设计的领域，"分科主义""分数主义"根深蒂固，甚至愈演愈烈。倘若不洞察我国学校教育发展的未来方向与世界教育变革的大潮，却奢谈"优质的教学设计"，岂不是痴人说梦！回应课程变革的需求，这是优质教学设计的大前提。

课程变革之所以迫在眉睫的根本原因，不仅是信息社会时代教育目标的变化，而且是每一个学习者自身需求的变化。面对课程变革的挑战，作为教学设计者的教师单靠书本是解决不了问题的，系统的问题解决方法是基于以往的综合性经验与专业知识、经由个人的专业判断融汇而成的。教学设计与教学理论的关系类似于临床实践与基础研究的关系。因此，作为一个教学设计者，既非单纯的技师，亦非单纯的理论家，而必须是问题解决者。就是说，既不是单纯从处方笺的目录中选择方略、付诸实施的人，也不是囿于特定的概念与视点的人，而是要求诊断状况、学会适当的概念与方略的问题解决者。

二、拓展教学设计的视野

优质的教学设计是从"教师中心"的教学设计转向"学习者中心"的教学设计，意味着需要调整设计的焦点——从聚焦"教学内容"的传递，转向"共同体"文化及其实践的设计。这种焦点的变化突出了如下两种价值取向：其一，注重学习的"真实性"（Authenticity）。所谓"真实性"涵盖如下的意涵——具有个人意义的课题；尊重实践或专家实践的课题；在创制与学习过程的境脉中能够评价的课题；通过合理的共同体行动计划或模拟的行动计划，同现实世界的实践相关联的课题；其二，注重学习者的新的伦理（心智特质）。这就是，基于"非排他性"与"参与"的前提条件，尊重"多重性"与"多样性"。这种价值取向有助于诠释"学习者中心"的概念。就是说，教学设计的重心不在于局部的教学内容与教学方法的调整，而在于整个学习活动系统的重建。[4]

按照柯勒（J. M. Keller, 2009）的界定，"学习者中心"的教学设计涵盖了"教师支援的学习环境"与"学习者自我主导的学习环境"。[5]

"教师支援的学习环境"可分为如下三种："面对面的学习环境""线上学习环境""混合型学习环境"。"混合型学习环境"通常是指，借助线上功能得以拓展的课堂型学程。亦即有高度灵活性的"线上线下融通的学习环境"。我国一线教师对教师支援的"线下学习环境"（传统的课堂教学）并不陌生，对其利弊得失亦有所体验与洞察，但对其余两种未必熟悉。这里所谓的"教师支援的线上学程"包括：谁都可以介入的虚拟会议的"同步型"；学习者各自录音进行学习的"非同步型"；以及兼容两者的"混合型"。在"混合型"中主要采用非同步型，时而分小组，组织旨在解决课题的同步型虚拟会议，当然还会有其他的变化。关键的课题在于教师如何通过各种方式——提供虚拟会议的主持、讨论会的参与、介入收集的报告，以及提供指导与反馈，借以实现学习者"全员参与"的学习。约翰逊与阿拉贡（S. D. Johnson, S. R. Aragon, 2002）基于心理学的三种理论（行为学习理论、认知学习理论、社会学习理论），倡导"线上学习环境的教学方略框架"。[6]他们主张，要发挥强有力的线上教学的功能，就得组合如下七个原理：1. 关注每一个学习者的差异；2. 激发每一个学习者的动机；3. 避免信息过剩；4. 创设现实的境脉；5. 促进社会关系；6. 提供现场训练的机会；7. 促进学习者的反思。这个框架是以学习科学与教学设计领域确立起来的概念与原理，作为理论支撑的。

"学习者自我主导的学习环境"则为一线教师带来了不同于"教师支援的情境"的巨大挑战。在这种场合，教师需要关注三个问题。[7]其一，公平性问题。并非所有学生都有参与非正规的数字共同体的机会，教师需要思考怎样才能为所有学生提供参与的机会；其二，批判性问题。面对参与"线上共同体"的学生，教师该如何发展他们的批判性意识与批判性思维能力，促进他们健康地步入数字环境；其三，关联性问题。在数字共同体中不仅为年轻人提供获得素养的机会，而且有可能提供促进他们学会自主学习与自我表达，进而培育促进协作、接受多样性等具有现代价值的技术性、批判性、社会性技能的机会，使每一个学习者成为积极的未来社会的创造者。那么，教师该设计怎样的学习环境，才能为学生创建非正规的具有文化特质的公共学习空间，是一个富于挑战性的课题。

在杜威看来，"教育即环境的再造"。教师的工作无非就是设计适于学生学习的环境，有意识地引导拥有不同兴趣、爱好、需求、能力的儿童活动。"教学设计"是一个复杂的概念，也可以一言以蔽之，"所谓教学设计是梦想得以实现的过程"。[8] 它是教育工作者怀着梦想，旨在激励并持续地展开接近目标的积极变化的行为。这种表述意味着，设计过程有其不确定性和冒险性。不过，更具体地说，它涵盖了如下的过程——界定目标的过程，这是对实然状态与应然状态之间鸿沟的一种表达方式；进而策划旨在实现目标的一系列活动与工具的方略，有效地付诸实施、反思教学的成功程度的过程。这就要求教师拥有引领儿童学习经验的教学设计的能力。

三、激荡教育智慧的旅程

教学设计本质上是旨在消弭未来的"教学目标"与现在的"儿童实态"这两者之间落差的一种作业。在当今数字化时代，广袤的全球规模的网络、大数据、海量的档案、丰盈的艺术、同万千利用者的交流等，开拓了无限的学习可能性。曾经的"教师是行家"的概念，以及曾经的学生"无非是记住并再现教师讲述内容的要点"的形象，已是一去不复返了。而今生存于信息社会时代的学生，面对复杂多变的世界，满足于单纯的解答与基本问题的范式、死记硬背的方法，已经无济于事。他们需要在知性的场域里跌打滚爬，学会辨析观念、进行分类、选择、比较、整理，建构新的概念，灵动地展开探究活动。教学设计的重心就在于形成这样的"探究活动"，旨在让学生生成有意义的经验。在这里，作为学校教师的作用是，协助学生编制复杂而多样的"人生航海图"，使他们成为勇于自主决策、善于与天奋斗的航海者。这样，教学设计也势必面临根本的转型，亦即需要从教师的"教"的设计转向学生的"学"的设计。

教学设计是教师"教学经验"的升华。按照佐藤学的说法，教师的学习是由三种活动——"学的设计·教的实施·教学的反思"所构成的循环往复的过程。[9] 借由这种循环往复的持续，教师的教学经验得以升华，教师作为专家得以成长起来。因此，学校的教师需要有"提醒自己的知识是否有效"的"质疑"与"反思"的姿态，这是克服易于陷入"封闭的回路"的关键所在。[10] 熟练教师的特质之一是具备自我监控能力，善于获取来自外界的反馈，而这是同"观察"与"反思"的能力休戚相关的。当然，从经验中学习的能力是存在个别差异的。正如蔬菜的培育——即便投入营养丰富的土壤，倘若吸纳养分的"根"不发达，是不可能生长出优质的蔬菜的——那样，从经验中获取知识与技能的能力薄弱的人，是不可能成长的。从经验中学习的能力存在着若干因素，诸如对自身能力的自信（乐观、自尊）、寻求学习机会的心态（好奇心）、挑战性的态势、灵动性，等等。教师的"教育信念"就是其中一个不可忽略的因素。这是因为，所谓"信念"作为一种高阶的认知特性，具有引领学习者的态度与行为的导向作用，这也是同作为专家之条件的精神层面的成熟相关的。教育信念是影响教师学习的重要因素。因此，教师学习的共同体在注重分享具体的经验——"知识分享"与"知识迁移"——的同时，也应当注重分享经验学习之"根"，即"教育信念"。优质的教学设计离不开教师的"经验""学力"与"组织"三大要素。换言之，"优质经验的滋养""从优质经验中学习的能力""养成学习能力的学校组织"，是不可或缺的。教师借助教学的"设计—实施—反思"的循环往复的过程，向儿童学习，向书本学习，向同辈学习，累积经验、形成见识，在探究的世界中收获成长与成熟。

教学设计是激荡教育智慧的旅程。传统的教师研修是低效的，基于教学设计的同侪研讨是最有效的研修。其基本的特质与价值是：1. 平等——参与教学设计的每一个成员之间是平等的关系。每一个人都是不同的，所有人的思考与信念都会得到尊重；2. 选择——由于人人平等，不存在谁控制谁。每一个参与者都能做出各自的选择，借助协商，做出决策；3. 对话——为了集思广益与做出决策，成员之间展开对话。不是一个人对他者进行强制、支配与管理，而代之以进行对话、共同摸索前行；4. 行动——同侪研讨的目的在于分享有意义的经验。人们在研讨过程中反思自身想法并付诸实践之际，建构意义；5. 多声——同侪研讨不是一义而是多义的。所有的参与者都拥有更多的发表自己见解的机会。实际上，同侪研讨的要件就在于，每一个人用最有效的思维方式自由地再建并运用文本；6. 互惠——在同侪研讨中，谁都能享受到别人的成功、学习和经验。因此，每一个成员都能期待新的学习，展开深度对话。

作为教学设计者的教师应当具备多元视点的研究基础，包括人类中心、行动研究、建构主义。在这里，尤其需要采纳惠尔赖特（P. Wheelwright, 1962）倡导的"透视主义"（Perspectivism）立场，亦即立足于"真实性是依存于情境的、相对的"这一前提，提供有助于每一个学生实现自我发展的学习环境。[12] 当然，各种理论有各自的前提与研究方法，其研究涉及的领域是有限的。而教学过程是一种复杂多变的过程，相关的概念与设计方略也是无穷无尽的。不过，只要我们把握了教学设计的精髓，基于系统研究的过程，就能以可预测的方式，产出更富效果、更富效率、更富魅力的教学设计。

参考文献

[1]［2］ C. Fadel. 21 世纪的学习者与教育的四个维度［M］. 岸学，主译. 京都：北大路书房，2016：39 - 40, 40 - 42.

[3]［4］［7］［11］ C. M. Reigeluth, B. J. Beatty, R. D. Myers. 教学设计的理论与模型：实现学习者中心的教育（第4卷）［M］. 铃木克明，主译. 京都：北大路书房，2020：199 - 122, 180 - 181, 177 - 179, 271.

[5]［6］［8］［12］ J. M. Keller. 学习动机的设计：ARCS 模型的教学设计［M］. 铃木克明，主译. 京都：北大路书房，2010：312, 316, 23, 5.

[9]［10］ 佐藤学. 培育作为专家的教师：教师教育改革的宏观设计［M］. 东京：岩波书店，2015：115, 48.

谢　　辞

　　"教学设计"是教师教育不可或缺的主题。"教学设计"是旨在提升教学活动的效果、效率与魅力之手段的集大成的研究领域。随着"电子化学习"（E-Learning）的推展，"教学设计"的理论与模型的研究愈益受到关注。在欧美国家，它是以"认知心理学"为背景，以"教育技术学"为中心展开的。但从我国教育界的传统看，大凡涉及"教学设计"的议题，往往局限于"教案"的编制——零散的课时教学设计，或者满足于给出教学流程图之类的"步骤性知识"，这是远远不够的。那种离开了教学设计背后的教育思想与学习科学的支撑，离开了儿童学习与发展的真实状态以及整个学校现场的把握，却醉心于教学设计的步骤与设计框架图之类的言说，即便再精致，也不过是一个缺失灵魂的、被肢解了的躯壳而已。

　　进入新世纪以来，我国教育部发动第八次基础教育课程改革（2001 年），接着又倡导教师教育课程改革，教育部颁布的《教师教育课程标准（试行）》（2011年）明确地把教学设计列入教师教育课程的框架加以开发。自此以来的 20 年间，相关文件有所更迭，改革力度有所加强，而今又推出了《义务教育课程方案和课程标准（2022 年版）》。从"知识本位"转向"素养本位"的课程改革的主题，愈益鲜明。聚焦学科或跨学科的单元教学设计，势在必行。我们需要在新的起点上再出发——梳理 20 年来改革的成功经验与薄弱环节，关注国际教育界基于"核心素养"的教学设计前沿研究，寻求学习科学与教育技术的武装，开拓无愧于新时代教学设计的新天地。本书旨在梳理国际教育界教学设计的发展线索；阐述晚近有代表性的前沿研究、理论模型、典型案例；提示教学设计的概念框架与实践课题。"教学设计"是一个与时俱进的领域，存在着诸多异彩纷呈的侧面与研究。而任何一种设计理论与模型都不可能充分地回应所有教学目的的多样性与复杂性，不存在唯一的"正解"，这正是教学设计研究的魅力所在。相信本书的阐述将有助于读者更好地理解现代教学设计的需求与方略。

　　本书在编纂过程中引用或参考了诸多国际教育界的研究成果，在相关资料的收集过程中得到钟舞美（SHO MAMI）女士的大力帮助。华东师范大学出版社教育心理分社社长彭呈军和责任编辑朱小钗也为本书的出版付出了莫大的辛劳。在此谨向他们致以衷心的谢意。